赵家祥精选集

赵家祥◎著

人民日报出版社

北 京

图书在版编目（CIP）数据

赵家祥精选集 / 赵家祥著. -- 北京：人民日报出版社，2023.5

ISBN 978-7-5115-7819-8

I. ①赵…　II. ①赵…　III. ①马克思主义－文集　IV. ①A81-53

中国国家版本馆CIP数据核字（2023）第085897号

书　　名：**赵家祥精选集**
　　　　　ZHAOJIAXIANG JINGXUANJI
作　　者：赵家祥

出 版 人：刘华新
策 划 人：欧阳辉
责任编辑：曹　腾　杨　校
版式设计：九章文化

出版发行：人民日报出版社
社　　址：北京金台西路2号
邮政编码：100733
发行热线：(010) 65369509　65369527　65369846　65363512
邮购热线：(010) 65369530　65363527
编辑热线：(010) 65369523
网　　址：www.peopledailypress.com
经　　销：新华书店
印　　刷：北京盛通印刷股份有限公司
法律顾问：北京科宇律师事务所　010-83622312

开　　本：710mm×1000mm　1/16
字　　数：207千字
印　　张：19.25
版次印次：2023年9月第1版　2023年9月第1次印刷

书　　号：ISBN 978-7-5115-7819-8
定　　价：78.00元

目录

决定作用和反作用

生产关系对生产力、上层建筑对经济基础能否在一定条件下起主要的决定作用？这是一个重要的理论问题，它关系到在社会主义建设实践中，能否正确理解和运用生产关系必须适合生产力性质、上层建筑必须适合经济基础的发展要求的规律。对这个问题进行深入的探讨，是十分必要的。

历史唯物主义认为，生产力决定生产关系，经济基础决定上层建筑。这里的"决定"一词，是有严格确定的涵义的。所谓生产力决定生产关系，是指生产力的发展水平决定生产关系的性质，生产力的发展变化决定生产关系的改变，有什么样的生产力就必然有什么样的生产关系与之相适应。所谓经济基础决定上层建筑，是指经济基础是本原的，第一性的，上层建筑是派生的，第二性的；经济基础的性质决定上层建筑的性质，经济基础的发展变化决定上层建筑的改变，上层建筑必须与经济基础的发展要求相适应。它们之间这种决定和被决定的关系，从本质上说，是谁适应谁的问题。我们认为，始终应该是生产关系适应生产力，上层建筑适应经济基础，在任何时候、任何条件下都不应该倒过来，要求生产力去适应生产关系，经济基础去适应上层建筑。如果倒过来，就会陷入历史唯心论。同时，生产关系对生产力，上层建筑对经济基础，又不是消极被动的。生产关系可以加速或阻碍生产力的发展，上层建筑可以加速或阻碍经济基础的发展。这种作用属于生产关系对生产力、上层建筑对经济基础的反作用。上述的"决定作用"和"反作用"，是两种性质根本不同的作用，在任何时候、任何条件下都不能将二者相提并论，等量齐观。

诚然，生产关系对生产力、上层建筑对经济基础的反作用，在不同时期、不同条件下，其程度、规模、大小、强弱是不同的。当不变更生产关系生产力就不能发展的时候，旧生产关系对生产力发展的阻碍作用，可以非常巨大，非常明显；而当基本上消灭了旧生产关系，建立或确立了适合生产力性质的新生产关系的时候，这种新生产关系对生产力发展的推动作用，也可以非常强烈。上层建筑对经济基础的反作用也是这样。但是，不管生产关系对生产力、上层建筑对经济基础的作用多么巨大，它们仍然属于加速或延缓的作用，即仍然属于反作用。这种反作用和生产力对生产关系、经济基础对上层建筑的决定作用，是根本不同的。"决定作用"和"反作用"是两种性质不同的作用，不能用不同情况下的反作用的量的差异，混淆"决定作用"和"反作用"之间的根本的质的区别。反作用再强烈，也不能改变其反作用的性质，也不应称之为一定条件下的决定作用。

主张生产关系对生产力、上层建筑对经济基础可以在一定条件下起主要的决定的作用的同志认为：当不变更生产关系生产力就不能发展的时候，生产关系的变更对生产力的发展就起了主要的决定的作用；当上层建筑阻碍着经济基础的发展的时候，上层建筑的革新对于经济基础的发展就成为主要的决定的东西了。这就是所谓"一定条件下的决定作用"的具体涵义。我认为，这种看法有几点值得商榷。

第一，上述这个观点无非是说，腐朽的生产关系和上层建筑阻碍生产力和经济基础的发展，先进的生产关系和上层建筑推动生产力和经济基础的发展。这本来属于生产关系对生产力、上层建筑对经济基础的反作用，或者说这是反作用的题中应有之义。把这种反作用称之为"一定条件下的决定作用"，不仅没有使问题前进一步，反而模糊了"决定作用"和"反作用"之间的质的区别。把本来属于反作用的东西，称之为"一定条件下的决定作用"，表面看来似乎是强调了辩证法，实际上却离开了唯物论。建国以后，我们曾几度深受这种离开唯物论而强调"辩证法"之苦。这个沉痛的历史教训，应该认真汲取。

第二，如果承认生产关系对生产力、上层建筑对经济基础可以在某种条件下起决定作用，那么我们要问：在这种条件下，生产力对生产关系、经济基础对上层建筑还起不起决定作用？如果还起，就是同时存在两个决定作用，究竟谁决定谁就无法说清了；如果不起，就是说生产力对生产关系、经济基础对上层建筑的决定作用不是始终一贯地存在着了，这就是抛弃了历史唯物论的基本原理。

第三，如果承认上述生产关系对生产力、上层建筑对经济基础在一定条件下起决定作用的观点，其必然的逻辑结论是，生产关系和上层建筑在任何条件下都可能起决定作用。因为我们同样可以说，当新的生产关系和上层建筑已经建立起来以后，如果不保卫新的生产关系和上层建筑，生产力和经济基础同样不能发展。同时，我们还可以说，在一个社会形态的总的量变过程中，当生产关系和上层建筑需要进行局部调整的时候，如果不进行局部调整，生产力和经济基础也要受到很大的阻碍甚至破坏。这种情况在中国的封建社会中是屡见不鲜的。这样，一个社会形态的腐朽阶段和上升阶段，以及在它的全部发展过程中，生产关系和上层建筑就始终起决定作用了，生产力和经济基础的决定作用实际上就被完全取消了。

第四，这里所说的"一定条件"，实际上指的是社会革命时代到来的条件。我们知道，社会革命是生产力发展的必然结果，是生产力和生产关系矛盾发展的必然产物。马克思在《〈政治经济学批判〉序言》中讲得十分明确。他说："社会的物质生产力发展到一定阶段，便同它们一直在其中活动的现存生产关系或财产关系……发生矛盾。于是这些关系便由生产力的发展形式变成生产力的桎梏。那时社会革命的时代就到来了。随着经济基础的变更，全部庞大的上层建筑也或慢或快地发生变革。"[1]马克思是站在生产力决定生产关系、经济基础决定上层建筑的彻底的唯物史观的基础上看待社会革命的。离开这个彻底的唯物史观，社会革命就会成为某些人的主观随意活动。所以，认为社会革命的时

---

[1] 《马克思恩格斯全集》第13卷，人民出版社1962年版，第8—9页。

代，生产关系和上层建筑起决定作用，显然是对马克思这个经典公式的背离。

有的同志说：虽然上面所说的"一定条件下的决定作用"仍然属于反作用，但是因为这种反作用与一般情况下的反作用不同，它达到了起决定作用的程度；为了区别在不同情况下的反作用，所以把它叫做"一定条件下的决定作用"。主张这种观点的同志声明说：生产力对生产关系、经济基础对上层建筑在一般情况下的决定作用，与生产关系和上层建筑在一定条件下的决定作用，虽然都用了"决定作用"一词，但这是两种不同的决定作用，"前一种是最终的归根到底的决定作用；后一种决定作用，是在前一种决定作用基础上的决定作用，是被前一种决定作用所决定的"。这种把两种决定作用区别开来的主观愿望当然是好的。但是，我们不禁要问：这种"在前一种决定作用基础上的"决定作用，"被前一种决定作用所决定的"决定作用，有资格称得起决定作用吗？这样绕来绕去，究竟是使问题前进了，深入了，还是把问题弄得模糊不清，令人糊涂？我们一方面承认生产关系和上层建筑有反作用，同时又指出这种反作用在不同时期、不同条件下，其程度、规模、大小、强弱不同；既区别了"决定作用"和"反作用"，又区别了不同情况下的反作用，这不是十分清楚明白而又通俗易懂吗？何必绞尽脑汁，提出"在前一种决定作用基础上的决定作用"之类的令人费解的说法呢？

主张"一定条件下的决定作用"的同志，还提出下面一种论点，即社会主义的生产关系不能在资本主义社会内部自发形成，需要以无产阶级专政的国家政权为杠杆，自觉地建立起来。无产阶级专政的国家政权这种上层建筑，对社会主义生产关系即经济基础的建立，就起了决定作用。这种观点也是不妥当的。首先，无产阶级推翻资产阶级的统治，建立无产阶级专政，其客观根源是由于资本主义社会内部生产力的发展，从而生产关系不适合生产力性质和发展要求。其次，在无产阶级专政下，社会主义的生产关系怎么建立？是直接建立还是通过一系列中间环节逐步建立？建立的速度是快些还是慢些？公有制的水平是高些还是低些，规模是大些还是小些？所有这些都是应该由生产力的发展水平决定的，而不是由掌握政权的人的主观愿望决定的。社会主义生产关系建立的特点，并没有改变生产力决定生产关系的普遍原理，恰恰相反，正是因为无产阶级专政负有如此巨大的历史使命，就更加要求牢牢掌握生产力决定生产关系的原理，丝毫不可以忽视它，离开它。如果离开了这个基本原理，片面夸大或滥用无产阶级专政的能动作用，就有可能不顾生产力的发展水平，单凭自己的主观愿望和急躁情绪，任意建立社会主义的生产关系，似乎社会主义生产关系建立得越快越好，公有制的水平越高越好，公有制的规模越大越好。这种做法，表面看来是发挥了生产关系的能动作用，其实不然，因为在不具备一定的生产力发展水平时，凭主观愿望、行政命令建立起来的生产关系，它的作用到底如何，是很值得研究的。凭着小资产阶级的急躁性和狂热性，不断变革生产关系，其结果必然是事与愿违，欲速则不达，不仅不能加速生产力的发展，反而会延缓生产力的发展，甚至使生产力停滞、倒退。到头来还得调整生产关系，走迂回曲折的道路，否则，生产力发展迟缓，甚至停滞、倒退的状况是无法改变的。

这是已为我国的革命实践，特别是1958年的实践和1966—1976年的十年浩劫所证明了的科学真理。

建国以来的历史经验告诉我们：我们什么时候遵循了生产关系必须适合生产力性质、上层建筑必须适合经济基础发展要求的客观规律，生产发展就较快，人民群众的物质文化生活水平提高就较大，社会秩序就安定。反之，什么时候违背了这一客观规律，片面夸大生产关系和上层建筑的能动作用，不顾生产力的发展水平，主观任意地变革生产关系，生产发展就较慢，甚至停滞倒退，人民群众的物质文化生活水平提高就较小，甚至下降，社会秩序就不安定。

知识经济与唯物史观

　　物质生活的生产方式制约着整个社会生活、政治生活和精神生活的过程。这一历史唯物主义基本原理，科学地说明了物质生产与科学知识生产之间的关系。历史唯物主义认为："科学的产生和发展一开始就是由生产决定的。"[①]"社会一旦有技术上的需要，这种需要就会比十所大学更能把科学推向前进。"[②]在知识经济时代，物质生产是人类社会存在和发展的基础的历史唯物主义基本原理是否仍然正确，马克思、恩格斯关于物质生产与科学知识生产之间的关系的论述是否仍然适用，这是需要认真研究的问题。在这个问题上，来不得半点轻率，不能轻易否定。

　　近些年来，国内外学术理论界都有人自觉或不自觉地否定上述历史唯物主义基本原理，颠倒物质生产和科学知识生产之间的

----

① 《马克思恩格斯选集》第4卷，人民出版社1995年版，第280页。
② 《马克思恩格斯选集》第4卷，人民出版社1995年版，第732页。

相互关系。例如，有些学者认为，在知识经济时代，物质生产在社会发展中起决定作用的原理已经过时，已经不是物质生产决定科学知识的生产，而是相反，是科学知识的生产决定物质生产，科学知识的生产已经成为社会发展的原动力和支撑点。这种观点是不符合实际的，因而是错误的。

我们并不否认，而且充分重视，在知识经济时代，物质生产与科学知识生产之间的关系确实发生了某些重大的深刻的变化，看不到这些变化就会落后于时代。这种变化主要表现在以下三个方面：

第一，科学知识渗透于现代生产力系统的各类要素之中。在现代生产力系统的各类要素中，如劳动者、劳动资料、劳动对象、分工、协作、管理等，无一不渗透着科学知识因素。如果从现代生产力系统的各类要素中抽去科学知识因素，现代生产力也就不成其为现代生产力了，它与古代生产力与近代生产力也就没有什么区别了。在现代生产力中，包含着越来越高的科学知识因素，这是现代生产力与古代生产力、近代生产力最根本的区别。

第二，科学知识的增长已经成为推动物质生产力发展的重大杠杆。首先，由科学知识因素造成的劳动生产率和经济增长率越来越高；其次，自然科学从理论突破到新产品试制成功的周期日益缩短；再次，科学技术在生产上的广泛应用，使物质生产力的发展明显地呈现出加速度的趋势。

第三，科学知识对物质生产的发展具有了主导作用和超前作用。这种作用不是从来就有的，而是在科学、技术、生产三者关系发展到一定阶段才产生的。自古至今，科学、技术、生产三者的关系，在历史上大致经过如下四个发展阶段。

第一阶段，在人类社会的早期，生产、技术、科学三者浑然一体。由于生产力水平低下，人类对自然界的认识十分肤浅，作为理论形态的自然科学还没有形成，科学作为一种萌芽，完全包含在一般物质生产过程之中。

第二阶段，在古代，体力劳动与脑力劳动的分工产生以后，生产、技术、科学三者相互作用的形式表现为"生产——技术——科学"的过程。随着生产力的发展，社会中逐渐形成了物质生产和精神生产、体力劳动和脑力劳动的分工。科学作为一种精神生产活动，日益从物质生产过程中分离出来。但是，科学本身还没有形成系统的理论，经验性的科学知识仍然占主导地位。技术的发展主要依赖于生产实践中所获得的经验，而不是依赖于科学理论的自觉应用。科学的发展主要是跟在生产和技术后面，对生产经验和技术经验进行整理、总结和概括。科学还没有对生产的发展起主导作用和超前作用。

第三阶段，在近代，科学走在技术和生产前面的现象已经出现，但尚未占主导地位。近代，生产力有了较大发展，科学技术在生产过程中得到日益广泛的应用。但是，科学的发展常常落后于技术和生产的发展，以致在科学理论上尚未搞清楚的问题，在技术和生产上却可以首先得以实现。例如，在热学理论尚未确立的情况下，却发明和使用了蒸汽机。19世纪后半期也逐渐出现一些先提出科学理论，后来才应用于技术和生产的情况。例如，先提出了电磁感应理论，然后制造出电动机和发电机，使电力技术应用于生产过程。尽管这种情况在当时不占主导地位，但已开始显露出科学对物质生产的主导作用和超前作用。

第四阶段，20世纪中期以来，在新技术革命的推动下，科学走在技术和生产前面的情况普遍出现，科学明显地表现出对生产的主导作用和超前作用。第二次世界大战以后，随着电子计算机的出现及其在生产上的应用，出现了自动控制机，使机器体系更加复杂，科技含量越来越高。物质生产的这种状况，要求科学不能只跟在生产实践后面去概括、总结生产实践的经验，而是要走在生产实践的前面，为生产的发展开辟新途径、新部门，并迅速转化为直接的现实的生产力。

物质生产与科学知识生产之间的关系发生的上述重大而深刻的变化，并没有改变和否定关于二者关系的历史唯物主义基本原理。在知识经济时代，物质生产对科学知识的生产仍然起着归根到底的决定作用。首先，物质生产发展的需要仍然是科学知识生产发展的主要动力。正是物质生产发展的需要，向自然科学提出了多方面的研究课题，生产的需要越是迫切，就越能促使自然科学取得巨大的进展和突破。其次，物质生产为发展科学提供的人力、物力、财力的数量或质量，决定着科学发展的规模和速度。再次，物质生产为自然科学提供日益先进的实验设备和观测手段，使科学家能够探索宇宙太空，潜入海底，深入到微观世界内部，进行前无古人的科学研究，建立过去的人们连想也不敢想的尖端科学，开创现代科学既高度分化、又高度综合的新局面。最后，物质生产决定科学知识物化为直接生产力的可能和速度。人类生产科学知识的重要目的，就是为了在物质生产中加以应用，推动物质生产力的发展。物质生产力发展水平的高低，决定着物质生产能够在多大程度上利用新的科学知识，决定着科学知识转变为直接生产力的可能和速度。

阅读马克思主义哲学原著的方法及意义

掌握任何一个哲学家或哲学派别的哲学思想，都必须认真阅读这个哲学家或哲学派别的原著。只凭阅读教科书或辅导读物，是截然体味不到他们思想的真谛的，不仅如此，还往往会误读或误解他们的原意，有时甚至把他们的思想弄得面目全非。恩格斯在其晚年的书信中，针对巴尔特等年轻学者对历史唯物主义基本观点的歪曲，在 1890 年 9 月 21—22 日致布洛赫的信、1891 年 2 月 23 日致考茨基的信、1893 年 2 月 7 日致施穆伊洛夫的信、1894 年 1 月 25 日致博尔吉乌斯的信中，多次讲到要根据他和马克思的《关于费尔巴哈的提纲》《路易·波拿巴的雾月十八日》《资本论》《反杜林论》《路德维希·费尔巴哈和德国古典哲学的终结》等原著，来研究他们创立的历史唯物主义，而不要根据第二手材料来进行研究。

第一，要按照马克思主义经典作家自身思想发展的内在逻辑来理解他们的思想，而不要用后人或别人的思想去解读，因为后人或他人的思想是一面棱镜，经过它的折射很可能使马克思主义经典作家原著中的思想变形。例如，国内外学术理论界都有一些人用现象学的方法解读马克思的历史哲学，认为马克思的历史哲学开启了"生存哲学"的先河，并把马克思所讲的"生活世界"与胡塞尔所讲的"生活世界"混为一谈。其实这两者大相径庭。马克思所讲的"生活世界"指的是"人们的实际生活过程""现实生活的生产和再生产"，亦即客观的、感性的、现实的物质生产实践活动；而胡塞尔所讲的"生活世界"指的则是"纯粹自我的意识活动的产物"。用现象学的观点和方法解读马克思的历史哲学，必然是把马克思的历史哲学现象学化。还有人用马克斯·韦伯的工具理性和价值理性及其相互关系的思想，解读马克思关于历史进步的历史尺度和价值尺度及其相互关系的思想，其结果是把马克思的思想解读成了韦伯的思想。

第二，要根据马克思主义经典作家所处的历史背景和历史条件来解读他们原著中的哲学思想，而不要根据后来变化了的历史背景和历史条件、用后来的实践及其需要来解读。例如，马克思一向认为，社会主义革命将首先在发达资本主义国家发生并取得胜利，并在晚年也没有改变这种看法。马克思和恩格斯晚年虽然认为俄国公社有可能不通过"资本主义制度的卡夫丁峡谷"而直接实现社会主义，但他们认为，实现这一点不可缺少的前提是西欧无产阶级革命首先取得胜利。但我国理论界有不少人认为，马克思、恩格斯晚年有了在落后的俄国可能首先发生并取得社会主义革命胜利的思想，并且认为俄国十月革命和中国革命的胜利就是这种思想的证实。这实际上是用俄国十月革命和中国革命的实践，用马克思、恩格斯逝世以后的历史背景和历史条件解读马克思、恩格斯的思想，这样势必违背历史主义原则，曲解马克思、恩格斯的原意。

第三，要系统地阅读马克思主义经典作家的原著，把他们不同时期著作中的思想有机联系起来加以思考，而不要只读他们某一时期的某些著作，或把他们在不同时期的著作割裂开来甚至对立起来。国内外学术理论界都有人制造所谓的"两个马克思"，把青年马克思和老年马克思对立起来，究其认识论上的原因，就在于他们没有系统地阅读马克思的著作，没有把马克思不同时期的著作连贯起来加以思考，没有看到这些著作之间内在的有机联系。例如，有些人由于只阅读了马克思、恩格斯晚年论述俄国公社有可能不通过"资本主义制度的卡夫丁峡谷"这一观点的著作，而没有阅读他们早年的有关著作，于是认为马克思早年是认为一切国家和民族不论其具体情况如何都注定要走上资本主义发展道路，到了晚年马克思才认为有些国家和民族可以避免资本主义前途、跨越"资本主义制度的卡夫丁峡谷"。事实是，在马克思、恩格斯早年和中年的著作如《德意志意识形态》《共产主义原理》《共产党宣言》《资本论》中，已经蕴育了关于相当多的国家和民族可以跨越"资本主义制度的卡夫丁峡谷"的思想。他们晚年提出俄国公社有可能不通过"资本主义制度的卡夫丁峡谷"的设想，并不是一时心血来潮、突发奇想，而是他们以前思想合乎逻辑的继续、深化和发展，是在特定的历史条件下，把以前蕴含在头脑深处的思想直接、明确地表达出来，前后一贯，并没有什么矛盾。

第四，对不同的马克思主义经典作家的原著进行比较研究，既看到他们思想之间相同的一面，又看到他们思想之间的差别，把这些有差别的思想看作是互相补充而不是互相排斥的，更不要把他们的思想割裂开来、对立起来。国内外有些学者之所以制造"马克思和恩格斯的对立"，就是因为没有做到这一点。例如，我国理论界有人认为，在俄国公社是否可以跨越"资本主义制度的卡夫丁峡谷"问题上，马克思和恩格斯的思想是对立的，似乎是马克思主张和强调俄国公社可以跨越"资本主义制度的卡夫丁峡谷"，恩格斯则否认这种跨越的可能性。其实这完全是误解。只要认真阅读马克思和恩格斯的有关著作并加以比较，就不难发现，恩格斯不仅不否认"跨越"的可能性，而且先于马克思提出这种"跨越"的思想。马克思是在1877年《给〈祖国纪事〉杂志编辑部的信》中，第一次提出这一"跨越"思想的，以后又在1881年《给维·伊·查苏利奇的复信》及其草稿中，进一步明确论述了这个思想；而恩格斯则在1875年写的《论俄国的社会问题》一文中就论述了这一思想。1882年，马克思和恩格斯又在共同署名的《〈共产党宣言〉俄文第二版序言》中，精辟地论述了这个问题。马克思逝世以后，恩格斯1894年在《〈论俄国的社会问题〉跋》中，确实讲到俄国公社跨越"资本主义制度的卡夫丁峡谷"的可能性已经减少，甚至已经丧失，那是因为历史条件发生了变化：一是因为俄国民粹派、民意党人推翻沙皇政府的革命已经失败，沙皇政府作为欧洲最后一个反动堡垒依然存在，通过推翻沙皇政府引发西欧无产阶级革命的可能性这一条件已经丧失；二是因为俄国资本主义已经迅速发展起来，俄国公社进一步解体，俄国已经成为一个资本主义国家，当然就不再存在跨越"资本主义制度的卡夫丁峡谷"的问题了，所以马克思和恩格斯思想上的这种差别，恰好是互相补充的而不是对立的。

人们常说"承前启后""继往开来"。"承前"与"启后"、"继往"与"开来"是内在统一、不可分割的。只有"承前"才能"启后"，只有"继往"才能"开来"。而要"承前""继往"，首先要"知前""知往"。这里涉及继承与发展、理论和实践的关系问题。恩格斯在1890年10月27日致施米特的信中指出："每一时代的哲学作为分工的一个特定的领域，都具有由它的先驱者传给它而它便由此出发的特定的思想资料作为前提。"①对这里讲的哲学的继承和发展的关系多数理论工作者都注意到了，但对恩格斯接下来讲的、包括哲学在内的理论和经济的关系问题，不少人却忽略了。恩格斯在讲完上述那段话以后说："经济发展对这些领域也具有最终的至上权力，这在我看来是确定无疑的，但是这种至上权力是发生在各该领域所规定的条件的范围内，这种作用就是各种经济影响……对先驱所提供的现有哲学材料发生的作用。经济在这里不重新创造出任何东西，但是它决定着现有思想资料的改变和进一步发展的方式"。②理论与经济的关系是如此，理论与实践的关系也是如此。理论的基础是实践，毫无疑问，实践对理论起决定作用，这是一条马克思主义哲学的基本原理。但是有的理论工作者却对这条原理作了简单化的理解，认为人们通过实践可以直接创造出新概念、新观点、新理论，其实不然。如果不掌握理论发展的历史，不掌握前人提供的思想资料，即使进

---

① 《马克思恩格斯选集》第4卷，人民出版社1995年版，第703—704页。
② 《马克思恩格斯选集》第4卷，人民出版社1995年版，第704页。

行再多的实践活动，也丝毫不能把理论推向前进。马克思主义理论与实践的关系也是如此。不了解马克思主义哲学的发展史，不是认真、系统、全面地阅读马列哲学经典原著，不管你的实践活动多么丰富多彩，也丝毫不能丰富和发展马克思主义哲学理论。

《共产党宣言》中一个值得关注的思想

列宁在《论马克思主义历史发展的几个特点》一文中说："因为具体的社会政治形势改变了，迫切的直接行动的任务也有了极大的改变。因此，马克思主义这一活的学说的各个不同方面也就不能不分别提到首要地位。"①《共产党宣言》（以下简称《宣言》）是工人阶级政党的第一个纲领性文件，它的内容十分丰富，涉及的理论和策略问题十分广泛，因此它的不同方面在不同时期也就不能分别提到首要地位。其中有一个思想，虽然不能说现在已经提到首要地位，却也是过去长期被忽视而现在值得关注的思想。这个思想就是"在旧社会中已经形成了新社会的因素"，即在资本主义社会内部已经形成了社会主义社会的因素。

马克思、恩格斯在《宣言》中是这样讲的："人们的观点、观念和概念，一句话，人们的意识，随着人们的生活条件，人们的社会关系，人们的社会存在的改变而改变""当人们谈到整个

① 《列宁选集》第2卷，人民出版社1995年版，第279页。

社会革命化的思想时，他们只是表明了一个事实：在旧社会内部已经形成了新社会的因素，旧思想的瓦解是同旧生活条件的瓦解步调一致的。"这里的"旧社会"主要指资本主义社会；这里的"新社会"主要指社会主义社会；这里的"新社会的因素"，不仅指建立社会主义社会的物质技术条件，而且包括社会主义的经济关系。这里在原则上明确肯定了在资本主义社会内部可以形成社会主义因素。马克思、恩格斯的这个思想不是偶然提到的，在他们以后的著作中，还曾多次谈到。

马克思在《1857—1858年经济学手稿》中说："在以交换价值为基础的资产阶级社会内部，产生出一些交往关系和生产关系，它们同时又是炸毁这个社会的地雷。""如果我们在现在这样的社会中没有发现隐蔽地存在着无阶级社会所必需的物质生产条件和与之相适应的交往关系，那么一切炸毁的尝试都是唐·吉诃德的荒唐行为。"[①]这里说得很清楚，如果资本主义社会内部没有产生社会主义因素，消灭资本主义社会的革命运动就成了"荒唐行为"。

马克思在1867年发表的《资本论》第一卷中说："暴力是每一个孕育着新社会的旧社会的助产婆。"[②]这里明确提出了一个适用于一切社会形态及其向更高的社会形态转化的观点，即"旧社会"内部"孕育着新社会"的因素，当然也包括资本主义社会内部可以自发地孕育和形成社会主义因素。

---

① 《马克思恩格斯全集》第30卷，人民出版社1995年版，第109页。
② 《马克思恩格斯全集》第44卷，人民出版社2001年版，第861页。

马克思在1871年写的总结巴黎公社经验的《法兰西内战》一书讲到:"工人阶级不是要实现什么理想,而只是要解放那些由旧的正在崩溃的资产阶级社会本身孕育着的新社会因素。"①马克思的意思是说,工人阶级并不是首先在头脑中构建起未来社会主义社会具体是什么样子的所谓"理想",然后根据自己绘出的蓝图去"自觉地"建立社会主义的乌托邦,而只是通过适当形式去解放"资产阶级社会本身"孕育着的"新社会因素",即社会主义社会的因素。

马克思在1877年《给〈祖国纪事〉杂志编辑部的信》中说:资本主义生产"本身已经创造出一种新的经济制度的因素,它同时给社会劳动生产力和一切个体生产者的全面发展以极大的推动,实际上已经以一种集体生产为基础的资本主义所有制只能转变为社会的所有制"②。马克思这里所说的资本主义生产本身"已经创造出的新的经济制度的因素",指的就是社会主义经济制度的因素。

马克思在《资本论》第3卷中说:"资本的文明面之一是,它榨取这种剩余劳动的方式和条件,同以前的奴隶制、农奴制等形式相比,都更有利于生产力的发展,有利于社会关系的发展,有利于更高级的新形态的各种要素的创造。"③这里说的"更高级的新形态的各种要素",就是指资本主义社会内部创造出来的未来社会主义社会的因素。

---

① 《马克思恩格斯文集》第3卷,人民出版社2009年版,第159页。

② 《马克思恩格斯文集》第3卷,人民出版社2009年版,第466页。

③ 《马克思恩格斯全集》第46卷,人民出版社2003年版,第927—928页。

　　从以上的引证我们可以清楚地看到，认为资本主义社会内部可以自发地孕育和形成社会主义因素，是马克思、恩格斯的一贯思想。苏联理论界和中国改革开放以前的理论界，把资本主义社会内部不能自发地孕育和形成社会主义因素的观点，笼统地说成是马克思主义的观点，是不符合实际的。马克思、恩格斯从来没有提出过这个观点。这个观点是列宁首先提出的，斯大林把它强化了，苏联理论界把它系统化了，毛泽东把它意识形态化了。列宁在十月革命胜利以后之所以提出这个思想，与俄国特殊的国情有关。因为俄国经济文化落后，各种资本主义关系很不发达，俄国资本主义社会制度内部尚未孕育新的社会主义因素，至少是社会主义因素尚未明显表现出来。其实列宁在离开俄国特殊的国情，一般地论述资本主义和社会主义的关系时，他也认为资本主义社会内部可以孕育和形成社会主义因素。列宁在1905年写的《〈火星报〉策略的最新发明：滑稽的选举是推动起义的新因素》一文中，虽然不赞成通过组织工人的消费合作社实现社会主义的机会主义观点和策略，但同时他也认为："消费合作社是社会主义的一部分。辩证发展过程在资本主义范围内确实就包含着新社会的因素，包含着它的物质因素和精神因素。"[1]

　　承认资本主义社会内部可以自发地孕育和形成社会主义因素的观点，是一个马克思主义观点，可以得出一系列对现实有指导意义的结论。

　　第一，既然在资本主义社会内部可以自发地孕育和形成社会

---

[1] 《列宁全集》第11卷，人民出版社1987年版，第371页。

主义因素，由此就必然得出结论：一个国家资本主义发展的水平越高，它内部所孕育和形成的社会主义因素也就越多，它离科学社会主义理论意义上的社会主义社会也就越近。因此，我们应该把二战以后资本主义的发展看作是人类历史的进步，看作是为社会主义社会的实现准备条件，看作是向社会主义社会的趋近。

第二，既然在资本主义社会内部可以自发地孕育和形成社会主义因素，我们就不应该，特别是在经济文化落后的国家就更不应该对资本主义持完全敌对的态度，就不应该有"恐资症"，就不应该离开生产力的发展状况抽象地谈论姓"资"还是姓"社"的问题，而应该像邓小平说的那样，把"三个有利于"作为判断改革开放和各项工作得失成败的标准。

第三，既然在资本主义社会内部可以自发地孕育和形成社会主义因素，就说明社会主义因素和资本主义因素在一定时期内可以共存于一个国家之中，社会主义制度的国家和资本主义制度的国家在一定时期内可以共存于世界范围之中。不仅如此，在世界范围内，社会主义制度和资本主义制度这两种社会制度，既有对立和斗争，又相互学习和借鉴。现代资本主义社会二战后之所以得到迅速发展，与借鉴了现实社会主义的某些合理因素，恐怕不无关系。而现实社会主义也完全应该实行对外开放政策，加强各国之间包括与发达资本主义国家之间在经济、政治、科技、文化、教育等方面的交流与合作，学习国外的先进科学技术和经营管理经验，加速本国的社会主义现代化建设。

第四，既然在资本主义社会内部可以自发地孕育和形成社会主义因素，而且这种因素积累得越多离社会主义就越近，那么由资本主义社会向社会主义社会的过渡，就既可能采取暴力革命的形式，也可能采取和平发展的形式。在特定的历史条件下，马克思、恩格斯、列宁突出强调暴力革命的形式，但他们从来没有否定在条件许可时无产阶级用和平的方式夺取政权。从当代发达资本主义国家的实际情况看，暴力革命形式的可能性在减少，渐进的和平发展的形式的可能性在增长。

承认资本主义社会内部可以自发地孕育和形成社会主义因素，有助于坚定人们的社会主义信念。就我个人而言，坚定的社会主义信念来自两个方面：一方面，坚信中国特色社会主义道路和理论体系是正确的，中国特色社会主义事业终将取得胜利；另一方面，承认和相信资本主义社会内部可以自发地孕育和形成社会主义因素，这种社会主义因素必将不断发展和积累，这个过程，就是社会主义必然代替资本主义的过程。

必然王国向自由王国的飞跃

在马克思的著作中，必然王国有两种含义：一种是自然必然性王国，另一种是历史必然性王国。前者又称为永恒的自然必然性王国、绝对的必然性王国；后者又称为暂时的必然性王国。

关于自然必然性王国，无论从其存在于一切社会形式之中的角度来看，还是从物质生产是人类生存和发展的必要性、不可或缺性方面来看，或者从人类永远不能完全摆脱盲目的自然力量的控制和支配的方面来看，物质生产领域这种自然必然性王国都将始终存在，所以它是永恒的必然性王国或绝对的必然性王国。

关于历史必然性王国，从马克思的论述可以看出：与自然必然性王国是从人与自然关系的角度讲的不同，历史必然性王国是从人与人的社会关系角度讲的，即从物质生产在其中进行的社会形式、生产方式或生产关系角度讲的，因而它不像历史必然性王国那样为一切社会形式所共有，只为几种特定的社会形式所具有；与自然必然性王国存在于一切社会形态中不同，历史必然性王国只存在于劳动者与剥削者相对立的几个社会形态中，具体地说，只存在于奴隶劳动、徭役劳动和雇佣劳动中，或者说只存在于奴隶社会、封建社会和资本主义社会中。马克思重点讲的是资本主义社会这种历史必然性王国；劳动者在历史必然性王国中劳动，不是感到"自由和幸福"，而是厌恶这种劳动，这是因为，"他的劳动不是自愿的劳动，而是被迫的强制劳动。因此，这种劳动不是满足一种需要，而是满足劳动以外的那些需要的一种手段。劳动的异己性完全表现在：只要肉体的强制或其他强制一停止，人们会像逃避瘟疫那样逃避劳动"[①]；与自然必然性王国是永恒存在的不一样，历史必然性王国只是暂时存在，人们将在物质生产和其他各种社会活动中创造各种主观条件和客观条件，扬弃物质生产劳动在其中进行的对立的社会形式、生产方式或生产关系。所以马克思又把历史必然性王国称为"暂时的必然性"王国。

自由王国也有两个方面的含义。历史必然性王国彼岸的自由活动领域的自由王国，是自由王国的第一种含义。作为人类社会发展史前时期的必然王国即历史必然性王国结束后进入的真正人类历史时期的自由王国，是自由王国的第二种含义。前者可称为按两个领域划分的自由王国，后者可称为按两个时期（或按两个历史阶段）划分的自由王国。

历史必然性王国彼岸的自由王国的含义。这种意义上的自由王国，是指历史必然性王国中人类主体在外在必然性支配下的物质生产劳动终止以后所获得的自由活动领域或自由活动时间。它

---

① 《马克思恩格斯全集》第3卷，人民出版社2002年版，第270—271页。

存在于物质生产的彼岸，是作为目的本身的能力得到发展的自由活动领域或自由活动时间。在资本主义社会，这种自由活动领域或自由活动时间，只有资产阶级才能享受，工人阶级完全被排斥在自由活动领域或自由活动时间之外。资产阶级之所以能够享受自由活动时间，是由于工人阶级的全部时间都转化为劳动时间了。自由活动时间是发展个人才能的时间，人们在这个时间里，从事科学、艺术等精神生产活动，从事社会管理等社会活动，从事有利于身心健康的游艺和体育活动。由于这些活动只有资产阶级和社会上层才有权享受，工人阶级根本无暇从事这些活动。所以在资本主义社会，只有资产阶级和社会上层才能得到发展，工人阶级把全部必要劳动时间以外的时间都变成了剩余劳动时间，根本不能得到发展才能的时间和机会。这就是说，一部分人的发展是以牺牲另一部分人的发展为前提和代价的，自由劳动时间与剩余劳动时间是对抗的。

真正的人类历史时期的自由王国的含义。马克思把全部人类历史分为两大时期，他把原始社会、奴隶社会、封建社会、资本主义社会统称为人类的史前时期，把未来的社会主义社会和共产主义社会称为真正的人类历史时期。前一时期称为必然王国，后一时期称为自由王国。第一，在真正的人类历史时期意义上的自由王国，由于消灭了资本主义制度，消除了必要劳动和剩余劳动的区分，必要劳动扩大了自己的范围，一切劳动都成为必要劳动，"一方面，是因为工人的生活条件将会更加丰富，他们的生活要求将会增大。另一方面，是因为现在的剩余劳动的一部分将会列入必要劳动，即形成社会准备基金和社会积累基金所必要的劳动"①。第二，在真正的人类历史时期意义上的自由王国，由于一个阶级享有自由劳动时间、群众的全部时间都转化为劳动时间的情况已经消除，实现了劳动的普遍化。第三，在真正的人类历史时期意义上的自由王国，节约劳动时间，在不同生产部门之间有计划地、合理地分配劳动时间，在更高的程度上成为首要的经济规律。第四，在真正的人类历史时期意义上的自由王国，财富不表现为直接劳动，也不是劳动时间，而是对人本身的一般生产力的占有，是人对自然界的了解和通过人作为社会主体存在的对自然界的统治，是社会个人的发展。第五，在真正的人类历史时期意义上的自由王国中，由于劳动不再是谋生的手段，而是生活的第一需要，人在劳动中不是感到痛苦，而是感到愉快，劳动者不再是受剥削、受压迫、被奴役的主体，而是成为一种能够占有"自由时间—不论是闲暇时间还是从事较高级活动的时间"②的自己支配自己的自由的主体，作为这种主体加入直接生产过程。第六，在真正的人类历史时期意义上的自由王国中，人类共同体不再是虚假的共同体，而是真实的共同体。第七，在真正的人类历史时期意义上的自由王国中，自由劳动不仅存在于从事科学、艺术等等的精神生产活动中，而且也存在于物质生产活动中。但是，物质生产的劳动只有在下列情况下才能获得这种性质：（1）这种劳动具有社会性质；（2）"这种劳动具有科学性，同时又是一般的劳动，这种劳动不是作为用一定方式刻板训练出来的自然力的人

---

① 《马克思恩格斯文集》第5卷，人民出版社2009年版，第605页。
② 《马克思恩格斯全集》第31卷，人民出版社1998年版，第108页。

的紧张活动，而是作为一个主体的人的紧张活动，这个主体不是以单纯自然的，自然形成的形式出现在生产过程中，而是作为支配一切自然力的活动出现在生产过程中。"①

从必然王国向自由王国的飞跃中的必然王国和自由王国指的是两个历史时期意义上的必然王国和自由王国，因为只有这个意义上的必然王国和自由王国，才存在从前者向后者飞跃的问题。两个领域意义的必然王国和自由王国，二者在时间上是并存的，不存在从前者向后者飞跃的问题。实现从必然王国向自由王国的飞跃，需要具备必要的条件。不具备这些条件，飞跃是无法实现的。这些条件主要有以下一些。

第一，生产力和科学技术高度发展，为减少必要劳动时间、增加自由活动时间创造客观条件。自由王国的实现，不是靠人们的主观愿望、思想观念能够实现的，它的实现需要一定的客观条件。这种客观条件首先是生产力和科学技术的发展。只有生产力和科学技术的发展，科学在生产上加以应用，赋予生产以科学的性质，才能提高生产力的发展水平，使必要劳动时间减少到最低限度，自由劳动时间增加到最高程度。在历史必然性的王国中，自由时间之所以只能被少数剥削者和社会上层享用，广大工人群众无权享用，主要是因为生产力水平还不够高，科学技术还不够发达，人们为了满足最基本需要以外的自由活动时间还比较少。正如马克思所说：在生产力和科学技术高度发展的条件下，"生产力的增长再也不能被占有他人的剩余劳动所束缚了，工人群众

---

① 《马克思恩格斯全集》第30卷，人民出版社1995年版，第616页。

自己应当占有自己的剩余劳动。当他们已经这样做的时候，——这样一来，可以自由支配的时间就不再是对立的存在物了，——那时，一方面，社会的个人的需要将成为必要劳动时间的尺度，另一方面，社会生产力的发展将如此迅速，以致尽管生产将以所有的人富裕为目的，所有的人的可以自由支配的时间还是会增加"。相反，"以劳动时间作为财富的尺度，这表明财富本身是建立在贫困的基础上的"①。

第二，消灭了资本主义生产方式，从而消除了可以自由支配的时间和剩余劳动时间的对立，使所有的人都能享受可以自由支配的时间。资本主义生产方式的巨大功绩，就在于它与奴隶制、农奴制等的生产方式相比，更能推动生产力的发展，从而生产出更多的可以自由支配的时间。但在资本主义生产方式下，由于资本的目的不是生产使用价值，而是生产价值，追求利润的最大化。所以资本家不仅不会因为劳动生产率的提高和科学在生产上的应用而减少工人的劳动时间，反而会把科学技术作为增加劳动强度、获取更多剩余价值的手段。正如马克思所说："最发达的机器体系现在迫使工人比野蛮人劳动的时间还要长，或者比他自己过去用最简单、最粗笨的工具时劳动的时间还要长。"马克思还说过："资本还添加了这样一点：它采用技艺和科学的一切手段，来增加群众的剩余劳动时间，因为他的财富直接在于占有剩余劳动时间；因为它的直接目的是价值，而不是使用价值。"②

---

① 《马克思恩格斯全集》第31卷，人民出版社1998年版，第104页。
② 《马克思恩格斯全集》第31卷，人民出版社1998年版，第103—104页。

可见，不消灭资本主义的生产方式，从而消除可以自由支配的时间和剩余劳动时间的对立，即使可以自由支配的时间增加了，工人群众也无法享受，他们会依然处在史前历史时期的必然王国之中，而不能进入真正人类历史时期意义上的自由王国。

第三，资本主义社会内部孕育和形成社会主义生产关系的因素或萌芽，这些因素积累到一定程度，就会采取适当的方式冲破资本主义的外壳，从而由必然王国飞跃到自由王国。在这方面马克思有很多论述。他在《1857—1858年经济学手稿》中指出："在以交换价值为基础的资产阶级社会内部，产生出一些交往关系和生产关系，它们同时又是炸毁这个社会的地雷。""如果我们在现在这样的社会中没有发现隐蔽地存在着无阶级社会所必要的物质生产条件和与之相适应的交往关系，那么一切炸毁的尝试都是唐·吉诃德的荒唐行为。"①马克思在《资本论》第1卷中说：资本主义生产随着使小规模的分散的劳动向大的社会规模的劳动过程的转化的普遍化和加速，"它在使生产过程的物质条件和社会结合成熟的同时，也使生产过程的资本主义形式的矛盾和对抗成熟起来，因此也同时使新社会的形成要素和旧社会的变革要素成熟起来"。②这里说的"新社会的形成要素和旧社会的变革要素"，既包括资本主义社会内部形成的建立社会主义社会所必需的物质技术条件，也包括资本主义社会内部形成的社会主义生产关系的因素。马克思在《资本论》第3卷又说："资本的文明面之一是，

① 《马克思恩格斯全集》第30卷，人民出版社1995年版，第109页。
② 《马克思恩格斯文集》第5卷，人民出版社2009年版，第576—577页。

它榨取这种剩余劳动的方式和条件，同以前的奴隶制、农奴制等等形式相比，都更有利于生产力的发展，有利于社会关系的发展，有利于更高级的新形态的各种因素的创造。因此，资本一方面会导致这样一个阶段，在这个阶段上，社会上的一部分人靠牺牲另一部分人来强制和垄断社会劳动（包括这种发展的物质方面和精神方面的利益）的现象将会消灭；另一方面，这个阶段又会为这样一些关系创造出物质手段和萌芽，这些关系在一个更高级的社会形式中，使这种剩余劳动能够同物质劳动一般所占用的时间的更大的节制结合在一起。"①这里说的"更高级的新形态的各种要素"，就是未来社会主义社会的各种要素，它既包括资本主义社会内部形成的建立新社会的物质技术条件，又包括未来社会主义社会的新的生产关系的因素和"萌芽"。

第四，人的文明程度大大提高，具有享受和利用可以自由支配的时间从事科学文化和各种高级的社会活动的素质和能力。在真正人类的历史时期含义上的自由王国中，不仅要有可以自由支配的时间及其客体，而且要有享用可以自由支配的时间及其客体的主体。没有达到一定的高度，即使有了可以自由支配的时间他们也不能利用这种可以自由支配的时间从事自由的精神生产和其他高级的社会活动。马克思在《1844年经济学哲学手稿》中说："如果你想得到艺术的享受，那你就必须是一个有艺术修养的人。""从主体方面来看：只有音乐才激起人的音乐感；对于没有音乐感的耳朵来说，最美的音乐毫无疑义，不是对象，因为我的

---

① 《马克思恩格斯文集》第7卷，人民出版社2009年版，第927—928页。

对象只能是我的一种本质力量的确证。""只是由于人的本质客观地展开的丰富性，主体的、人的感性的丰富性，如有音乐感的耳朵、能感受形式美的眼睛，总之，那些能成为人的享受的感觉，即确证自己是人的本质力量的感觉，才一部分发展起来，一部分产生出来。"①马克思在《〈政治经济学批判〉导言》中说："消费对于对象所感到的需要，是对于对象的知觉所创造的。艺术对象创造出懂得艺术和具有审美能力的大众，——任何其他产品也都是这样。因此，生产不仅为主体生产对象，而且也为对象生产主体。"②马克思在《1857—1858年经济学手稿》中说："培养社会的人的一切属性，并且把他作为具有尽可能丰富的属性和联系的人，因而具有尽可能广泛需要的人生产出来——把他作为尽可能完整的和全面的社会产品生产出来（因为要多方面享受，他就必须有享受的能力，因此他必须是具有高度文明的人）——，这同样是以资本为基础的生产的一个条件。"③

第五，消灭了劳动者和劳动资料相分离的状况，实现了劳动者在社会所有制的基础上与生产资料的重新结合。马克思认为，在人的依赖性社会，劳动者个人与生产资料是结合在一起的；在物的依赖性社会，即资本主义社会，劳动者个人被剥夺了劳动资料，劳动者与生产资料是分离的；在个人全面发展的社会，即未来的社会主义社会和共产主义社会，建立了社会所有制，每个劳动者个人都是生产资料的所有者，实现了劳动者在更高的程度上

---

① 《马克思恩格斯全集》第3卷，人民出版社2002年版，第364、305页。
② 《马克思恩格斯全集》第30卷，人民出版社1995年版，第389页。
③ 《马克思恩格斯文集》第8卷，人民出版社2009年版，第16页。

与生产资料的重新结合，即重新建立个人所有制。马克思在《资本论》第 1 卷中，对这个过程作了精辟的概括："从资本主义生产方式产生的资本主义占有方式，从而资本主义的私有制，是对个人的、以自己劳动为基础的私有制的第一个否定。但资本主义生产由于自然过程的必然性，造成了对自身的否定。这是否定的否定。这种否定不是重新建立私有制，而是在资本主义时代的成就的基础上，也就是说，在协作和对土地及靠劳动本身生产的生产资料的共同占有的基础上，重新建立个人所有制。"① 在资本主义社会，由于劳动者丧失了生产资料，只能把自己的劳动力出卖给资本家，被资本家所支配，为资本家创造剩余价值，因而他所创造的可以自由支配的时间，自己不能享受，而归资本家享受。在社会主义社会和共产主义社会，劳动者在社会共同占有生产资料的基础上，重新实现了和生产资料的结合，成了生产资料和社会结合的主人，因而他们创造的可以自由支配的时间，就可以归自己享受了，他们也就由必然王国进入了自由王国。

恩格斯在《反杜林论》中对从必然王国到自由王国的飞跃做了精辟的论述。他说："一旦社会占有了生产资料，商品生产就将被消除，而产品对生产者的统治也将随之消除。社会生产内部的无政府状态将为有计划的自觉的组织所代替。个体生存斗争停止了。于是，人在一定意义上才最终地脱离了动物界，从动物的生存条件进入真正人的生存条件。人们周围的、至今统治着人们的生活条件，现在受人们的支配和控制，人们第一次成为自然界

---

① 《马克思恩格斯文集》第 5 卷，人民出版社 2009 年版，第 874 页。

的自觉的和真正的主人，因为他们已经成为自身的社会结合的主人了。人们自己的社会行动的规律，这些一直作为异己的、支配着人们的自然规律而同人们相对立的规律，那时就将被人们熟练地运用，因而将听从人们的支配。人们自身的社会结合一直是作为自然界和历史强加于他们的东西而同他们相对立的，现在则变成他们自己的自由行动了。至今一直统治着历史的客观的异己的力量，现在处于人们自己的控制之下了。只是从这时起，人们才完全自觉地自己创造自己的历史；只是从这时起，由于人们使之起作用的社会原因才大部分并且越来越多地达到他们所预期的结果。这是人类从必然王国进入自由王国的飞跃。"①恩格斯的这一大段话，从"自由王国"与"必然王国"根本区别方面论述了各自的特征，说明了从"必然王国"向"自由王国"的飞跃是人类历史发展的总趋势。

从历史发展的辩证法来看，从必然王国向自由王国的飞跃，是一个永远不会完结的历史过程。人类进入"自由王国"以后，这个过程将随着人类社会和人类自身的发展而继续下去。只要人类和人类社会存在，只要人类认识和改造世界的活动还在进行，就始终存在着主观与客观、自由与必然的矛盾。如果这个飞跃过程完全终结了，那就意味着人类认识世界和改造世界的活动终止了。毛泽东说得好："人类的历史，就是一个不断地从必然王国向自由王国发展的历史。这个历史永远不会完结。在有阶级存在的社会内，阶级斗争不会完结。在无阶级存在的社会内，新与

---

① 《马克思恩格斯文集》第9卷，人民出版社2009年版，第300页。

旧、正确与错误之间的斗争永远不会完结。在生产斗争和科学实验范围内，人类总是不断发展的，自然界也总是不断发展的，永远不会停止在一个水平上。因此，人类总得不断地总结经验，有所发现，有所发明，有所创造，有所前进。停止的论点，悲观的论点，无所作为和骄傲自满的论点，都是错误的。"①

---

① 《毛泽东著作选读》下册，人民出版社1989年版，第845页。

完整准确解读马克思主义经典著作

恩格斯说过："一个人如果想研究科学问题，首先要学会按照作者写作的原样去阅读自己要加以利用的著作，并且首先不要读出原著中没有的东西。"[①]我们应坚持这些论述所体现的基本原则和方法，原原本本地研读和阐释马克思主义经典著作，在此基础上推动马克思主义中国化、时代化、大众化。

规避几种不正确的解读方式

我国学者学习和研究马克思主义的态度总体上是端正的，对马克思主义经典著作的解读总体上科学有效。但毋庸讳言，当前学界在这个问题上也存在一些需要努力规避的不良倾向。

教条主义地对待马克思主义经典著作。这一点与苏联学者的影响不无关系。苏联的马克思主义学者在搜集、整理、出版马克

---

① 《马克思恩格斯文集》第7卷，人民出版社2009年版，第26页。

思主义经典著作和研究马克思主义基本原理方面作出了较大贡献，这是必须承认的。但由于受当时社会历史条件的限制，他们在一些方面对马克思主义经典著作做了不符合甚至违背经典作家原意的解读，对马克思主义一些基本概念和基本原理做了不准确的阐释，没有很好地根据时代的变化、实践的发展、科学的进步丰富和发展马克思主义，教条主义地对待马克思主义经典著作的倾向比较突出。苏东剧变以后，我国马克思主义研究者在很多方面克服了苏联学者的消极影响。但由于苏联学者对我国马克思主义研究的影响较为深远，不同学者对苏联马克思主义研究成果的评价也不尽一致，一些消极因素至今仍影响着我国马克思主义的研究。

全盘接受西方马克思主义的观点和方法。西方学者在研究解读马克思主义经典著作的过程中，既提出了一些有价值的观点和有益的研究方法，也提出了诸多曲解马克思主义的观点和不正确的研究方法，有些持敌对态度的西方学者甚至恶意攻击和歪曲马克思主义。我国有的学者对西方马克思主义和西方马克思学的功过是非研究不够、辨别不清、判断有误，把其中一些错误观点和研究方法当作对马克思主义的创新加以接受，甚至大加渲染、极力模仿和提倡，言必称"西马"。不加辨别地运用"西马"的观点和方法，必然造成对马克思主义经典著作的误读或曲解。

简单套用现代西方解释学的观点和方法。现代西方解释学对于经典著作解读提出了一些有价值的观点和方法，但其中一些观点和方法需要理性辨析。例如，它认为文本意义是通过读者理解生成的，没有不依赖解释者而存在的文本意义；不同读者对于同一文本的理解不相同，没有一种"标准答案"。这就是说，即使文本有自身的意义，读者也无法把握；理解的目的不是把握文本的本意，而是生成文本的意义。按照这个观点，马克思主义经典著作就没有不依赖于读者而自身固有的意义。这样去解读马克思主义经典著作，必然导致鱼龙混杂、泥沙俱下，令人莫衷一是。

过度解读马克思主义经典著作中的一些概念和观点。马克思主义经典著作中的一些观点，本来是条分缕析、明白易懂的。但有的学者可能是为了联系我国实际，也可能是为了对马克思主义进行所谓创新，主观地把马克思主义经典作家在不同时期、不同著作中的论述联系在一起，对其中的一些概念和观点作过度解读，把一些原来明白易懂的观点弄得晦涩难懂甚至面目全非，使人不知所云。

片面理解理论联系实际的原则。我国有的学者不能根据经典作家所处的社会历史环境和他们当时面临的实际问题去解读马克思主义经典著作，而是简单运用经典作家在特定历史条件下提出的思想和观点来分析我们今天面临的形势和实际问题。这就难免犯"刻舟求剑"的错误，误读或曲解马克思主义经典著作的原意。

积极探寻科学解读路径

如何积极探寻科学路径，按马克思主义经典作家"写作的原样"去解读他们的著作，防止对经典著作的误读或曲解？我认为，可以从以下几个方面入手。

把"史""论""著"有机结合起来。我国高校大多数哲学院系设有马克思主义哲学史、哲学原理、哲学经典著作选读三门基础课，而且由不同的老师讲授。这种课程设置的弊端，在于把统一的马克思主义哲学分为不同课程。这样导致讲授哲学原理的老师，往往不太重视对哲学史和哲学经典著作的研究；讲授某一本或几本哲学经典著作的老师，又不太重视对哲学原理、哲学史和其他哲学经典著作的研究。这种肢解统一的马克思主义哲学的做法，很难全面系统地理解马克思主义哲学思想，甚至会造成各种误读或曲解。因此，高校哲学院系是否可将马克思主义哲学的三门基础课合并为一门，以讲授哲学经典著作为重点，使学生通过学习和研究哲学经典著作掌握哲学原理、哲学史，全面准确、深入系统地掌握和解读马克思主义哲学。

把马克思主义各组成部分有机结合起来。马克思主义三大组成部分，即马克思主义哲学、政治经济学和科学社会主义，三者相互渗透、相互补充，构成统一的马克思主义理论体系。科学社会主义理论一旦离开马克思主义哲学和政治经济学，就会蜕变为空想社会主义学说；政治经济学离开马克思主义哲学的指导，离开科学社会主义理论，就会跌入资产阶级政治经济学的怀抱。马克思主义经典作家的很多著作，都是把这三个组成部分融为一体的。如《资本论》既是一部政治经济学著作，也是一部哲学著作和科学社会主义著作，是把三个组成部分融为一体的典范。我国学者在学习、研究、解读马克思主义经典著作时，应把马克思主义各组成部分有机结合起来。

编写一批马克思主义"专题史"教材。我国已出版了一批马克思主义哲学史、经济学说史、政治学说史、科学社会主义发展史教材。这些均可称为"通史"教材。在我国很少见到就马克思主义某一基本原理而撰写的发展史教材,暂称之为"专题史"教材。只有"通史"教材而没有"专题史"教材,对马克思主义的学习和研究是不利的。如高校哲学院系在本科生阶段讲授"马克思主义哲学史",到硕士研究生阶段仍讲授此"通史",这只能有量的扩张,不可能有质的飞跃。因此,高校哲学院系可编写一批马克思主义哲学"专题史"教材,如唯物主义各种形态的演变史教材、辩证法各种形态的演变史教材、哲学基本问题的发展史教材等。也可以在本科生、研究生阶段分别讲授马克思主义发展"通史"和"专题史",使教学由浅入深、由通到专,从而帮助学生全面、准确、深入地学习和解读马克思主义经典著作。

用发展的观点对待马克思主义。马克思主义经典作家的理论不是教条,而是"发展着的理论"。他们在每一时期的理论都是在特定的历史条件下、针对当时需要回答的特定问题讲的,因而都具有相对性,都只在一定条件下和一定范围内适用。我们不能将其看作在一切条件下和一切范围内都适用的绝对真理,看作一经形成就永恒不变的僵死教条。如《资本论》是马克思最为成熟的理论著作,而对于这部科学著作中的理论观点,恩格斯也认为不能把其绝对化,而应把它们看作是相对的。这充分说明,任何理论都是时代的产物,都具有时代的特点。马克思、恩格斯是与时俱进的典范,他们总是根据时代和实践的变化、社会的发展、科技的进步反思自己提出的理论,克服自己理论的时代局限性和历史局限性,不断把自己的理论推向前进。我国学者应秉持这种态度,用发展的观点对待马克思主义、解读马克思主义经典著作。

一国能否建成社会主义

　　列宁在1915年《论欧洲联邦口号》和1916年《论无产阶级革命的军事纲领》这两篇文章中，提出了社会主义革命可以首先在一国或几国取得胜利的思想，但他严格把"取得社会主义革命胜利"和建成社会主义社会区分开来，和马克思、恩格斯一样，列宁也认为社会主义是"世界历史性事业"，单靠一国或几国的无产阶级是不能取得社会主义的最终胜利、不能建成完全的或发达的社会主义社会的，这个任务只有通过全世界无产阶级的共同努力才能完成。列宁不仅在十月革命以前，而且在十月革命胜利以后直至逝世，始终没有提出过一国可以建成社会主义的理论。列宁在这个问题上的立场和基本理论观点，自始至终都是一致的。仔细研读相关文本，列宁这个思想的形成和变化可以分为1905年革命至十月革命以前、十月革命胜利初期、1918年春夏之交至1920年年底、1920年年底至列宁病逝四个时期。

1905年革命至十月革命以前

在俄国1905年革命期间，列宁就运用马克思的世界历史理论来观察和分析欧洲和俄国革命的关系，提出了俄国资产阶级民主革命的彻底胜利和无产阶级社会主义革命的胜利，可以推动西欧无产阶级革命的爆发，而西欧无产阶级革命取得胜利以后，又会反过来支援俄国的社会主义革命，使俄国社会主义革命胜利的成果得以巩固，没有西欧无产阶级革命的胜利，俄国无产阶级社会主义革命的成果是必定要丧失的思想。

列宁在1905年6—7月写的总结1905年革命经验的《社会民主党在民主革命中的两种策略》中说，俄国取得资产阶级民主革命的彻底胜利，"这样的胜利会使我们有可能把欧洲发动起来，而欧洲的社会主义无产阶级摆脱了资产阶级的桎梏，就会反过来帮助我们实现社会主义革命"。当时列宁认为，欧洲实现社会主义革命的条件已经相当成熟，因此俄国社会民主党"向俄国的革命无产阶级指出了积极的任务：在争取民主的斗争中取得胜利，并且利用这个胜利来把革命传播到欧洲"[1]。列宁认为，资产阶级民主革命和无产阶级社会主义革命之间没有一条不可逾越的鸿沟，取得资产阶级民主革命的彻底胜利，就是为争取社会主义革命的胜利做准备，"它的未来就是反对私有制的斗争，雇佣工人反对业主的斗争，争取社会主义的斗争"[2]。列宁批判了那种把

---

① 《列宁全集》第11卷，人民出版社1987年版，第65页。

② 《列宁全集》第11卷，人民出版社1987年版，第67—68页。

资产阶级民主革命和社会主义革命看作截然不同的东西的错误思想。他指出："我们大家都认为资产阶级革命和社会主义革命是截然不同的东西，我们大家都无条件地坚决主张必须把这两种革命极严格地区分开，但是，难道可以否认前后两种革命的个别的、局部的成分在历史上互相交错的事实吗？难道在欧洲民主革命的时代没有许多社会主义运动和争取社会主义的尝试吗？难道欧洲未来的社会主义革命不是还有许许多多民主主义性质的任务要去最终完成吗？"①列宁这些论述既说明了俄国资产阶级民主革命与欧洲无产阶级社会主义革命之间相互影响、相互支援的关系，又说明了资产阶级民主革命的彻底胜利必然导致无产阶级社会主义革命。这种无产阶级社会主义革命和资产阶级民主革命相衔接、俄国革命和欧洲无产阶级社会主义革命相互支援的思想，就包含了西欧无产阶级革命的胜利是俄国无产阶级革命胜利的成果得以巩固的重要保障的思想。

列宁在1905年年底或1906年年初写的《革命的阶段、方向和前途》这篇短文中，就明确提出了没有欧洲无产阶级社会主义革命的支援，俄国的无产阶级革命必将遭到失败的思想。他指出："如果没有欧洲的社会主义无产阶级对俄国无产阶级的支援，那么，这个斗争对于孤军作战的俄国无产阶级，几乎是毫无希望的，而且必然遭到失败，正像1849—1850年对德国革命党或者1871年的法国无产阶级遭到失败一样。"②

---

① 《列宁全集》第11卷，人民出版社1987年版，第68页。
② 《列宁全集》第12卷，人民出版社1987年版，第142页。

列宁在1917年3月在由瑞士回国时写的《给瑞士工人的告别信》中指出："俄国无产阶级单靠自己的力量是不能胜利地完成社会主义革命的。但它能使俄国革命具有浩大的声势，从而为社会主义革命创造极好的条件，这在某种意义上说就意味着社会主义革命的开始。这样，俄国无产阶级就为使自己主要的、忠实的、最可靠的战友——欧洲和美洲主义无产阶级易于进入决战。"[1]

十月革命胜利初期

在十月革命胜利初期，列宁认为在一个国家内取得社会主义的最终胜利是不可能的。俄国革命如果得不到西方无产阶级革命的支持，是注定要失败的。在1918年3月与德国签订布列斯特和约前后，列宁反复强调一个思想，即俄国革命刚刚取得胜利，它只是一个新生的刚刚落地的婴儿，势单力薄，敌不过比它强大的德国帝国主义，所以必须暂时向它妥协、让步，与它签订和约，割让给它一些领土，用空间换取时间，获得喘息时机，等待西欧无产阶级革命的支援，把苏维埃政权保持到西欧无产阶级革命爆发的时候。

列宁在1918年1月24日《在俄国社会民主工党（布）中央委员会会议上关于战争与和平的讲话》中说："我们现在不得不签订的和约无疑是一个耻辱的和约，但是如果进行战争，我们的政府就会被推翻，而和约将由另一个政府来签订。"他批判主张与

---

① 《列宁全集》第29卷，人民出版社1985年版，第91页。

德国进行战争的人说："主张进行革命战争的人说，我们打下去就是同德国帝国主义进行国内战争，这样就会唤起德国的革命。但是要知道，德国还只是在孕育革命，而在我国，十分健康的婴儿———社会主义共和国已经诞生了，如果进行战争，我们就会使这个婴儿送命。"①列宁之所以对俄国革命的最终胜利充满信心，就在于他坚信西欧的无产阶级革命一定会到来，俄国革命只有得到西方无产阶级革命的支持才能得到巩固和取得最终胜利，才能建成完全的或发达的社会主义社会。

1918年2月24日，列宁在《在全俄中央委员会会议上的报告》中说，签订布列斯特和约的条件确实是空前苛刻的、蛮横的、卑鄙的，因此我们尽力拖延时间，"以便看看其他国家是不是赞同，欧洲无产阶级是不是会来帮助我们，而没有欧洲无产阶级的帮助，我们要想获得巩固的社会主义胜利是不可能的。"②

列宁在1918年3月7日俄共（布）第七次（紧急）代表大会上作的《中央委员会政治报告》中说："俄国革命最大的困难，最大的历史课题就是：必须解决国际任务，必须唤起国际革命，必须从我们仅仅一国的革命转变成世界革命。摆在我们面前的这个任务是非常非常困难的。"列宁认为，"从全世界历史范围来看，如果我国革命始终孤立无援，如果其他国家不发生革命运动，那么毫无疑问，我国革命的最后胜利是没有希望的。我们已经把全部事业掌握在布尔什维克一党的手里，当我们肩负起这个

---

① 《列宁全集》第33卷，人民出版社1985年版，第259页。
② 《列宁全集》第33卷，人民出版社1985年版，第392页。

事业时，确信各国的革命正在成熟起来，不管我们会遇到怎样的困难，不管我们会遭到多大的失败，国际社会主义革命最终（不是马上）一定会到来，因为它正在到来；它一定会成熟，因为它正在成熟起来，而且会完全成熟。我再说一遍，能把我们从所有这些困难中拯救出来的，是全欧洲的革命。"他进一步强调指出："如果没有德国革命，我们就会灭亡，这是绝对的真理。然而，这丝毫动摇不了我们的信心：我们一定能够踏踏实实地渡过最困难的关头。"①列宁的意思是说，经济文化落后的国家即使走在了世界革命的前面，首先取得无产阶级革命的胜利，夺取了国家政权，它的革命成果仍然是不巩固的，只有世界革命的到来，俄国得到世界无产阶级革命的支援，它的革命成果才能得到巩固，才能取得社会主义革命的最终胜利，即才能建成完全的社会主义社会或发达的社会主义社会。

列宁认为，在不同时期，革命的先锋队可能由不同国家的无产阶级担当，革命可能从不同的国家首先开始，但社会主义是"世界历史性事业"，革命的完成即建成社会主义社会，需要全世界无产阶级的共同努力，单独一国是不能建成社会主义社会的。1918年1月24日他在全俄工兵农代表苏维埃第三次代表大会上作的《人民委员会工作报告》中说："社会主义的伟大奠基人马克思和恩格斯，在几十年中考察了工人运动的发展和世界社会主义革命的成长，清楚地看到：从资本主义过渡到社会主义，需要经过长久的阵痛，经过长期的无产阶级专政，摧毁一切旧东西，无

---

① 《列宁全集》第34卷，人民出版社1985年版，第6、8—9、12页。

情地消灭资本主义的各种形式，需要有全世界工人的合作，全世界的工人则应当联合自己的一切力量来保证彻底的胜利。他们并且说过，在19世纪末，'将由法国人开始，而由德国人完成'，其所以由法国人开始，是因为法国人在几十年的革命中养成了发起革命行动的奋不顾身的首创精神，从而使他们成了社会主义革命的先锋队。""现在的形势与马克思和恩格斯所预料的不同了，它把国际社会主义革命先锋队的光荣使命交给了我们——俄国的被剥削劳动阶级；我们现在清楚地看到革命的发展会多么远大；俄国人开始了，德国人、法国人、英国人将去完成，社会主义定将胜利。"[1]列宁进而认为，不仅像俄国这样经济文化落后的国家，就是资本主义发达的国家一国也不能建成完全的社会主义社会。1918年5月26日，列宁在《在全俄国民经济委员会第一次代表大会上的讲话》中指出："我们并没有闭眼不看这件事实：我们单靠自己的力量是不能在一个国家内全部完成社会主义革命的，即使这个国家远不象（应为像——引者注）俄国这样落后，即使我们所处的条件比经过四年空前艰苦、破坏惨重的战争以后的条件要好得多。"[2]

列宁深刻地分析了俄国社会主义革命取得胜利和苏维埃政权得以保存的极其特殊的历史条件和原因。他在俄共（布）第七次（紧急）代表大会上作的《中央委员会政治报告》中指出："只是由于我国革命碰上了一个幸运的时机，即两大强盗集团，无论

---

[1] 《列宁全集》第33卷，人民出版社1985年版，第278—279页。
[2] 《列宁全集》第34卷，人民出版社1985年版，第357页。

哪一个都不能马上向对方猛扑过去，也不能立即联合起来对付我们；我们的革命只是由于能够利用而且利用了国际政治和经济方面的这个时机，才在俄国实现了光辉的胜利进军，才蔓延到了芬兰，并且开始波及高加索和罗马尼亚。"[①]列宁主张，要善于利用帝国主义国家之间的矛盾，抓住帝国主义各国暂时不能联合起来进攻苏维埃政权的大好时机，尽量避免和帝国主义发生冲突，保存和壮大社会主义力量，准备迎接世界革命的到来。为此，列宁不惜与德国帝国主义签订了苛刻的、屈辱的布列斯特和约。他在1918年5月5日写的《论"左派"幼稚性和小资产阶级性》一文中指出："在包括几国的、力量大到足以战胜国际帝国主义的国际社会主义革命爆发以前，已经在一个国家中（尤其是在一个落后的国家中）获得了胜利的社会主义者的直接使命，不是去同强大的帝国主义作战，而要竭力避免作战，要等待，让帝国主义者相互间的搏斗进一步削弱他们自己，加速其他国家革命的到来。"[②]

1918年春夏之交至1920年年底

1918年春夏之交，外国帝国主义的武装干涉和国内白匪的叛乱开始了，年轻的苏维埃政权被迫投入自卫战争。在这段时间，列宁反复强调，没有先进国家无产阶级革命的胜利，俄国革

① 《列宁全集》第34卷，人民出版社1985年版，第7页。
② 《列宁全集》第34卷，人民出版社1985年版，第266页。

命的成果是无法维护和巩固的。列宁1918年11月20日写的《皮季里姆·索罗金的宝贵自供》一文中指出："世界历史用事实向那些只知道祖国眼前的（而且是旧观念中的）利益的俄国爱国者表明，把我们俄国的革命变成社会主义革命并不是冒险，而是必然，因为当时没有别的选择，如果世界社会主义革命、世界布尔什维主义不能取得胜利，英、法、美三国帝国主义就必然会扼杀俄国的独立和自由。"[①]列宁认为，当时世界形势面临两种前途：或者是先进国家取得无产阶级革命胜利，或者是帝国主义在全世界复活反动势力。十月革命胜利后近一百年的历史，证明了列宁这个论断的正确性。自从世界上出现了社会主义国家以后，社会主义国家和资本主义国家之间的各种各样的冲突和斗争始终没有停止过，而且在20世纪80年代末、90年代初，发生了苏联解体、东欧剧变的惨剧。时至今日，在世界范围内，资本主义仍然比社会主义占有优势。

　　1920年11月，列宁在《庆祝十月革命三周年的讲话》中说："我们知道，只有我们的事业在全世界取得胜利，我们的胜利才会巩固，因为我们在开始我们的事业时，就把全部希望寄托在世界革命上。帝国主义战争改变了我们以往的全部生活方式，我们当时并不知道，这场持续时间大大超过我们预料的斗争将具有怎样的形式。现在过了三年，可以看出我们比以前不知强了多少倍，但是全世界的资产阶级也还很强大。尽管如此，尽管他们比我们强得多，但是仍然可以说，我们胜利了。我们曾经以全力来

_____

① 《列宁全集》第35卷，人民出版社1985年版，第187—188页。

瓦解这个资产阶级，在这方面，我们不是没有成绩的。这是因为我们的希望是寄托在国际革命上的，而这在当时无疑是正确的。"[1] 他在肯定苏维埃社会主义共和国取得了伟大成绩的同时，仍然保持着清醒的头脑，他明确地意识到，当肯定我们的成绩的时候，"也不应当忘记另外一面，不应当忘记，我们至多才获得一半的胜利。我们获得胜利，是因为我们顶住了那些比我们强大并且同我国逃亡国外的剥削者地主和资本家勾结起来的国家的进攻。我们一向懂得并且不会忘记，我们的事业是国际的事业，因此在一切国家（包括最富有和最文明的国家）的革命还没有完成以前，我们的胜利只是一半，也许一半都不到"。"直到革命在一个或几个先进国家里取得胜利为止"，资产阶级推翻我们的危险性始终存在[2]。

1920年年底至列宁逝世

到1920年年底，战争进行了将近三年，敌我双方未分胜负。1920年11月21日，列宁在《在俄共（布）莫斯科省代表会议上的讲话》中阐述当时国内外形势和党的任务时，回顾了三年前关于我国革命和世界革命的发展所作的预言。他说："三年前当我们提出关于俄国无产阶级革命的任务及其胜利的条件的问题时，我们总是明确地说：没有西欧无产阶级革命的支持，这个胜利就

---

① 《列宁全集》第40卷，人民出版社1986年版，第1—2页。
② 《列宁全集》第40卷，人民出版社1986年版，第3页。

不可能巩固；只有从国际的观点出发才能正确估价我们的革命。为了取得巩固的胜利，我们必须使无产阶级革命在一切国家或者至少在几个主要的资本主义国家取得胜利。经过三年残酷而激烈的战争，我们看到，我们的预言在哪些方面没有得到证实，在哪些方面已经得到证实。"预言没有得到证实的方面是，"谁也没有想到，俄国抗击世界资本主义列强这样力量悬殊的斗争竟能延续三年之久"。三年战争的结果是，无论俄罗斯苏维埃共和国还是整个资本主义世界都没有获得胜利，也没有遭到失败。预言得到证实的方面是，"主要的一点我们办到了，就这方面说预言实现了，因为主要之点就在于：即使全世界的社会主义革命推迟爆发，无产阶级政权和苏维埃共和国也能够存在下去。所以在这方面应该说，共和国现在所处的国际形势，最好地最确切地证实了我们的一切估计和我们的整个政策都是正确的。"帝国主义列强"尽管拥有庞大的军事力量，但在三年以后却不得不承认，它无法摧毁几乎没有任何军事力量的苏维埃共和国"。列宁认为："我们不仅有了喘息时机，而且进入了一个新的阶段：尽管存在着资本主义国家的包围，我们已经基本上能够在国际上生存下去。"[1]

列宁为什么认为一国不能建成社会主义呢？他在外国武装干涉被击退和国内战争结束以后，反复讲了以下几点理由：（1）从力量对比上看，帝国主义要比我们强大许多倍，国际资产阶级仍在称雄全世界。（2）从国际形势来看，苏维埃政权暂时还是孤军作战，而国际资产阶级则可能联合起来，对我们发动第二次有

---

[1] 《列宁全集》第40卷，人民出版社1986年版，第22、23、24页。

决定意义的进攻。（3）俄国经济文化还很落后，经济基础还很薄弱，劳动生产率还很低，要完成发展生产力、创造高于资本主义的劳动生产率的任务，需要很长的时间。列宁在1922年2月底写的《政论家札记》中说："我们连社会主义经济的基础也没有建设完成。仇视我们的垂死的资本主义势力还有可能把这夺回去。必须清楚地认识到这一点，公开地承认这一点，因为再也没有什么比产生错觉（和冲昏头脑，特别是在极高的地方）更危险的了。"[1]

列宁一向十分重视国内的经济建设。在十月革命胜利以后，列宁曾经先后三次在关键时刻提出把工作重心转移到经济建设上来。第一次是在1918年4月，即剥夺剥夺者的任务刚刚完成的时候。他在《苏维埃政权的当前任务》一文中说："在任何社会主义革命中，当无产阶级夺取政权的任务解决以后，随着剥夺剥夺者及镇压他们反抗的任务大体上和基本上解决，必然要把创造高于资本主义的社会结构的根本任务提到首要地位，这个根本任务就是：提高劳动生产率，因此（并且为此）就要有更高形式的劳动组织。"[2]第二次是在1919年年底。我们知道，1918年春夏之交，外国武装干涉和国内白匪叛乱开始，年轻的苏维埃政权被迫进行自卫战争，没有能够实行工作重心的转移。到1919年中，外国武装干涉者和俄国反动势力在俄国东部败局已定，而在南方却发动大规模的新攻势。这年10月中旬，苏维埃政权又处于十分危险的境地。经过激烈的战斗，红军在各条战线上取得了决定性的

---

① 《列宁选集》第4卷，人民出版社1995年版，第640页。
② 《列宁选集》第3卷，人民出版社1995年版，第490页。

胜利。列宁抓住这一喘息的时机，再次提出把工作重心由战争转移到经济恢复工作。第三次是1920年年底至1921年年初，外国武装干涉和国内战争结束以后，列宁立即调整政策，采取措施，迅速恢复遭到四年帝国主义战争和三年国内战争严重破坏的经济，在事实上实现了工作重心的转移。

列宁一方面号召和领导俄国一国的社会主义革命取得胜利，并且在革命胜利以后十分重视经济建设，另一方面又认为一国不能取得社会主义的最终胜利、不能建成社会主义社会，这是否是自相矛盾呢？不是的。

首先，列宁认为，一国的无产阶级首先夺取政权，然后用自己在一国之内所能做到的一切来促进、援助、支持、激起世界革命，从而形成多国建设和实现社会主义的新局面。列宁1915年写的《论欧洲联邦口号》和1916年写的《论无产阶级革命的军事纲领》两篇文章中，提出了一国或几国可以首先取得社会主义革命胜利的时候就提出了这个思想。1921年6—7月间，列宁在共产国际第三次代表大会上作的《关于俄国策略的报告》中又指出："我们懂得，没有国际上世界革命的支持，无产阶级革命是不能取得胜利的。还在革命以前，以及在革命以后，我们都是这样想的：要么是资本主义比较发达的其他国家立刻爆发或很快爆发革命，要么是我们灭亡。尽管有这种想法，我们还是尽力而为，做到不管出现什么情况无论如何都要保住苏维埃制度，因为我们知道，我们的工作不仅是为了自己，而且是为了世界革命。"[1]

---

[1] 《列宁全集》第42卷，人民出版社1987年版，第40页。

其次，当时西欧确实有革命形势，列宁认为西欧的无产阶级革命很快或必然会爆发，决不仅仅是美好的主观愿望。1918年，德国革命勃然兴起，紧接着又爆发了1919年的匈牙利革命。1919年2月，列宁在《俄共（布尔什维克）纲领草案》中满怀豪情地指出："各先进国家无产阶级革命运动的高涨，这一运动的苏维埃形式即旨在直接实现无产阶级专政的形式在各地的出现和发展，特别是奥匈帝国和德国的革命的开始和发展进程，都清楚地表明，世界无产阶级共产主义革命的纪元已经开始。"[1]

再次，列宁寄希望于构成世界人口绝大多数的被压迫民族争取自身解放的斗争的胜利。因为欧洲一些发达资本主义国家的无产阶级革命延缓下来，而东方被压迫民族却卷入到世界革命运动中来。所以列宁在逝世前夕，把原来对西方发达国家革命的希望转移到东方被压迫民族和人民的解放斗争上来，认为东方被压迫民族的解放斗争可以重新激起西方发达国家的无产阶级革命，从而在全世界实现社会主义的最终胜利。他在生前最后一篇口授的文章《宁肯少些，但要好些》中指出："斗争的结局归根到底取决于如下这一点：俄国、印度、中国等构成世界人口的绝大多数。正是这个人口的大多数，最近几年来非常迅速地卷入了争取自身解放的斗争，所以在这个意义上说，世界斗争的最终解决将会如何，是不可能有丝毫怀疑的。在这个意义上说，社会主义的最终胜利是完全和绝对有保证的。"[2]

---

[1] 《列宁选集》第3卷，人民出版社1995年版，第732页。
[2] 《列宁选集》第4卷，人民出版社1995年版，第796页。

在这样的情况下，列宁关心的"并不是社会主义最终胜利这种必然性"，因为他对此是坚信不疑的，而是"我们俄国共产党，我们俄国苏维埃政权为阻止西欧反革命国家扼杀我们所应当采取的策略。"①列宁为布尔什维克党和苏维埃政权制定的自救政策主要包括：（1）在国内，必须实际地、机敏地维护苏维埃政权，保持苏维埃政权在小农中的威信和对他们的领导。（2）在国际上，要极巧妙地、灵活地利用帝国主义国家之间的矛盾，尽量避免同他们发生冲突，建立新的社会结构，提高劳动生产率，增强自己的力量，分散敌人的力量。列宁认为，世界无产阶级革命的第一个浪潮已经平息，但是我们不应该因此而惊慌失措，放弃斗争，无所作为，坐以待毙。而是要抓住时机，以便能够有意识地和尽我们所有的力量充分利用下一次革命高潮。

综上所述，列宁始终没有明确提出一国可以建成社会主义社会的理论，他的基本思想在外国武装干涉和国内战争结束以后也没有发生根本改变，如果说前后有什么变化的话，那也仅仅是原来认为没有西欧无产阶级革命的响应，一国的无产阶级革命很快就会被比自己强大得多的帝国强盗和国内反动势力镇压下去，而在外国武装干涉和国内战争结束以后则认为，只要布尔什维克党和苏维埃政权的政策和策略正确，苏维埃政权就可以在两次世界革命浪潮的"间隙"中坚持下去，等到下一次革命高潮的到来。但这毕竟不是说一国可以取得社会主义的最终胜利和建成完全的社会主义社会。

---

① 《列宁选集》第4卷，人民出版社1995年版，第796页。

在解答时代课题中发展二十一世纪马克思主义

习近平总书记在哲学社会科学工作座谈会上的重要讲话指出："只有聆听时代的声音，回应时代的呼唤，认真研究解决重大而紧迫的问题，才能真正把握住历史脉络、找到发展规律，推动理论创新。"繁荣发展我国哲学社会科学，推进马克思主义中国化、时代化、大众化，需要广大哲学社会科学工作者强化问题意识、坚持问题导向，在解答时代课题中继续发展二十一世纪马克思主义、当代中国马克思主义。

准确把握时代课题的内涵要求

问题是时代的呼声。第二次世界大战结束后的70多年中，时代变化和实践发展向马克思主义提出了许多重大而紧迫的理论和实际问题，需要二十一世纪马克思主义、当代中国马克思主义进行科学解答。

比如，上世纪最后20年，世界社会主义发展发生了一系列重大变化。主要有两种情形:一是中国坚定不移地走中国特色社会主义道路,高举改革开放的旗帜,经济建设、政治建设、文化建设、社会建设等均取得举世瞩目的成就,开创了中国特色社会主义新局面。二是苏联解体、东欧剧变改变了世界格局,一些人认为社会主义和马克思主义到了生死存亡的关头。如何从新的视角认识社会主义的前途和命运,如何解释社会主义必然代替资本主义是不以人的意志为转移的客观规律,需要马克思主义根据新的实践作出令人信服的说明。此外,第二次世界大战后,资本主义不仅没有消亡,反而有了较大发展。资本主义国家的经济结构、社会结构、阶级结构也发生了重大变化,工人阶级的劳动条件和生活条件有所改善。如何正确认识资本主义的这些新变化,也需要马克思主义作出新的解释。

又如,经济全球化是时代发展的大趋势。经济全球化向马克思主义提出了许多可供研究的课题,其中不少是关系到全人类共同利益的问题,需要通过人们的共同努力才能解决,如环境污染、生态失衡、人口膨胀、资源短缺、粮食匮乏、贫富差距扩大、贪污腐败严重、核战争威胁、恐怖主义猖獗、局部战争频发、超级大国横行无忌,等等。如何解决这些问题,需要马克思主义作出回答。

再如,我国改革开放和现代化建设不断推进,也不断提出一些深层次理论问题,包括全面深化经济体制、政治体制、文化体制、社会体制等改革进而推进国家治理体系和治理能力现代化的问题,坚持走中国特色社会主义法治道路、建设中国特色社会主义法治体系的问题,缩小地区差距和贫富差距的问题,新型城镇化的问题，推进供给侧结构性改革的问题，等等。二十一世纪马克思主义、当代中国马克思主义必须回答这些深层次理论问题，并采取有效措施加以解决，才能把我国改革开放和现代化建设不断推向前进。

坚持马克思主义基本原理同当代中国实际有机结合

正确解答时代课题、丰富和发展马克思主义以及开创马克思主义研究的新境界，都需要认真、系统地研读马克思主义经典作家的原著。试想，如果没有系统研读过马克思主义经典作家的原著，有什么资格谈论发展马克思主义呢？学习马克思主义经典著作，要以已有的马克思主义理论为基础，与马克思主义创始人的观点前后相继、一脉相承，而不能离开这个基础和血脉另立门户、另起炉灶、另搞一套。

同时，要坚持科学运用马克思主义基本原理。习近平总书记指出："对待马克思主义，不能采取教条主义的态度，也不能采取实用主义的态度。"马克思主义并不提供对一切问题的现成答案，那种试图从马克思主义经典著作中寻章摘句、企图从中找到解决现实问题直接答案的做法，不仅达不到目的，而且是十分有害的。我们如果拘泥于马克思主义经典作家在特定历史条件下、针对具体情况作出的个别论断和具体行动纲领，思想就会脱离实际，甚至发生失误。此外，什么都用马克思主义经典作家的语录来说话，马克思主义经典作家没有说过的就不能说，这不是马克思主义的态度；根据需要找一大堆语录，什么事都说成是马克思、恩格斯说过的,生硬"裁剪"活生生的实践发展和创新,也不是马克思主义的态度。只有从当代中国实际出发,科学运用马克思主义基本原理,才能有效解答时代课题,推动二十一世纪马克思主义、当代中国马克思主义创新发展。

坚持理论联系实际的根本方法

实践观点是马克思主义哲学的基本观点,马克思主义源于实践并随着实践的发展而发展。马克思主义科学性和旺盛生命力的根源,就在于它同实际紧密结合。学习马克思主义的目的全在于运用。这主要表现在,不管是树立正确的世界观、人生观、价值观,掌握认识世界和改造世界的伟大工具、全面提高人的素质,还是指导中国特色社会主义的伟大实践,都是为了在实践中更好地运用马克思主义。理论与实际的结合和联系是双向的,不是单向的。分析和解答时代课题、实际问题,一定要在弄清理论的基础上进行,不能离开理论只分析实际问题,也不要离开实际空谈理论。学了理论却不去分析和解决实际问题,再好的理论也是无用的;离开理论,只对实际问题作经验性的描述,就事论事,罗列一大堆实际问题,也不能算是理论联系实际。只讲理论,不讲实际,是理论脱离实际的一种表现;只讲实际,不讲理论,是理论脱离实际的另一种表现。这两种倾向我们都要防止和反对。

坚持理论联系实际,要强化问题意识。坚持问题导向是马克思主义的鲜明特点。发展二十一世纪马克思主义、当代中国马克思主义，首先要知道马克思主义经典作家曾经提出过什么问题、是如何解释的，哪些问题已经解决、经验是什么，哪些问题没有很好解决、教训是什么，哪些问题至今没有解决、该如何解决；然后要想清楚哪些问题是当时应该提出而没有提出来的、当前该如何提出并加以解决；最后要弄明白，根据新的实践和需要，还应当提出哪些新的问题并认真解决。如果不把这些问题研究透彻，发展二十一世纪马克思主义、当代中国马克思主义就会失去根基、陷于空谈，甚至会背离马克思主义的立场观点方法。

坚持以我们正在做的事情为中心开展研究、推进理论创新

目前，我国正处在改革开放的关键时期，有许多艰巨的任务需要完成。坚持把马克思主义作为科学指南，就是要用马克思主义的立场观点方法来研究解决我国的实际问题。要以我们正在做的事情为中心，着眼于马克思主义的运用，着眼于对实际问题的理论思考，着眼于新的实践和发展开展研究。离开现实实践和时代发展谈论马克思主义没有意义；静止、孤立地研究马克思主义，把马克思主义同它在现实生活中的生动发展割裂开来、对立起来，更是没有出路的。

马克思主义具有与时俱进的理论品质。它随着时代和实践的变化而发展，一旦停滞和僵化就会失去生机与活力，丧失对实践

的指导作用。马克思主义工作者要高度重视实践基础上的理论创新，不能把马克思主义理论创新简单化、庸俗化。理论创新是十分严肃、艰苦的工作，不能急功近利、急于求成。尤其是重大而具有原创性的理论创新，不是轻而易举、信手拈来的。恩格斯说过："马克思在他所研究的每一个领域（甚至在数学领域）都有独到的发现，这样的领域是很多的，而且其中任何一个领域他都不是浅尝辄止地研究的。"[1]推进理论创新，就要认真学习马克思刻苦研究科学问题的优良学风，敢于探索、持之以恒，努力做到"板凳坐得十年冷，文章不写一句空"。

①《马克思恩格斯全集》第19卷，人民出版社1963年版，第375页。

用"立体时间观"认识社会历史发展

过去、现实、未来是时间的三个向度（或称维度），它们紧密相连、前后相继，彼此之间有着内在逻辑联系。过去因自身的发展演变为现实，现实因自身的矛盾运动又发展到未来。因此，科学认识社会历史发展过程，就应坚持过去、现实、未来有机统一的"立体时间观"。

人们通常说，时间的特性是一维性即不可逆性，只能向前，不能倒转，有去无回。这是撇开人的能动的实践活动和人对历史的研究以及历史理论对人的实践活动的影响而言的，是一种自然主义的观点。如果我们立足于人的能动的实践活动并考虑到人对历史的研究以及历史理论对人的实践活动的影响，那么，过去、现实、未来在时间发展链条中的顺序就不是不变的而是可变的，不是绝对的而是相对的，不是不可逆的而是可逆的，不是单向的而是双向互动的；不仅过去决定现实，现实也决定对过去的认识；不仅现实决定未来，对未来的认识也影响现实。这样来看，过去、现实、未来就呈现出错综复杂的相互作用、相互影响的关系。

在历史研究中，现实对过去起着支配作用。意大利历史学家克罗齐有一句名言：一切历史都是当代史。这表明：人们研究过去，不是期待回归过去，而是为了指导现实、展望未来，确立未来的发展目标。因此，人们总是根据现实的需要和兴趣，在众多历史人物、历史事件和历史过程中选择与自身需要和兴趣相吻合的对象加以研究，并从中总结在现实生活中可以借鉴的经验教训。从历史研究的角度看，一方面，过去具有了现实性，即人们对过去的认识和理解影响着现实的发展；另一方面，人们的现实需要和兴趣又影响着对过去的认识和理解，而且对过去的认识和理解总是随着现实的发展而不断深化的。所以，人们总是根据现实的需要不断重写历史。

从另一个角度看，在历史研究中，我们过去所接受的历史理论对我们现在认识历史起着指导作用。这是因为，认识不是直接、消极被动、机械地反映客观对象，而是间接、积极能动、创造性地反映客观对象。认识过程的每个环节，从认识对象的选择、信息的加工制作到认识结果的形成，都是主体用自己已有的认知图式在头脑中再现、改造、建构对象的过程。如果一个人不掌握一定的认知图式，不在认识过程中发挥思想创造功能，不会用相关学科提供的概念、范畴、公理、公式、法则对感性材料进行"去粗取精、去伪存真、由此及彼、由表及里"的加工制作，就不能形成系统理论。一般的认识尚且如此，对历史过程的认识就更是这样。在绵延不断的历史长河中，历史人物此起彼落，历史事件层出不穷，历史朝代此昌彼衰，世界各国强弱变动，历史文献浩如烟海，历史遗产博大精深。要从其中分辨良莠、识别真伪，去其糟粕、取其精华，揭示其发展线索和规律，必须依靠已有的历史理论作指导，否则必然会陷入茫茫的历史烟雾之中。

还应看到，在历史活动和历史研究中，不仅过去和现实指导未来，而且对未来的认识也指导现实、影响现实。未来是指那些尚未发生、尚未出现、尚未存在的事物和过程。把握未来，就是力求使思想运动超越当下的时间界限，走在社会实际的前面，在观念中构造出未来的可能状态，用以指导人们现实的实践活动，引导人们向着未来的目标前进。人们之所以要关注过去、认识过去，是因为社会现实是由过去发展而来的。同样的道理，人们之所以要关注未来、构想未来、向往未来，是因为不仅现实孕育着未来，而且人们总是根据对现实及其发展趋势的认识预见未来，根据对未来的预见和追求设计现实、指导现实、改造现实。

用"立体时间观"认识社会历史发展，不仅适用于历史研究，而且适用于一般意义上的哲学社会科学研究。坚持这样的方法论，我们的哲学社会科学研究就能更好地避免机械性、片面性，更好地体现合规律性与合目的性的有机统一。

全面理解理论和实践的关系

马克思主义认为，在理论和实践的关系上，实践是理论的基础，是理论的出发点和归宿点，对理论起决定作用，理论必须与实践紧密结合，理论必须接受实践的检验，为实践服务，随着实践的发展而发展。这是千真万确的真理。但同时也要看到，理论与实践之间的关系是十分复杂的。如果把这种复杂的关系简单化，就可能产生两种片面倾向：一种是片面强调理论的重要性、轻视实践经验的教条主义倾向；另一种是片面强调实践的重要性、忽视或不能全面理解理论对实践的指导作用和能动作用，特别是忽视基础理论研究的重要性的"唯实践论"倾向。对于教条主义倾向及其危害，我们有较为清醒的认识，并对其从各个方面做过分析批判。而对于忽视理论对实践的指导作用和能动作用的"唯实践论"倾向，则缺乏必要的警惕，没有自觉地意识到它的存在，当然也就对其危害性估计不足。现在有的马克思主义理论的教学与学习中，片面强调理论联系实际（或实践），忽视学习马克思主义经典著作、深入研究马克思主义基础理论的倾向，依然存在。

实践是检验理论是否正确的唯一标准，只有通过实践检验的理论和经受得住长期的实践检验的理论，才有资格称得上真正正确的理论，这是毫无疑义的。但不能因此而否认理论也可以检验实践，不能否认理论检验实践的可能性和必要性。

首先，人们在实践之前都要确定实践的目的、步骤、方法以及期望达到的后果。所谓理论检验实践，就是在实践之前，用相关的理论对实践的目的、步骤、方法以及期望达到的后果加以审视，检验其合理不合理、正确不正确、可行不可行、条件是否具备、能否达到预期的目的。确认实践有合理的与不合理的、正确的与错误的、自觉的与盲目的、可行的与不可行的之分，是承认理论检验实践的必要性的主要依据。否认理论对实践的检验，实际上就是认为任何实践活动都是天然合理的，都是正确的，都是可行的，都能达到预期的目的；或者对实践活动是否合理、是否正确、是否可行、是否能达到预期目的，置若罔闻，不予考虑。这种观点和做法，必然导致实践活动的盲目性。盲目的实践活动危害性极大，我国改革开放以来多次出现过的经济过热，盲目投资建设新的项目，对某些产业的投资过多过大，造成产业结构不合理，致使某些产业产能过剩，产品库存过多，都是由于未经理论审视和检查的盲目的实践造成的。在实践之前从理论上对实践的目的、步骤、方法以及期望达到的后果进行预测和评价，事先建立起预警机制和防范措施，预防实践过程中可能产生的预料不到的消极后果，可以减少失误，避免不必要的损失。

其次，任何实践活动都要付出代价，都是得失共生、利弊共存的。所谓理论检验实践，就是用相关的理论对实践的得失利弊进行权衡取舍。代价选择的基本原则是"两利相权取其重，两害相权取其轻"。一般说来，如果得大于失、利大于弊，这种实践就是可行的；反之，如果失大于得、弊大于利，这种实践就是不可行的。检验实践是否具有可行性是理论检验实践的重要内容，它可以避免盲目的不合理的实践活动的发生，减少不必要的代价付出和损失。我国改革开放40多年，取得了举世瞩目的伟大成就，这是有目共睹、任何人也否认不了的，但同时在某些方面也付出了过大的代价，如自然资源浪费、生态环境恶化、收入差距过大、产业结构不合理等，都与忽视了理论对实践的后果事先进行预测和检验有一定的关系。

再次，任何实践活动都不是一蹴而就的，而是要经过一个或长或短的过程。在实践过程中，主客观条件不是固定不变的，而是发展变化的，存在一些不确定的因素。由于主客观条件的变化，往往可能出现一些甚至很多事先没有预料到的复杂情况。所谓理论检验实践，就是根据实践过程中主客观条件的变化，用相关的理论重新审视实践活动之前确定的目的、步骤、方法以及期望达到的后果，保留其与变化了的条件仍然相符合的部分，放弃其不符合变化了的条件的部分，对它们做出调整，使之符合变化了的主客观条件。在实践活动的过程中，一定要防止思想僵化和固化，防止实践的目的、步骤、方法以及期望达到的后果一旦确定，就不再关注主客观条件的变化，不根据主客观条件的变化调整既定的方案，这种做法不仅达不到预期的目标，而且会造成重大的损失和危害。

最后，对实践达到的实际后果，当然可以根据实践主体的经验以及是否达到预想的目的、是否能够满足自己的需要去判断其利弊得失，从而判定这种实践活动是否合理、是否正确、是否行之有效。但这种判断也要辅之以理论的检验。没有理论上的审视和检验，是无法断定实践的合理与否、正确与否的。例如，在党的十一届三中全会以前，我们在生产资料所有制社会主义改造的实践方面犯了在一定程度上超越社会发展阶段的错误，这是大家公认的。但是做出这种判断的根据是什么呢？根据的是生产关系必须适合生产力性质的理论（或规律），根据这个理论（或规律），我们在生产力落后而又发展不平衡的情况下，应该建立以公有制为主体、多种所有制经济共同发展的所有制结构，而不应该建立单一的社会主义公有制经济，更不应该认为公有制越纯越好，公有制的程度越高越好，公有制的规模越大越好，把资本主义因素和个体小生产消灭得越彻底越好。离开生产关系必须适合生产力性质的理论（或规律），是无法断定我国生产资料所有制社会主义改造的实践是否合理、是否正确的，也无法断定我国现在建立的以公有制为主体、多种所有制经济共同发展的经济体制是正确的。那么，我们既承认实践检验理论，又承认理论检验实践，是否能将这两种检验等量齐观、让这两种检验平起平坐呢？绝对不是。这两者相比，实践检验理论是根本的。这是因为：首先，理论在检验实践之前，必须首先接受实践的检验。只有被实践检验为正确的理论，才有资格用以检验实践。我们不能用没有经过实践检验的理论去检验实践，更不能用被实践证明为错误的理论去检验实践。其次，在某种理论产生之前，人们总是首先实践，不能等到有了理论以后才去实践。在人与外界的关系中，一般说来总是先有实践关系，后有理论关系，理论关系总是来源于实践关系。只有这两种关系都产生以后，才能既用实践检验理论，又用理论检验实践，二者互相作用、相辅相成。

　　对于理论与实践的关系，特别是对于理论对实践的指导作用和能动作用，马克思主义经典作家有过许多精辟的、近似格言和警句式的论述。列宁在批判俄国工人运动中的"自发性"时指出："没有革命的理论就不会有革命的运动。"他认为："在醉心于最狭隘的实际活动的偏向同时髦的机会主义说教结合在一起的情况下，必须始终坚持这种思想。"列宁又说："只有以先进理论为指南的党，才能实现先进战士的作用。"① 我们可以把列宁关于理论对实践的指导作用和能动作用的思想归结为以下几点：第一，理论对实践具有先导作用，如文艺复兴以来的人文社会科学思想是资产阶级革命的先导，马克思、恩格斯创立的马克思主义是无产阶级社会主义革命的先导。第二，理论对实践具有指导作用，如马克思主义是社会主义革命和社会主义建设的普遍的指导思想，习近平新时代中国特色社会主义思想是中国特色社会主义进入新时代以来的指导思想。第三，把实践活动区分为自觉的实践和盲目的实践，提倡由理论指导的自觉的实践，反对脱离理论指导的盲目的实践。这些思想都是我们需要长期坚持的，如果再补充一点，那就是我在上面讲的理论对实践还具有检验作用，这样关于理论对实践的指导作用和能动作用的理解就更加全面了。

---

① 《列宁选集》第1卷，人民出版社1995年版，第311、312页。

人的"全部实践"是检验真理的标准

　　实践是检验真理的唯一标准，经过1978年真理标准的大讨论，在我国已经成为人们耳熟能详的道理。但是，人们往往忽视了关于实践标准的一个重要问题，即不是人们一两次实践的成功或失败，就能证明一种认识是真理还是谬误，而是人的"全部实践"才能证明一种认识是否是真理。认为人的一两次实践的成功或失败，就能证明一种认识是真理还是谬误，这种把实践标准简单化的观点，也是"唯实践论"的一种特殊表现形式。在理论发展的历史上常常出现这样的情况：有的理论虽然曾经被实践证明为是真理，但由于实践的不断发展和深化，过十几年、几十年甚至几百年以后，现实的新的实践又证明了曾经被过去的实践证明为真理的理论并不是或不完全是真理，而是谬误或包含谬误的成分。与此相反，有的理论虽然曾经被实践证明为谬误，但由于实践的发展和深化，过十几年、几十年甚至几百年以后，现实的新的实践又证明曾经被过去的实践证明为谬误的理论并不是谬误或不完全是谬误，而是真理或包含真理的成分。这都证明人的"全部实践”是检验真理的标准。

列宁在《再论工会、目前局势及托洛茨基同志和布哈林同志的错误》一文中讲到真理的全面性时说:"必须把人的全部实践——作为真理的标准,也作为事物同人所需要它的那一点的联系的实际确定者——包括到事物的完整的'定义'中去。"①

所谓人的"全部实践"有两个方面的含义:第一,从纵向上说,是指历史发展全过程中各个阶段的人的全部实践。人的全部实践,就是历史发展全过程中各个阶段的人的实践活动的总和。第二,从横向上说,人类改造客观世界的实践活动具有多种多样的形式,主要有改造自然的实践活动,改造社会的实践活动,科学实验的实践活动。人的全部实践,就是指各种实践活动形式的总和。把人的"全部实践"作为检验真理的标准,从纵向上说,就是把人类改造客观世界某一事物的全过程的各个阶段的实践的总和,作为检验人们对这个事物的全过程的认识是否是真理的标准;从横向上说,就是把人类改造客观世界某一事物的全过程的各种形式的实践活动的总和,作为检验人们对这个事物的全过程的认识是否是真理的标准。将纵向与横向综合起来,把人的"全部实践"作为检验真理的标准,就是把人的全部纵向实践和横向实践的有机结合与统一作为检验真理的标准。

为什么要把人的"全部实践"作为检验真理的标准呢?主要有以下几个原因:

---

① 《列宁专题文集:论辩证唯物主义和历史唯物主义》,人民出版社2009年版,第314页。

第一，实践标准既具有确定性又具有不确定性，或者说既具有绝对性又具有相对性，是确定性与不确定性、绝对性与相对性的统一。实践标准的确定性、绝对性是指：首先，认识是否是真理，只有通过实践来检验，此外再无别的检验真理的办法，实践是检验认识是否正确的唯一标准。其次，实践能够对人类的一切认识作出检验，今天的实践未能证实或驳倒的认识，最终会被以后的实践所证实或驳倒。实践标准的不确定性、相对性是指：首先，任何实践总是一定历史条件下的具体的实践，都具有时代局限性和历史局限性，因而它不可能完全证实或驳倒现有的一切认识。再次，实践对真理的检验具有反复性和长期性。许多认识的真理性往往不是经过一两次实践的检验就能被证实或驳倒的，而是要经过多次实践的反复的检验，才能被证实或驳倒。实践标准的相对性表明实践对真理的检验是一个长期的过程，随着实践的扩展和深化，实践对认识的检验也不断地深化和精确。列宁讲的这个道理是大家都很熟悉的。然而，人们在运用实践标准的过程中，往往自觉或不自觉地只注重实践标准的确定性和绝对性，而忽视了实践标准的不确定性和相对性，从而把实践的一两次成功作为对某个认识是普遍真理的证明。例如，在俄国十月革命胜利以后、苏联解体以前，人们常常说，十月革命的胜利证明了社会主义必然通过暴力革命方式代替资本主义的这个认识是普遍真理。这种对实践标准的理解是不确切的。事实上，俄国十月革命的胜利，只是证明了在特定的历史条件下，俄国这一个国家，通过暴力革命方式，由社会主义代替了资本主义具有历史必然性，是一条客观真理，这是实践标准的确定性和绝对性的一面。但是，仅仅俄国十月革命胜利的一次实践，并没有证明也不可能完全证明任何一个国家都能够通过暴力革命的方式用社会主义社会代替资本主义社会，因为在其他资本主义国家，特别是在西欧北美等发达资本主义国家，至今尚未发生社会主义社会代替资本主义社会的革命实践，这是实践标准的不确定性和相对性的一面。我们必须把真理标准的确定性和不确定性、绝对性和相对性有机结合起来，才能正确理解和运用人的"全部实践"是检验真理的标准这一马克思主义认识论的基本原理。

第二，如前所述，实践标准之所以具有不确定性和相对性，是因为每一次个别的具体的实践活动都具有局限性，所以它既不能完全证明某一认识是正确的，也不能完全证明某一认识是错误的。一种认识是否是真理，需要经过长期实践的检验，多次实践的检验，多种实践形式的检验，多领域实践的检验，多地区实践的检验，甚至多国家实践的检验。历史上常常出现这样的情况，被一两次实践证明为真理的认识，在以后多次的实践中可能被证明为谬误；反之，被一两次实践证明为是谬误的认识，有可能在以后的多次实践中被证明为是真理。这是因为实践活动积极效果和消极后果的出现往往具有不同步性。在人们改造客观世界的实践活动中，常常出现实践活动的积极效果在先、消极后果在后的情况。在俄国十月革命以后，由"战时共产主义"政策到"新经济政策"转变过程的实践充分说明了这一点。从1918年春夏之交开始，由于外国帝国主义的武装进犯和国内反动军队的叛乱，迫使苏维埃政权实行战时共产主义政策，"战时共产主义"政策是在险恶的战争环境和物资极度匮乏的特殊情况下采取的应急措施，从短期来看它对取得战争胜利、捍卫和巩固苏维埃政权，提供了必要的物质条件，使苏维埃政权战胜了国内外敌人的进攻。这在一定程度上证明"战时共产主义"政策的有效性和正确性。但是到1920年年底至1921年年初，当外国帝国主义的武装进攻被击退、国内反动军队叛乱被平息的时候，实行三年的"战时共产主义政策"逐渐积累起来的消极后果日益明显地显露出来，"战时共产主义"政策破坏了工业和农业之间的正常联系，破坏了社会主义经济和小农经济的结合，不能保证提高国家的生产力。列宁果断地放弃了"战时共产主义"政策，改行"新经济政策"，重新从理论上和实践上探讨向社会主义过渡和社会主义建设的许多复杂问题。列宁坦诚地承认，在实行"战时共产主义"政策的时期，企图在一个小农国家里，通过行政命令的办法直接向社会主义过渡是错误的、行不通的。"新经济政策"本身也有一个从不完善到逐步完善的过程。在"新经济政策"的初期，也还没有越出直接向社会主义过渡的旧框框。只是当1921年秋，"新经济政策"实行半年以后，实践已经证明"新经济政策"初期确定的由国家组织工人和农民直接进行商品交换是根本行不通的，必须通过市场、通过自由买卖和货币流通，通过商业和贸易，来代替由国家组织的商品交换，只是到这时，市场、商业的问题才从理论上和实践上日益突出地提了出来。列宁在1921年10月29日作的《在莫斯科第七次党代表会议上关于新经济政策的报告》中指出："我们应当认识到，我们还退得不够，必须再退，再后退，从国家资本主义转到由国家调节买卖和货币流通。商品交换没有得到丝毫结果，私人市场比我们强大，通常的买卖、贸易代替了商品交换。"①只是在这时，列宁"新经济政策"学说的实质才最终表述出来，"新经济政策"的理论和实践才产生了积极的效果。从上述对这个过程的简要回顾可以看出，对列宁在十月革命胜利后六年关于俄国如何向社会主义过渡的认识是否是真理的检验，既不能只根据"战时共产主义"政策的实践，也不能局限于"新经济政策"初期的实践，而应该根据从"战时共产主义"政策到"新经济政策"提出和逐步完善的"全部实践"来检验。不仅如此，我国的改革开放也在一定程度上借鉴了列宁的"新经济政策"思想，在一定程度上进一步证明了列宁的"新经济政策"理论是行之有效的，是正确的。

第三，人的思维和认识是一个充满矛盾的过程，包括实践和认识的矛盾，感性认识和理性认识的矛盾，思维的至上性和非至上性的矛盾，认识的无限性和有限性的矛盾，认识的绝对性和相对性的矛盾，认识中真理和谬误的矛盾，等等。由于这些矛盾的存在就使得每一代人的认识即使是被当时的实践证明为真理性的认识，也包含着或多或少、这样那样的谬误。所以恩格斯说："我们只能在我们时代的条件下去认识，而且这些条件达到什么程度，我们就认识到什么程度。"②恩格斯还说："思维的至上性是在一系列非常不至上地思维着的人们中实现的；拥有无条件的真理权的认识是在一系列相对的谬误中实现的；二者都只有通过人类生活的无限延续才能完全实现。""至于说到每一个人的思维所

---

① 《列宁全集》第42卷，人民出版社1987年版，第228页。
② 《马克思恩格斯文集》第9卷，人民出版社2009年版，第494页。

达到的认识的至上意义，那么我们大家都知道，它是根本谈不上的，而且根据到目前为止的一切经验来看，这些认识所包含的需要改善的东西，无例外地总是要比不需要改善的或正确的东西多得多。""很可能我们还差不多处在人类历史的开端，而将来会纠正我们的错误的后代，大概比我们有可能经常以十分轻蔑的态度纠正其认识错误的前代要多得多。"①由于每一代人的认识都有局限性，所以每一代人的认识就不仅要接受这一代人自身的实践的检验，还要接受这个时代以后的人们的实践的检验。至今我们仍然在用现代的实践检验前人以至古人的认识是否真理。我们今天的认识是否真理也将要接受我们子孙万代的实践的检验。我们决不能把任何一个没有经过实践检验或只经过一两次实践检验的认识，当作普遍真理加以宣扬。从这个意义上说，认识接受实践的检验，或者说实践对认识的检验，是一个无限的过程，即永远不会完结的过程。毛泽东在《实践论》中总结人类认识的全过程时说："通过实践而发现真理，又通过实践而证实真理和发展真理。从感性认识能动地发展到理性认识，又从理性认识而能动地指导革命实践，改造主观世界和客观世界。实践、认识、再实践、再认识，这种形式循环往复以至无穷，而实践和认识之每一循环的内容，都比较地进到了高一级的程度。"②毛泽东概括的这个认识过程的总公式，就很好地体现了人类的"全部实践"是检验真理的标准的思想。

人的全部实践是检验真理的标准的观点，对于准确地确定真

---

① 《马克思恩格斯文集》第9卷，人民出版社2009年版，第91页。
② 《毛泽东著作选读》上册，人民出版社1986年版，第136页。

理的适用范围具有重要的指导意义。因为被实践证明为真理的理论，都有一定的适用范围，超出这个范围加以应用，这个真理就可能变成谬误。而只有人的"全部实践"，才能逐步准确地确定某一理论的适用范围。恩格斯在《反杜林论》中，曾经以波义耳定律为例，论述了科学真理的适用范围问题。根据波义耳定律，在温度不变的情况下，气体的体积和它所受的压力成反比。后来雷尼奥通过科学实验的实践发现，这一定律不适合于某种情况。他发现："对于可以因压力而液化的气体，当压力接近液化开始的那一点时，波义耳定律就失去了效力。"那么应该如何正确对待波义耳定律和雷尼奥的新发现呢？恩格斯指出：如果雷尼奥因为他的发现而宣布"波义耳定律是可变的，所以不是真正的真理，所以根本不是真理，所以是谬误。但是，如果他这样做，他就会造成一个比波义耳定律所包含的谬误更大得多的谬误；他的一小粒真理就会消失在谬误的沙丘中；这样他就会把他的本来正确的结论变为谬误，而与这一谬误相比，波义耳定律就连同附在它上面的少许谬误也可以说是真理了"。但是，雷尼奥作为一个科学家，他没有这样做，他认为，"波义耳定律只在一定范围内才是正确的。但是在这个范围内，它是不是绝对地最终地正确的呢？没有一个物理学家会断定说是。他会说，这一定律在一定的压力和温度的范围内对一定的气体是有效的；而且即使在这种更加狭窄的范围内，他也不会排除这样的可能性，即通过未来的研究对它作更加严格的限制，或者改变它的表述方式。"①这就是说，

---

① 《马克思恩格斯文集》第9卷，人民出版社2009年版，第96—97页。

雷尼奥的新的科学发现，只是缩小了波义耳定律的适用范围。但这不是对波义耳定律的否定，而是使它的适用范围更加确定，从而使人们能够更准确地运用这个定律。科学发展史证明，很多科学真理，都是通过多次实践中的运用和检验，更加精确地确定它的适用范围的。

防止把理论联系实际的原则简单化庸俗化

　　理论联系实际，是学习、研究、运用马克思主义的基本原则。这条基本原则必须长期坚持，在任何时候、任何情况下都不能违背和动摇，这是毫无疑义的。但是，不能因此而把它简单化、庸俗化。现在，人们总是自觉或不自觉地要求自己和别人，学到一个理论观点，就要直接去说明和解决一个实际（或实践）中的问题。这是"唯实践论"的又一种表现形式。事实上，理论与实际（或实践）之间的关系是十分复杂的，并非简单的一一对应关系。

　　第一，理论与实际（或实践）之间的联系往往不是直接的，把理论应用于实际（或实践），需要经过一系列的中间环节，就大的环节而言，先要把理论观念转变为实践观念，理论观念不能直接指导实践，只有实践观念才能直接指导实践。人在观念上掌握外部世界有两种方式：一种是理论观念方式，一种是实践观念方式。所谓人掌握外部世界的理论观念方式，是指人们在实践的基础上认识、反映、再现外部世界的过程，追求的是人的观念符合外部世界，对外部世界进行科学的认知。人掌握外部世界的实践观念方式，则是以方针、政策、路线、纲领、战略战术、计划方案、目的要求、设计蓝图、模拟图形等形式出现。它以改造外部世界和创造出外部世界所没有的崭新的客体为直接目标，是直接支配人的实践活动的观念。实践观念是介于理论观念和实践活动之间的中间环节，是连接理论和实践活动的桥梁，是实践活动在人的观念中的预演。

第二，一个学科最基本的元理论，作为这个学科的基石，是绝对不可或缺的，但它与实际（或实践）的联系却是非常间接的、不明显的，有的甚至纯粹是逻辑上的设定，可能永远也无法在实际（或实践）中加以应用。特别是哲学，它的很多基本原理大都不是直接来源于实践，而是来源于各种自然科学知识和社会科学知识，是自然科学知识和社会科学知识的概括和总结。哲学基础知识本身不能直接指导实践，只有把它与各种具体学科的知识结合起来，才能发挥指导实践的作用。用哲学基础知识指导经济实践，必须与经济学知识相结合；用哲学基础知识指导政治实践，必须与政治学知识相结合；用哲学基础知识指导生产建设实践，必须与生产建设的知识相结合；用哲学基础知识指导金融工作，必须与金融知识相结合；等等。哲学对于指导实践来说，可以说是"无用而无不用"。说它"无用"，就是说单纯的哲学基础知识不能直接指导任何具体的实践活动；说它"无不用"，是说解决任何具体的实际（或实践）中的问题，都需要以哲学的基础理论和基本方法为指导，离开哲学的基础理论和基本方法的指导，在解决实际（或实践）中的具体问题时，往往要发生错误。恩格斯在《自然辩证法》中讲到，当时有些"自然科学家相信，他们只要不理睬哲学或辱骂哲学，就能从哲学中解放出来。"恩格斯严厉地批判了这些自然科学家轻视哲学的错误观点和做法。他指出："自然科学家尽管可以采取他们所愿意采取的态度，他们还得受哲学的支配。问题只在于：他们是愿意接受某种蹩脚的时髦哲学的支配，还是愿意受某种建立在通晓思维历史及其成就的基础上的理论思维形式的支配。"①恩格斯极其高地评价了作为理论思维的哲学在一个民族的发展中的重要作用。他说："一个民族要想站在科学的最高峰，就一刻也不能没有理论思维。"②恩格斯的这些论述都充分体现了哲学"无不用"的性质和重要作用。

第三，一个特定的实际（或实践）中的问题，往往需要把多门学科的多个理论观点综合起来，才能加以说明，一个理论观点又可能用以说明多个实际（或实践）中的问题。马克思的《资本论》是一部经济学著作。但它在说明经济学问题时，往往是结合哲学知识、历史学知识、政治学知识、社会学知识以及自然科学和技术科学等多学科知识的。在现实生活中，根本不存在用一个理论观点就可以说明一个实际（或实践）中的问题的情况。

第四，把理论应用于实际（或实践）需要具备一定的条件。条件具备了，某种理论就可以应用于实际（或实践）；条件不具备就无法应用，如果硬要牵强附会地应用，则必定既践踏了理论，又损害了实际（或实践）。例如，马克思、恩格斯曾经根据发达资本主义国家生产力发展水平比较高的情况，设想共产主义

---

① 《马克思恩格斯文集》第9卷，人民出版社2009年版，第460页。
② 《马克思恩格斯文集》第9卷，人民出版社2009年版，第437页。

第一阶段全部生产资料应该归社会占有，消灭一切生产资料私有制。我国由于经济文化比较落后，尚不具备全面实行生产资料公有制的物质技术条件，但在改革开放前，我们却不顾我国的生产力落后而又发展不平衡的实际情况，实行单一的社会主义公有制，认为公有制的程度越高越好，公有制的规模越大越好，资本主义因素消灭得越彻底越好，并且企图在短期内就实现共产主义，搞所谓的"穷过渡""割资本主义尾巴""跑步进入共产主义"，使生产关系大大超越了生产力的发展水平，严重阻碍了生产力的发展，妨碍了人民群众生活水平的提高，降低了社会主义在广大人民群众中的威信，而且在国际上损害了社会主义的形象。

第五，有的理论观点在近期就可以在实际（或实践）中加以应用，有的理论观点要在相当长的时间以后才能在实际（或实践）中加以应用，还有的理论观点在过去的实际（或实践）中曾经十分有效地应用过，但在现实的变化了的实际（或实践）中却不适合应用了。但是所有这些理论观点都是一个学科体系中不可缺少的，去掉其中的任何一个，都会使这个学科的理论体系支离破碎、残缺不全。所以对于理论对实际（或实践）的指导作用，要有历史观点和长远观点，不可短视，不可近视，不可急功近利，也不可卸磨杀驴。

第六，理论与实际（或实践）的结合和联系是双向的，而不是单向的。理论联系实际（或实践），分析和解决实际（或实践）中的问题，一定要以弄清理论为前提，不要离开理论罗列一大堆实际（或实践）中的问题。学了理论，把它束之高阁，不去分析和解决实际（或实践）中的问题，再好的理论也是无用的。但是离开理论，只罗列实际（或实践）中的问题，也不能算是理论联系实际（或实践）。只讲理论，不讲实际（或实践），是理论脱离实际（或实践）的一种表现；只讲实际（或实践），不讲理论，则是理论脱离实际（或实践）的另一种表现。这两种倾向我们都要防止和反对。社会生活是十分复杂的，各种社会现象或社会事件多如牛毛，而且经常变化。一种社会现象或社会事件消失了，另一种社会现象或社会事件又产生了。我们可以从各种社会现象或社会事件中，抽出一两个社会现象或社会事件作为例子，证明某种认识是正确的，是真理；我们也可以从各种社会现象或社会事件中，抽出另一两个社会现象或社会事件作为例证，证明同一种认识是谬误，而不是真理。这种情况在社会生活和社会科学的研究中是屡见不鲜的。要证明一种认识是否真理，必须选择在整体上与这种认识有必然的、本质的联系的丰富而又确凿的社会现象或社会事件作为例证，才能达到预期的目的。列宁在1917年1月底写的《统计学和社会学》一文中说："在社会现象领域，没有哪种方法比胡乱抽出一些个别事实和玩弄实例更普遍、更站不住脚的了。挑选任何例子是毫不费劲的，但这没有任何意义，或者有纯粹消极的意义，因为问题完全在于，每一个别情况都有其具体的历史环境。如果从事实的整体上、从它们的联系中去掌握事实，那么，事实不仅是'顽强的'东西，而且是绝对确凿的证据。如果不是从整体上、不是从联系中去掌握事实，如果事实是零碎的和随意挑出来的，那么它们就只能是一种儿戏，或者连儿戏也不如。"①

① 《列宁全集》第28卷，人民出版社1990年版，第364页。

第七，由实践上升到理论，是一个复杂的认识过程，不能把理论来源于实践简单化。理论来源于实践，理论随着实践的发展而发展，实践出真知、长才干，"理论是灰色的，生活之树常青"，这些都是千真万确的真理。但不能因此认为，只要实践，就可以自然而然地形成理论；从事什么样的实践活动，就自然而然地会形成与此相关的理论；人们通过实践活动，可以直接地创造出新概念、新观点、新理论；实践活动越多的人，掌握的理论就越多，理论水平就越高。这是典型的理论与实践关系问题上的"自发论"和"唯实践论"。按照这种观点，只有直接从事实践活动的人才有理论，而且有很多的理论，有很高的理论水平，而专门从事理论研究的人，由于相对说来从事的直接实践活动较少，反而不懂理论和掌握的理论较少，理论水平较低。这显然是荒唐的。理论归根结底来源于实践，实践对于理论具有至上权力。但是，如果不掌握理论发展的历史，不全面地掌握前人提供的思想资料，缺乏基本的理论素养，即使进行再多的实践活动，也不能提出任何新概念、新观点、新理论，丝毫不能把理论推向前进。马克思主义理论与实践的关系也不例外，不了解马克思主义理论的发展史，不掌握马克思主义的基本原理，不去认真、系统、全面地阅读和研究马克思主义经典著作，不论你的实践活动多么丰富多彩，也丝毫不能丰富和发展马克思主义理论。人们为什么不能在实践中直接地、自发地形成理论呢？这是因为认识不是直接地、被动地、消极地、机械地反映客观对象，而是能动地、间接地、创造性地理解客观对象的过程。认识过程的每一个环节，从最初认识对象的选择，中途对信息的加工制作，到最后认识结果的形成，都是主体用自己的认知图式在头脑中再现、改造、建构对象的过程，认识是反映与建构的统一。所谓认知图式，是指认识主体凭借对象性活动逐步建立起来并不断完善着的概念框架和思维定势，它体现了主体能动地反映客体对象的一种能力，是主体在思维中建构改造客体的原则、程序和方式。因此，一个人如果不掌握一定的认知图式，不在认识过程中发挥思想的创造功能，不会用相关学科提供的概念、范畴、公理、定理、公式、法则等，对感性材料进行"去粗取精，去伪存真，由此及彼，由表及里的加工制作"，是不能在实践活动中直接形成理论的。列宁对认识的能动性、创造性、充满矛盾的复杂过程有很多精辟的论述。他指出："认识是人对自然的反映。但是，这并不是简单的、直接的、完整的反映，而是一系列的抽象过程，即概念、规律等等的构成、形成过程，这些概念和规律等等（思维、科学＝'逻辑概念'）有条件地近似地把握永恒运动着和发展着的自然界的普遍规律。""人不能完全地把握＝反映＝描绘整个自然界、它的'直接的总体'，人只能通过创立抽象、概念、规律、科学的世界图景等等永远地接近于这一点。"[①] "自然界在人的思想中的反映，要理解为不是'僵死的'，不是'抽象的'，不是没有运动的，不是没有矛盾的，而是处在运动的永恒过程中，处在矛盾的发生和解决的永恒过程中。"[②]

---

① 《列宁全集》第55卷，人民出版社1990年版，第152—153页。
② 《列宁全集》第55卷，人民出版社1990年版，第165页。

增强马克思主义研究的整体性

列宁在《卡尔·马克思》一文中认为，马克思主义包括马克思主义哲学、马克思主义政治经济学和科学社会主义学说三个主要组成部分。在我国高等学校，这三门课程分别由三个不同的院系承担。长此以来，造成了一种十分不良的后果：研究和讲授马克思主义哲学的教师，不太了解马克思主义政治经济学和科学社会主义学说；研究和讲授政治经济学的教师，不太了解马克思主义哲学和科学社会主义学说；研究和讲授科学社会主义学说的教师，不太了解马克思主义哲学和马克思主义政治经济学。这样，就把由各个组成部分构成的整体的马克思主义科学体系，肢解为不同的组成部分进行研究，从事教学。这种做法，对于完整准确地理解马克思主义局限性很大。从事马克思主义教学和研究的学者，大都认为马克思的《资本论》不仅是一部政治经济学著作，而且也是一部哲学和科学社会主义著作，是把马克思主义各个组成部分组成为一个整体的典范。改革开放以来，我国有些学者从事跨学科研究。例如，研究马克思主义哲学的学者，有不少人研究《资本论》

中的哲学问题，并且取得了一定的研究成果。但这些成果往往不被研究马克思主义政治经济学的学者所认同。研究马克思主义不同组成部分的学者之间，互相交流比较少，彼此不太了解，在很多问题上不能取得共识。因此，从事马克思主义研究和教学的学者，面临着把马克思主义的各个组成部分结合成为一个整体的重要任务。

对于马克思和恩格斯的许多重要理论观点，如关于实践观点在马克思主义思想体系中的地位的理论、关于物质生产理论、关于社会历史发展规律理论、关于社会主义发展规律和社会主义的前途与命运理论，都要从马克思主义哲学、马克思主义政治经济学和科学社会主义学说相互结合的整体性上进行研究。

马克思主义的根本理论特征是以实践为基础的科学性和革命性的统一。实践观点是马克思主义的基本观点，是马克思主义的出发点和归宿。马克思主义来源于实践，是实践经验的概括和总结，又反过来指导工人阶级和广大人民群众改造世界的实践活动，为实践服务，并在实践中得到检验和发展。离开了无产阶级和广大人民群众的实践活动，马克思主义就成了无源之水、无本之木，就丧失了认识世界和改造世界的功能，就失去了存在的意义。马克思、恩格斯在创立自己学说的过程中，针对那些只在纯粹思想的范围内批判资本主义却不进行推翻资本主义的实践活动的唯心主义理论家的错误观点时指出："思想永远不能超出旧世界秩序的范围；在任何情况下，思想所能超出的只是旧世界秩序的思想范围。思想本身不能实现什么东西。思想要想得到实现，就要有使用实践力量的人。"[1]

---

[1] 《马克思恩格斯文集》第1卷，人民出版社2009年版，第320页。

这就是说，实践观点不仅是马克思主义哲学的基本观点，而且也是马克思主义政治经济学和科学社会主义学说的基本观点，是整个马克思主义理论体系的基本观点。因此，必须从马克思主义的各个组成部分构成的有机整体上，阐述马克思主义的实践观点。

物质生产是人类社会存在和发展的基础，物质生产发展的规律是历史发展的最基本的规律。生产力、生产关系和生产方式是物质生产理论的三个基本概念，生产关系必须适合生产力性质的规律是物质生产的基本规律。这些概念和规律不仅是马克思主义哲学的基本理论，而且是马克思主义政治经济学和科学社会主义学说的基本理论。所以应该从马克思主义哲学、马克思主义政治经济学和科学社会主义学说之间的相互联系上，阐述马克思主义物质生产理论的整体性。马克思的《资本论》及其手稿对物质生产的基本概念和基本规律有很多深刻的阐释。

社会历史发展规律理论在马克思主义理论体系中占有极为重要的地位。马克思主义关于社会历史发展规律的理论具有丰富的内容，包括关于社会历史发展规律的性质、人的活动的目的性和社会发展规律的关系、历史决定论和主体选择的相互联系、如何正确认识"一般历史哲学理论"以及社会历史发展过程的辩证法、如何理解尊重客观规律并按客观规律办事等问题。马克思主义哲学、政治经济学和科学社会主义学说都要研究社会历史的发展规律，因此，必须从马克思主义各个组成部分相互联系的整体上研究社会历史发展规律理论。

从1516年英国的空想社会主义者托马斯·莫尔发表第一部空想社会主义者作《乌托邦》开始到现在，世界社会主义已经有

500余年的发展历史。空想社会主义是社会主义的最初形态，它从16世纪初开始出现，19世纪初以圣西门、傅立叶和欧文为代表的三大空想社会主义者，是空想社会主义发展的最高成就。到19世纪三四十年代，资本主义制度在英国、法国、美国、德国等国先后确立，资本主义的内在矛盾和弊端日益显露，资产阶级和无产阶级的矛盾日益尖锐，无产阶级从资产阶级反对封建势力的同盟者的地位，转变为以独立的政治力量登上历史舞台，进行反对资本主义的斗争。为了适应无产阶级阶级斗争的需要，马克思、恩格斯在科学地分析资本主义生产方式的内在矛盾的基础上，在吸收空想社会主义合理因素的前提下，创立了科学社会主义理论，并且领导无产阶级展开了反对资产阶级的斗争。从1917年俄国十月革命胜利到现在，社会主义在经济文化落后的国家已经有一百多年的实践。在这一百多年中，社会主义既取得了辉煌的胜利和成就，也经历了惨痛的挫折和教训。从马克思主义哲学、政治经济学和科学社会主义学说相结合的整体上，科学地总结这些经验和教训，对于引导世界社会主义事业健康发展，对于推动我国改革开放和社会主义现代化建设取得更大的成就，具有重大的理论意义和现实意义。

此外，对马克思主义产生的社会历史条件、马克思主义的理论来源、马克思主义发展的历史过程以及马克思主义一系列经典著作的内容等诸多问题，也要从马克思主义哲学、马克思主义政治经济学和科学社会主义学相互结合的整体性上加以研究。

从实践基础看马克思主义的整体性

著名的马克思主义者弗兰茨·梅林在 1893 年写作的《论历史唯物主义》一书中深刻地指出："唯物主义历史观是服从于它自己所制定的那个历史运动规律的。它是历史发展的产物；在较早的时代，它是不会被任何最伟大天才的头脑虚构出来的。只有达到一定高度时，人类历史才能揭开它自己的秘密。"[①] 不仅历史唯物主义，而且整个马克思主义也是历史时代的产物。

从 17 世纪 40 年代到 19 世纪上半叶，英国和法国等西欧主要国家相继发生了资产阶级革命，推翻了封建专制制度，清除了资本主义发展的障碍，资本主义得到迅速发展。18 世纪 60 年代首先在英国开始的工业革命，拉开了资本主义生产从工场手工业向机器大工业阶段的过渡的序幕。到 19 世纪三四十年代，英国率先完成了第一次工业革命，各个工业部门基本上实现了机械化，建

---

① 〔德〕弗兰茨·梅林：《保卫马克思主义》，吉洪译，人民出版社 1982 年版，第 3 页。

立了大机器作业的工厂制。当时英国制造了全世界所需要的绝大部分工业产品，成为"世界工厂"。法国资本主义经济的发展虽然比英国落后了半个世纪，但从1789年资产阶级大革命以后，特别是1830年七月革命以后，也获得了很大发展，进入了工业革命阶段。德国在经济上落后于英、法两国，到19世纪初只有少数工厂，但在三四十年代开始的工业革命中，资本主义经济也获得了飞跃性发展，到19世纪末它已成为世界上第一流的工业国。

资本主义机器大工业的发展，一方面大大发展了生产力和科学技术，提高了劳动生产率，带来了物质财富的空前增长；另一方面又导致了资本主义固有矛盾的尖锐化。生产的社会化和生产资料私人占有之间的矛盾是资本主义的基本矛盾，这个矛盾表现为个别工厂生产的有组织性和整个社会生产的无政府状态之间的矛盾，表现为生产无限扩大的趋势和劳动人民有支付能力的需求相对缩小的趋势之间的矛盾，这些矛盾必然导致周期性的经济危机。从1825年英国发生第一次全国性的经济危机以来，资本主义国家频繁地受到周期性的经济危机的冲击。这表明，资本主义的生产关系和生产力之间的矛盾，已经发展到十分尖锐的程度，不断发展的生产力已经开始起来反对资本主义的生产关系。当然，由于资本主义制度具有一定的自我调节功能，从19世纪后期开始，特别是在第二次世界大战以后，资产阶级通过对生产关系和上层建筑的局部调整，使这些矛盾有所缓和，资本主义制度至今也还有某种存在的合理性。但是只要资本主义制度存在，资本主义的固有矛盾就是不可消除的。

资本主义基本矛盾的激化，在阶级关系上表现为工人阶级和资产阶级之间的矛盾的尖锐化。到了19世纪三四十年代，西欧社会的主要矛盾从人民大众与封建势力的矛盾转化为工人阶级与资产阶级之间的矛盾，工人阶级在政治斗争中已经从资产阶级反对封建势力的同盟者进展到以独立的政治力量登上历史舞台，展开了反对资本主义制度和资产阶级统治的斗争。工人阶级反对资产阶级的斗争，是由他们受剥削、受压迫的极端贫困的地位和状况引起的，但工人阶级不只是一个受苦受难的阶级，而且是一个先进的革命的阶级，肩负着资本主义的掘墓人、社会主义的建设者的历史使命。因此，工人阶级迫切要求一种革命理论，能够正确地阐明它的历史地位和历史作用，给它指明推翻资本主义旧世界、建设社会主义和共产主义新世界的方向和道路。马克思、恩格斯正是适应工人阶级解放斗争的需要和时代的需求，创立马克思主义的。

在资本主义社会化大生产的条件下，生产力发展的速度大大加快，社会关系急剧变化，使人们清楚地看到，任何社会制度都不是永恒的、固定不变的，而是在发展变化的，从而揭示出旧的社会形态必然被新的社会形态所代替的规律。马克思、恩格斯在《共产党宣言》中对这一点描绘得很深刻、很生动、很形象。他们指出："资产阶级除非对生产工具，从而对生产关系，从而对全部社会关系不断地进行革命，否则就不能生存下去。反之，原封不动地保持旧的生产方式，却是过去的一切工业阶级生存的首要条件。生产的不断变革，一切社会状况不停的动荡，永远的不安定和变动，这就是资产阶级时代不同于过去一切时代的地方。一切固定的僵化的关系以及与之相适应的素被尊崇的观念和见解都被消除了，一切新形成的关系等不到固定下来就陈旧了。一切等级的和固定的东西都烟消云散了。"①

从马克思主义产生的社会历史条件可以看出，资本主义的发展及其内在矛盾的尖锐化，工人阶级以独立的政治力量登上历史舞台，不仅提供了在哲学、政治经济学和社会主义学说方面实行变革的必要性，而且提供了把哲学、政治经济学和社会主义理论结合为一个完整而严密的科学体系的统一的马克思主义学说的可能性。正是资本主义生产方式及其内在矛盾的显露以及生产力和科学技术的发展，社会不停顿地动荡和变化，为科学地揭示自然、社会和人类思维发展的一般规律、创立科学的哲学世界观和历史观创造了条件，实现了哲学上的革命变革；同时，正是资本主义生产方式及其内在矛盾的发展，使得从理论上揭示资本主义生产方式的本质、发现剩余价值理论、揭示资本主义生产方式的发展规律成为可能，从而完成了对资产阶级政治经济学的批判，创立了马克思主义的政治经济学，实现了政治经济学上的革命变革；马克思、恩格斯正是在科学的世界观和历史观以及剩余价值理论的基础上，解决了空想社会主义学说所不能解决的理论课题，使社会主义从空想变成了科学，实现了社会主义理论上的革命变革。马克思、恩格斯以科学的世界观和历史观为指导，以对资本主义生产方式的经济剖析为基础，全面分析了资本主义社会的阶级状况，科学地证明了工人阶级的历史地位和历史使命。因此，马克思主义作为工人阶级和人类解放的科学，是包括马克思

① 《马克思恩格斯文集》第2卷，人民出版社2009年版，第34—35页。

主义哲学、马克思主义政治经济学和科学社会主义学说在内的统一整体。这就是说，马克思主义各个组成部分的诞生和所实现的革命变革，有同一的社会历史条件和时代背景，这就必然使它的各个组成部分构成内在统一的完整的理论体系。

从理论来源看马克思主义的整体性

任何新的理论和学说，都必须批判地继承前人的思想成果，以前人的思想所达到的终点作为自己研究的起点。恩格斯指出："每一个时代的哲学作为分工的一个特定的领域，都具有由它的先驱传给它而它便由此出发的特定的思想材料作为前提。"[1]哲学如此，政治经济学和科学社会主义学说也是如此。德国古典哲学、英国古典政治经济学和19世纪初英法两国的空想社会主义学说，代表了到19世纪上半叶为止的人类思想的最高成就，是马克思主义的直接理论来源。下面分别简要地考察马克思主义的这几个直接理论来源。

德国古典哲学指18世纪下半期至19世纪上半期德国资产阶级在其形成、壮大和准备资产阶级革命时期的哲学，包括康德、费希特、谢林、黑格尔、费尔巴哈等人的哲学。德国古典哲学的最高成就是康德的"三大批判"理论、黑格尔的辩证法和费尔巴

---

[1] 《马克思恩格斯文集》第10卷，人民出版社2009年版，第599页。

哈的唯物主义。黑格尔最卓越的贡献是辩证法，他是哲学史上第一个以唯心主义的形式系统地、有意识地叙述辩证法的基本规律即对立统一规律、质量互变规律、否定之否定规律的哲学家。正如马克思在《资本论》第一卷第二版跋中所说，黑格尔"第一个全面地有意识地叙述了辩证法的一般运动形式"①。黑格尔把辩证法用于研究人类社会历史，把人类社会历史描述为由低级到高级的前进过程，认为历史的发展具有必然性，不以任何个人的意志为转移。正如恩格斯在肯定黑格尔对历史哲学的贡献时所说："他是第一个想证明历史中有一种发展、有一种内在联系的人，尽管他的历史哲学中的许多东西现在在我们看来十分古怪，如果把他的前辈，甚至把那些在他以后敢于对历史作总的思考的人同他相比，他的基本观点的宏伟，就是在今天也还值得钦佩。""这个划时代的历史观是新的唯物主义世界观的直接的理论前提。"②但黑格尔的辩证法和历史观是唯心主义的，具有明显的神秘主义色彩，而且不能把发展的观点贯彻到底。马克思、恩格斯吸取了黑格尔辩证法和历史观的合理思想，彻底批判了它的唯心主义和神秘主义，对它进行了根本改造，创立了唯物辩证法和唯物史观。

费尔巴哈是德国古典哲学的最后一位代表，是黑格尔哲学和马克思主义哲学的中间环节。费尔巴哈的伟大功绩在于，他旗帜鲜明地批判了宗教神学和唯心主义，恢复了唯物主义的权威。但是费尔巴哈的唯物主义和一切旧唯物主义一样有着严重的缺陷，

① 《马克思恩格斯文集》第5卷，人民出版社2009年版，第22页。
② 《马克思恩格斯文集》第2卷，人民出版社2009年版，第602页。

从理论来源看马克思主义的整体性 /

它是机械的、形而上学的唯物主义，在历史观上仍然是唯心主义。马克思、恩格斯从来没有完全赞同和接受费尔巴哈的哲学思想，只是汲取了他的唯物主义的基本思想，同时摒弃了他的抽象的人本主义和自然主义，清除了他的理论中的形而上学和唯心主义杂质。

当然，从更广泛的意义上看，马克思主义哲学的理论来源不仅仅限于德国古典哲学，还包括其他很多哲学成果。马克思、恩格斯对古希腊罗马哲学有深入的研究，因而不能把它排除在马克思主义哲学理论来源的范围之外。马克思、恩格斯对欧洲近代哲学，特别是以培根、霍布斯、洛克、贝克莱、休谟等为代表的英国哲学，以拉美特利、爱尔维修、狄德罗、霍尔巴赫等为代表的法国百科全书派的哲学，都作了研究。因此，我们也不能把近代英法哲学排除在马克思主义哲学理论来源的范围之外。此外，法国复辟时代的历史学家基佐、米涅、梯叶里、梯也尔等人的历史观中的合理思想，对历史唯物主义的形成也起了重要的推动作用。总之，马克思主义哲学的理论来源，包括马克思主义哲学以前欧洲的全部哲学的积极内容，其中德国古典哲学是马克思主义哲学的直接理论来源，其他哲学对马克思主义哲学产生的影响相对来说较为间接。

马克思主义哲学产生以前的哲学存在两个分离：一是唯物主义和辩证法相分离，黑格尔有辩证法但没有唯物主义；二是唯物主义自然观和唯物主义历史观相分离，费尔巴哈在自然观上是唯物主义的，但在历史观上仍然是唯心主义的。马克思、恩格斯克服了这两个分离的片面性，实现了两个结合，即把唯物主义和辩证法、唯物主义自然观和唯物主义历史观结合起来，创立了包括自然界和人类社会在内的完备而彻底的唯物主义哲学，从而在哲学领域实现了革命变革。

再看英国古典政治经济学。英国古典政治经济学是资产阶级生产方式已经建立而无产阶级和资产阶级之间的斗争尚未发展时期的代表新兴资产阶级利益的经济理论。它产生于17世纪后半期即英国资产阶级革命时期，完成于英国工业革命后的19世纪初，创始人是威廉·配第，中间经过亚当·斯密的发展，到大卫·李嘉图结束。古典政治经济学是新兴资产阶级对落后的封建主义作斗争的重要理论武器，对于资本主义生产方式的确立和巩固起了促进作用。正如马克思所说："古典派如亚当·斯密和李嘉图，他们代表着一个还在同封建社会的残余进行斗争、力图清洗经济关系上的封建污垢、提高生产力、使工商业获得新的发展的资产阶级。"①古典政治经济学家提出很多有价值的经济理论，但由于时代和阶级的局限，古典政治经济学也存在严重缺陷和错误，如关于把资本主义制度看成符合人性的、永恒不变的制度的观点，把资本主义经济规律看成自然规律的唯心主义和形而上学观点，以及价值理论中的矛盾和混乱等。马克思、恩格斯批判地继承了古典政治经济学的研究成果，收集和研究了关于资本主义产生和发展的大量历史资料，详细地分析了资本主义的经济结构及其固有矛盾，揭示了资本主义生产方式的本质和它产生、发展、灭亡的规律。最主要的是严密论证了劳动价值论，并在此基础上创立

---

① 《马克思恩格斯文集》第1卷，人民出版社2009年版，第615页。

了剩余价值学说，使政治经济学发生了革命变革。

最后看英法两国的空想社会主义学说。自从空想社会主义者托马斯·莫尔在1516年发表《乌托邦》这部著作以来，世界社会主义已经有500年的历史。英法两国的空想社会主义指19世纪上半叶以圣西门、傅立叶、欧文为代表的三大空想社会主义者的学说。德国古典哲学和英国古典政治经济学从阶级属性和社会功能上说，都是代表资产阶级利益和为了维护资本主义制度的，而空想社会主义学说不仅不是颂扬和维护资本主义制度的，而且对它进行了尖刻的讽刺和无情的抨击，提出了对代替资本主义社会的未来社会的设想。圣西门把设想的未来社会称为"实业制度"，人们运用科学、艺术和工艺的现有知识来满足人们的需要；傅立叶把设想的未来社会称为"和谐制度"，在这个制度下，人们和睦相处，全体社会成员的情欲都得到了充分的满足；欧文的设想更为激进，在圣西门和傅立叶的"实业制度"与"和谐制度"中，仍然保存着私有制，而欧文所要建立的则是一种以公有制为基础的共产主义劳动公社的联合体，并且废除了国家。空想社会主义者对未来社会的设想包含着一些合理因素，如关于消灭旧式分工，关于消灭城乡、工农、脑力劳动和体力劳动的差别，关于教育与生产劳动早期结合，关于社会权力由对人的统治变为对物的管理和对生产过程的领导，关于国家消亡等观点，都为科学地认识未来的社会主义社会和共产主义社会提供了宝贵的思想资料。三大空想社会主义者的理论，由于时代局限，也存在不少缺陷，如他们关于理性支配世界的观点，关于天才人物创造历史的观点，关于否认阶级斗争、反对暴力革命的观点，都属于唯心主义历史观；他们对未来社会的过于详细的描绘和对社会细节的规划，带有很大的空想性质；他们认识不到无产阶级的革命力量和历史使命，找不到实现未来社会的社会力量；等等。马克思、恩格斯以唯物史观和剩余价值学说为基础，深入研究资本主义制度的内在矛盾和发展趋势，总结工人阶级斗争的实践经验，批判地吸收了空想社会主义学说的积极成果，对未来社会主义社会和共产主义社会的基本特征作了科学的预测和设想，创立了科学社会主义理论，为工人阶级和全人类的解放指明了方向和道路，实现了社会主义理论的革命变革。

　　需要说明的是，因为马克思主义的三个直接理论来源，是同一历史时代的产物，它们之间不是彼此孤立、互不相干的，而是相互联系、相互渗透、相互包含的，所以它们对马克思主义产生的影响也不是各自孤立地、单独地发生的，而是综合地、相互交织地发生的。具体说来，马克思主义哲学的产生不仅继承了德国古典哲学的积极成果，而且也与英国古典政治经济学和三大空想社会主义学说的影响密不可分。同样，马克思主义政治经济学不仅来源于英国古典政治经济学，德国古典哲学的辩证法对马克思主义政治经济学的产生提供了方法论的启发，而对三大空想社会主义学说的改造则为马克思主义政治经济学的研究规定了目标和方向。至于科学社会主义理论，也不仅仅来源于三大空想社会主义者的学说，马克思、恩格斯之所以能把社会主义从空想变成科学，是同他们批判地改造德国古典哲学和英国古典政治经济学分不开的。由此可见，从马克思主义的各种理论来源对马克思主义产生的影响来看，也说明马克思主义是由马克思主义哲学、马克思主义政治经济学和科学社会主义学说构成的一个有内在联系的统一的完整体系。

除去上述三个直接理论来源外，马克思主义的产生也与当时自然科学的巨大进步密切相关。伴随着资本主义生产方式的确立和发展，从中世纪神学的束缚下解放出来的近代自然科学也蓬勃发展起来。从18世纪下半叶开始特别是进入19世纪，近代自然科学由主要是"搜集材料的科学"，即"关于既成事物的科学"，发展为"整理材料的科学"，即"关于过程、关于这些事物的发生和发展以及关于联系——把这些自然过程结合为一个大的整体——的科学"①。在这一过程中，一些新兴学科，如地质学、胚胎学、动植物生理学、有机化学等陆续建立起来。特别是细胞学说、能量守恒和转化定律与生物进化论这自然科学的三大发现，对马克思主义产生的影响尤为巨大。植物和动物都是细胞按照一定的规律发育和生长的结果，从而阐明了生命有机体的内在统一性，沉重地打击了生命起源问题上"上帝创造论"的神学观点和物种不变的形而上学观念。能量守恒和转化定律揭示出自然界中起作用的各种能，如机械能、热能、光能、电磁能、化学能等，都是物质运动的各种表现形式，它们之间按照一定的度量关系互相转化，而转化过程中总的能量是守恒的。这就证明，物质的运动是客观的，既不能创造也不能消灭，而只能由一种形式转化为另一种形式，各种物质运动形式具有内在统一性。生物进化论揭示出，今天存在的千姿百态的生物，包括人类在内，都是由原始

---

① 《马克思恩格斯文集》第4卷，人民出版社2009年版，第299—300页。

单细胞胚胎按照"生存竞争""物竞天择""适者生存"的规则生长进化而来的，从而把变化发展的观念引入生物界。这说明，自然科学的发展为马克思主义哲学世界观的形成奠定了理论基础。自然科学是知识形态的生产力，它转化为物质生产力，推动物质生产力的发展，是产业革命的科学前提，为从工场手工业转变为机器大工业起了推动作用；自然科学的发展对资本主义社会社会结构的改变，生产关系的变化，无产阶级的发展壮大和思想觉悟的提高，也直接或间接地起了作用。由此可以看出，自然科学的发展不仅为马克思主义哲学的形成奠定了科学基础，也为马克思主义政治经济学和科学社会主义学说的形成提供了科学前提，为把马克思主义的各个组成部分结合成为一个有内在联系的统一整体提供了科学依据，这也从一定程度上说明了马克思主义的整体性。

从理论体系看马克思主义的整体性

在整个马克思主义理论体系中，哲学是世界观和方法论的指导原则，政治经济学是以哲学世界观和方法论为指导对资本主义生产方式的剖析，科学社会主义则是运用哲学分析经济事实得出的结论。这三者之间相互渗透、相互补充，构成统一的完整的马克思主义科学理论体系。

首先，从马克思主义哲学和政治经济学的关系来看。马克思主义政治经济学是在唯物辩证法的指导下，运用历史唯物主义的基本原理，分析资本主义的生产方式，才得以克服英国古典经济学的缺陷，在政治经济学上实现革命变革的。马克思主义的政治经济学中处处闪烁着唯物辩证法和历史唯物主义的光辉。例如，马克思在《资本论》第一卷第二十四章"所谓原始积累"中，在总结资本主义私有制否定以自己劳动为基础的私有制、资本主义私有制又被社会所有制所否定的历史过程时，把这个过程与唯物辩证法的否定之否定规律紧密结合起来，以否定之否定规律为指导，说明资本的原始积累的全过程。同时，马克思主义政治经济学的创立，又丰富和发展了唯物辩证法的基本概念和基本原理，从理论上论证了历史唯物主义的科学性，为历史唯物主义充实了极其丰富的内容。马克思在其政治经济学著作中，把时间与空间理论用于分析资本主义经济的发展过程和资本主义剥削的实质，把哲学上通常所讲的自然时空概念用于分析社会经济问题，使时间和空间概念带有了社会历史性，极大地丰富了马克思主义哲学关于时间和空间及其相互关系的理论。一方面，他强烈地批判了资本主义制度在时间分配上的不合理性所导致的工人活动空间的狭小。马克思在世时，工人的劳动时间长，劳动强度大，劳动条件差，除去吃饭、睡眠的时间，几乎都在工厂车间的机器旁边劳动，大大缩小了他们的活动空间，同时却为资本家创造了更多的财富和自由支配的时间。对这种情况，马克思激愤地指出："时间是人类发展的空间。一个人如果没有自己处置的自由时间，一生中除睡眠饮食等纯生理上必需的间断以外，都是替资本家服务，那么，他就还不如一头役畜。"[1]另一方面，只有消灭资本主义制度，社会才能合理地分配劳动时间和人们从事其他社会活动的时间，每个人才能有广阔的空间去从事有益于身心健康的发展自己才能的活动。马克思指出：在资本主义制度消灭以后，所有的人都会有"'可以自由支配的时间'，也就是有真正的财富，这种时间不被直接生产劳动所吸收，而是用于娱乐和休息，从而为自由活动和发展开辟用武之地。时间是发展才能等等的用武之

---

[1] 《马克思恩格斯文集》第3卷，人民出版社2009年版，第70页。

地。"① "时间实际上是人的积极存在，它不仅是人的生命的尺度，而且是人的发展的空间。"②

其次，从马克思主义哲学和科学社会主义的关系来看，科学社会主义的产生离不开马克思主义哲学的指导。恩格斯在《社会主义从空想到科学的发展》1882年德文第一版序言中对这个问题作了深刻的论证。他指出："科学社会主义本质上就是德国的产物，而且也只能产生在古典哲学还生气勃勃地保存着自觉的辩证法传统的国家，即在德国。唯物主义历史观及其在现代的无产阶级和资产阶级之间的阶级斗争上的特别应用，只有借助于辩证法才有可能。德国资产阶级的学究们已经把关于德国伟大的哲学家及其创立的辩证法的记忆淹没在一种无聊的折衷主义的泥沼里，这甚至使我们不得不援引现代自然科学来证明辩证法在现实中已得到证实，而我们德国社会主义者却以我们不仅继承了圣西门、傅立叶和欧文，而且继承了康德、费希特和黑格尔而感到骄傲。"③ 在马克思主义经典作家主要论述科学社会主义的著作中，论述了许多马克思主义哲学基本原理。例如，在马克思、恩格斯合写的《共产党宣言》中，论述了许多生产力决定生产关系、经济基础决定上层建筑、社会存在决定社会意识的历史唯物主义的基本原理；在马克思写的《1848年至1850年的法兰西阶级斗争》一文和列宁写的《国家与革命》一书中，论述了许多唯物辩证法和历史唯物主义的基本原理。马克思主义哲学的许多基本概念和

① 《马克思恩格斯全集》第35卷，人民出版社2013年版，第229页。
② 《马克思恩格斯全集》第37卷，人民出版社1979年版，第532页。
③ 《马克思恩格斯文集》第3卷，人民出版社2009年版，第495—496页。

基本原理，大都不是在马克思主义经典作家专门的哲学著作中提出和论述的，而是在他们既论述马克思主义哲学也论述马克思主义政治经济学和科学社会主义理论的综合性著作中提出和论述的。

再次，从政治经济学与科学社会主义的关系来看，马克思主义政治经济学通过对资本主义生产方式的科学分析，创立了剩余价值理论，揭示了资本主义的基本矛盾和发展规律，论证了资本主义灭亡、社会主义胜利的历史必然性，列举了许多资本主义为社会主义的实现创造的各种主客观条件，既指出了资本主义制度的种种弊端又肯定了资本的伟大文明作用，说明了无产阶级的阶级地位和历史使命，对未来社会主义社会和共产主义社会的基本特征作了科学的预测和设想，提出了一系列建设社会主义的基本原则，为无产阶级指明了推翻资本主义、建设社会主义的道路和方向。没有对资本主义经济发展规律的科学认识，不可能产生科学社会主义学说。所以恩格斯在《反杜林论》中说：由于唯物主义历史观和通过剩余价值学说揭开资本主义生产的秘密这两大发现，使社会主义由空想变成科学。

最后，有许多马克思主义的基本概念和基本原理是马克思主义三个主要组成部分所共有的，如生产力、生产关系、生产方式、科学技术是生产力、生产关系必须适合生产力性质的规律；经济基础、上层建筑、上层建筑必须适合经济基础发展要求的规律；阶级、国家、革命、改革、阶级斗争在社会发展中的作用；革命和改革在社会发展中的作用；社会、社会结构、社会形态、社会形态的划分和更替、社会形态的发展是自然历史过程；资本主义、社会主义、共产主义；从资本主义到社会主义的过渡时期及其基本特征、社会主义社会的基本特征、共产主义社会的基本特征；社会主义在自身发展的基础上成长为共产主义；人的自由、人的解放、人的全面发展、自由人联合体、从必然王国向自由王国的飞跃；等等。这些基本概念和基本原理，马克思主义哲学、马克思主义政治经济学和科学社会主义学说都要加以论述，只是论述的角度有所不同而已。如果把马克思主义作为一个整体来对待，就应该从马克思主义哲学、马克思主义政治经济学和科学社会主义学说的综合上论述这些基本概念和基本原理，这肯定会比单独从马克思主义哲学或马克思主义政治经济学、科学社会主义学说上论述这些基本概念和基本原理，要深刻得多，全面得多。

从发展的历史过程看马克思主义的整体性

马克思主义产生于19世纪40年代中期，至今已有170年的历史。马克思主义产生以来，在回答各个历史时期的实践提出的各种重大的理论问题的过程中，不断充实、丰富和发展自己，形成了一个生机勃勃、不断创新的思想洪流，焕发出普遍而持久的生命力。一部马克思主义发展史，就是马克思主义不断创新、不断发展的与时俱进的历史。可以毫不夸张地说，迄今为止，还没有一部思想史像马克思主义思想史这样具有恒久的生命力和永不衰竭的发展源泉和动力。

马克思、恩格斯不仅是马克思主义的创立者，而且是马克思主义的发展者。马克思于1845年春天写作的《关于费尔巴哈的提纲》和马克思、恩格斯于1845—1846年合写的《德意志意识形态》，是标志马克思主义基本形成的著作；马克思1847年7月发表的《哲学的贫困》和马克思、恩格斯合写的于1848年2月发表的《共产党宣言》，标志着马克思主义的公开问世。马克思主义诞生不久，就接受了1848年欧洲革命的洗礼，后来又接受了1871年巴黎公社实践的检验，得到了进一步的发展。在这一过程中，马克思、恩格斯通过总结实践经验、理论研究以及同反马克思主义观点的斗争，不断把自己创立的理论推向前进。在马克思主义刚刚问世时，马克思、恩格斯政治经济学批判的任务尚未完成，此后又经过几十年的潜心研究，马克思写成了鸿篇巨制《资本论》，从多方面丰富和发展了马克思主义。19世纪七八十年代，恩格斯系统地研究了自然界和自然科学中的哲学问题，写成了《自然辩证法》手稿，开辟了马克思主义自然观的新领域。恩格斯在19世纪70年代中期以后写成的《反杜林论》与《路德维希·费尔巴哈和德国古典哲学的终结》等著作，全面系统地阐述了马克思主义的各个组成部分。马克思、恩格斯晚年关于俄国社会发展道路的论著，极大地丰富和发展了马克思主义。马克思晚年写的《古代社会史笔记》《历史学笔记》和恩格斯根据这些笔记以及关于上古史的其他新材料写作的《家庭、私有制和国家的起源》一书，考察了前资本主义的各个社会形态，全面地论述了整个人类历史的发展过程和发展规律。恩格斯在19世纪八九十年代的一系列书信和为马克思、恩格斯以前的著作写的"序言"和"导言"，从多方面加深和发展了马克思主义。在19世纪、20世纪之交，欧洲的一些马克思主义者梅林、考茨基、罗莎·卢森堡、拉法格、拉布里奥拉、普列汉诺夫等，也在不同程度上对马克思主义的发展作出了贡献。

马克思、恩格斯逝世以后，列宁在帝国主义和无产阶级革命时代的条件下，在领导俄国无产阶级革命和社会主义改造与社会主义建设的实践中，在同第二国际机会主义的斗争中，继承、捍卫、发展了马克思主义，把马克思主义推进到一个新的阶段，即列宁主义阶段。列宁在《唯物主义和经验批判主义》《哲学笔记》等著作中，捍卫和发展了马克思主义哲学；在《俄国资本主义的发展》《帝国主义是资本主义的最高阶段》等著作中，捍卫和发展了马克思主义的政治经济学；在《国家与革命》《论"左派"幼稚性和小资产阶级性》《论我国革命》《论合作社》等著作中，捍卫和发展了科学社会主义理论。特别值得提及的是，列宁在1915年写的《论欧洲联邦口号》和1916年写的《无产阶级革命的军事纲领》两篇论文，提出了在特定的历史条件下，社会主义革命有可能在一国或几国首先取得胜利的思想；在十月革命前夕和十月革命胜利以后，多次谈到落后的国家通过国家资本主义形式向社会主义过渡的思想，关于"新经济政策"的思想等，这些思想对落后国家的社会主义革命和社会主义建设具有非常重大的指导意义。

马克思主义在19世纪末20世纪初传入中国，在指导中国革命和建设的过程中，逐步形成了中国化的马克思主义，即具有中国特点、中国风格和中国气派的马克思主义。一部中国的马克思主义发展史，就是一部马克思主义的基本原理和中国的具体实际相结合的历史。在新民主主义革命时期，以毛泽东为主要代表的中国共产党人经过反复探索，在成功经验和失败教训的基础上，找到了符合中国实际的革命道路，创造性地发展了马克思主义，形成了毛泽东思想。新中国建立以后，以毛泽东为代表的领导集体，又对中国社会主义改造和社会主义建设道路进行了多方面的探索，取得了独创性理论成果和巨大成就，为新的历史时期开创中国特色社会主义提供了宝贵经验、理论准备、物质基础。改革开放以来，我们党开辟了中国特色社会主义道路，建立了中国特色社会主义制度，形成了中国特色社会主义理论体系。这个理论体系就是包括邓小平理论、"三个代表"重要思想、科学发展观、习近平新时代中国特色社会主义思想在内的科学理论体系。这个理论体系，坚持和发展了马克思列宁主义、毛泽东思想，凝结了几代中国共产党人带领人民不懈探索实践的智慧和心血，是党可贵的政治和精神财富，是全国各族人民团结奋斗的共同思想基础。在当代中国，坚持中国特色社会主义理论体系，就是真正坚持马克思主义。

党的十八大以来，以习近平同志为主要代表的中国共产党人，坚持把马克思主义基本原理同中国具体实际相结合、同中华优秀传统文化相结合，坚持毛泽东思想、邓小平理论、"三个代表"重要思想、科学发展观，深刻总结并充分运用党成立以来的历史经验，从新的实际出发，创立了习近平新时代中国特色社会主义思想，明确中国特色社会主义最本质的特征是中国共产党领导，中国特色社会主义制度的最大优势是中国共产党领导，中国共产党是最高政治领导力量，全党必须增强"四个意识"、坚定"四个自信"、做到"两个维护"；明确坚持和发展中国特色社会主义，总任务是实现社会主义现代化和中华民族伟大复兴，在全面建成小康社会的基础上，分两步走在本世纪中叶建成富强民主文明和谐美丽的社会主义现代化强国，以中国式现代化推进中华民族伟大复兴；明确新时代我国社会主要矛盾是人民日益增长的美好生活需要和不平衡不充分的发展之间的矛盾，必须坚持以人民为中心的发展思想，发展全过程人民民主，推动人的全面发展、全体人民共同富裕取得更为明显的实质性进展；明确中国特色社会主义事业总体布局是经济建设、政治建设、文化建设、社会建设、生态文明建设五位一体，战略布局是全面建设社会主义现代化国家、全面深化改革、全面依法治国、全面从严治党四个全面；明确全面深化改革总目标是完善和发展中国特色社会主义制度、推进国家治理体系和治理能力现代化；明确全面推进依法治国总目标是建设中国特色社会主义法治体系、建设社会主义法治国家；明确必须坚持和完善社会主义基本经济制度，使市场在资源配置中起决定性作用，更好发挥政府作用，把握新发展阶段，贯彻创新、协调、绿色、开放、共享的新发展理念，加快构建以国内大循环为主体、国内国际双循环相互促进的新发展格局，推动高质量发展，统筹发展和安全；明确党在新时代的强军目标是建设一支听党指挥、能打胜仗、作风优良的人民军队，把人民军队建设成为世界一流军队；明确中国特色大国外交要服务民族复兴、促进人类进步，推动建设新型国际关系，推动构建人类命运共同体；明确全面从严治党的战略方针，提出新时代党的建设总要求，全面推进党的政治建设、思想建设、组织建设、作风建设、纪律建设，把制度建设贯穿其中，深入推进反腐败斗争，落实管党治党政治责任，以伟大自我革命引领伟大社会革命。这些战略思想和创新理念，是党对中国特色社会主义建设规律认识深化和理论创新的重大成果。

马克思主义发展过程的各个阶段具有内在的统一性，构成马克思主义理论体系的整体。

从马克思主义经典看马克思主义的整体性

马克思主义经典著作很多都是把哲学、政治经济学和科学社会主义学说紧密结合在一起的。即使有些是专门的哲学著作或经济学著作、科学社会主义著作，其中不少问题也是把三个主要组成部分的理论结合在一起论述的。

马克思在马克思主义形成时期写的《1844年经济学哲学手稿》（以下简称《手稿》），就是一部把哲学、政治经济学和共产主义理论融为一体的著作。这部著作从多方面批判了资产阶级政治经济学即国民经济学，阐述了一系列政治经济学的基本概念和基本观点，为马克思进一步进行政治经济学批判奠定了初步基础。《手稿》是马克思、恩格斯著作中对科学实践观阐述得最深刻、最具体的一部著作。这部著作把实践界定为人的对象性活动，从多方面揭示了对象性活动的含义和内容：（1）人们把自己和自己的生活当作对象，具有自我意识；（2）人不仅把自己的生活当作对象，而且把周围环境当作对象，人的活动是有外部对象的活动，人有对象意识；（3）人不仅把自己和自己的生活当作对象，不仅在人之外有对象，而且一个人可以作为另一个人的对象，人与人之间可以互为对象，人有群体意识；（4）人作为对象性活动，既是能动的又是受动的，是能动与受动的统一；（5）实践是人的对象性活动，是说实践是以人为主体、以客观事物为对象的感性的、现实的、物质性的活动。劳动的产品就是固定在某个对象中、物化为对象的劳动，就是劳动的对象化，劳动的实现就是劳动的对象化；（6）强调理论和实践的统一，批判了旧哲学割裂理论和实践的联系、把理论和实践对立起来的错误观点，认为理论的对立本身的解决只有通过实践方式，只有借助于人的实践力量才是可能的。《手稿》从经济事实出发，通过批判国民经济学和黑格尔哲学以及对异化劳动理论的阐述，在科学实践观的基础上，提出和论述了一系列马克思主义哲学和科学社会主义学说的基本观点：（1）论述了生产劳动是人类与人类社会形成和人区别于动物的根本标志，是人类自身与人类社会存在和发展的基础；（2）论述了生产关系思想，接近于提出生产关系这一历史唯物主义的核心概念；（3）把存在决定意识的一般唯物主义观点用于分析社会历史问题，接近于提出社会存在决定社会意识、经济基础决定上层建筑的历史唯物主义基本观点；（4）论述了社会革命是私有制自身矛盾运动的必然产物，说明了资本主义社会中劳动和资本之间的对立，指出了无产阶级是实现共产主义的基本阶级力量；（5）考察和批判了各种社会主义和共产主义的理论形态，阐述了自己的共产主义观，论述了实现共产主义和社会主义的道路及共产主义社会的基本特征。

标志马克思主义基本形成的《德意志意识形态》也是综合论

述马克思主义哲学、马克思主义政治经济学和科学社会主义学说的一部著作。这部著作系统地论述了一系列历史唯物主义的基本概念和基本原理，初步形成了历史唯物主义的学科体系。但是，这部著作同时也阐述了很多马克思主义政治经济学和科学社会主义学说的基本概念和基本原理，因此，这部著作不仅是标志历史唯物主义基本形成的著作，而且是标志整个马克思主义基本形成的著作。我们把马克思、恩格斯在这部著作中阐述的政治经济学基本原理概括为以下几个方面：（1）揭示并批判了资产阶级政治经济学的性质；（2）阐述了封建社会的经济结构和社会结构；（3）说明了资本主义生产方式的产生过程；（4）考察了资产阶级和无产阶级产生和形成的历史过程。马克思、恩格斯在这部著作中阐发的科学社会主义学说的基本原理可以归纳为以下几个方面：（1）论述了实现共产主义的两个基本前提，一是生产力的高度发展和巨大增长，二是地域性的历史转变为"世界历史"；（2）论述了无产阶级是"社会历史性的存在"，共产主义是"世界历史性事业"，批判了"地域性的共产主义"；（3）论述了共产主义革命不同于其他革命的特点；（4）论述了共产主义社会的基本特征；（5）批判了德国的"真正的社会主义"。

马克思的《资本论》是一部伟大的经济学著作，同时也是一部哲学著作和科学社会主义著作。《资本论》在论述政治经济学的基本原理时，很多地方具有深刻的哲学意蕴，蕴含着深刻的哲学思想，如关于商品的二重性和劳动的二重性理论中，蕴含着深刻的辩证法思想；在关于商品、货币、资本、利息的论述中，深刻地揭示了商品拜物教、货币拜物教、资本拜物教思想，把经济理论和哲学理论十分完好地结合在一起；在关于平均利润率规律理论中，深刻地阐明了社会历史发展规律的性质，说明了"在整个资本主义生产中，一般规律作为一种占统治地位的趋势，始终只是以一种极其错综复杂和近似的方式，作为从不断波动中得出的、但永远不能确定的平均数来发生作用。"①恩格斯在阐述平均利润率规律理论的哲学意蕴时，更加深刻地指出：平均利润率规律"全都没有任何其他的现实性，而只是一种近似值，一种趋势，一种平均数，但不是直接的现实"。②马克思写作《资本论》的目的在于阐明资本主义生产方式的发展规律，即揭示资本主义必然灭亡、社会主义必然胜利的规律，说明由于资本主义社会自身的发展它必然被社会主义所代替，这正是科学社会主义的主要内容。《资本论》是把马克思主义的各个组成部分结合为一个有机整体的典范。

　　恩格斯的《反杜林论》一书，分哲学、政治经济学和社会主义三编，分别论述马克思主义的三个主要组成部分，又处处体现了这三个组成部分之间的内在联系。例如，恩格斯在第二编即"政治经济学"编的"暴力论"三章中，深入系统地论述了经济基础决定上层建筑的原理，这是马克思、恩格斯的著作中唯一一处论证为什么是经济基础决定上层建筑而不是上层建筑决定经济基础。这说明，在恩格斯看来，经济基础决定上层建筑的原理，既是马克思主义哲学的重要内容，也是马克思主义政治经济学的

---

① 《马克思恩格斯文集》第7卷，人民出版社2009年版，第181页。
② 《马克思恩格斯文集》第10卷，人民出版社2009年版，第694页。

重要内容。再如，恩格斯在第三编即"社会主义"编的第二章"理论"中，概述了历史唯物主义的基本观点："唯物主义历史观从下述原理出发：生产以及随生产而来的产品交换是一切社会制度的基础；在每个历史地出现的社会中，产品分配以及和它相伴随的社会之划分为阶级或等级，是由生产什么、怎样生产以及怎样交换产品来决定的。所以，一切社会变迁和政治变革的终极原因，不应当到人们的头脑中，到人们对永恒的真理和正义的日益增进的认识中去寻找，而应当到生产方式和交换方式的变更中去寻找；不应当到有关时代的哲学中去寻找，而应当到有关时代的经济中去寻找。"①这说明，在恩格斯看来，科学社会主义学说是以历史唯物主义为其理论基础的。

此外，马克思、恩格斯的其他许多著作，如《神圣家族》《英国工人阶级状况》《哲学的贫困》《雇佣劳动与资本》《共产党宣言》《1848年至1850年的法兰西阶级斗争》《路易·波拿巴的雾月十八日》《工资、价格和利润》《法兰西内战》《哥达纲领批判》《社会主义从空想到科学的发展》《家庭、私有制和国家的起源》《路德维希·费尔巴哈和德国古典哲学的终结》《古代社会史笔记》（又称《人类学笔记》或《民族学笔记》）等，虽然在学科的重点上各有侧重，但也都是把马克思主义的各个组成部分结合为一个有机整体的著作。

列宁的《什么是"人民之友"以及他们如何攻击社会民主党人？》《俄国资本主义的发展》《唯物主义和经验批判主义》《帝国主

---

① 《马克思恩格斯文集》第9卷，人民出版社2009年版，第283—284页。

义是资本主义的最高阶段》《国家与革命》等著作，都是把马克思主义的三个组成部分融为一体论述的。毛泽东的《中国社会各阶级的分析》《中国革命战争的战略问题》《论持久战》《新民主主义论》《论十大关系》《关于正确处理人民内部矛盾的问题》等光辉著作，也充分体现了马克思主义的各个组成部分是一个有机的整体。

掌握与运用马克思主义的整体性

"史""论""著"有机结合是掌握马克思主义整体性的基本
途径。"史"是指马克思主义发展史,"论"是指马克思主义基本
原理,"著"是指马克思主义经典著作。只有把"史""论""著"
有机结合起来,才能掌握马克思主义的整体性。

马克思主义经典著作和马克思主义基本原理紧密相连而又各
有特点。马克思主义经典著作对马克思主义基本概念和基本原理
的论述具体、深刻、生动、丰满,视野广、角度多、针对性强、
与实际联系紧密,具有经典作家个人的特点、风格和气派,因而
具有很强的说服力和感染力。马克思主义基本原理是从马克思主
义经典著作中抽象、概括、提炼、升华出来的。在抽象、概括、
提炼、升华的过程中,需要舍弃经典著作中写作的特定社会历史
背景、学术背景和语境,舍弃对一些基本概念和基本原理阐述的
针对性,舍弃经典作家与当时的不同观点的交流、互动以致冲撞
和批判,并且难以顾及在不同时期、不同著作中对同一概念和原
理从不同角度、不同侧面所作的多种解释,也难以全面反映经典

著作中对某些基本原理的一环扣一环的严密的逻辑论证，更难以体现不同经典作家各自的特点、风格和气派。因此，马克思主义基本原理教材中对概念和原理的论述，虽然重点突出、简明扼要、条分缕析、便于初学者掌握，但却不如经典著作中的论述那样具体、深刻、生动、丰满，没有经典著作那样强的说服力和感染力，无法做到对同一概念和原理从不同角度、不同侧面进行全面论证。

以生产力概念为例，马克思主义基本原理教材一般只对生产力下一个一般的定义，指出生产力包括几个基本要素以及各个要素之间的相互联系，再深入一些就是把生产力作为一个系统来把握，不可能全面反映马克思主义经典著作中论述的诸多生产力概念。马克思在《资本论》及其手稿中，论述了许多生产力概念，如具体生产力和一般生产力、劳动的自然生产力和劳动的社会生产力、资本的生产力和劳动的生产力、物质生产力和精神生产力、联合生产力和个人生产力、主体的生产力和客体的生产力等。马克思主义基本原理的教材中不可能全面反映这些生产力概念，因此，要学好马克思主义，除去学习马克思主义基本原理外，还要深入系统地学习、研究马克思主义经典著作。

学习、研究马克思主义经典著作与学习、研究马克思主义基本原理优势互补。不学习、研究马克思主义经典著作，只学习马克思主义基本原理，容易造成对马克思主义基本原理的简单化、教条化理解，而且可能造成误解和曲解；只学习、研究马克思主义经典著作，不学习、研究马克思主义基本原理，对于初学者来说，难以重点突出、简明扼要、条分缕析地掌握和领会马克思主义经典著作中论述的基本概念和基本原理。所以要把学习、研究马克思主义经典著作和学习、研究马克思主义基本原理紧密结合起来。而且，为了把这两个方面都学习、研究深入，还要学习和研究马克思主义发展史。这就是我们通常所说的，学习研究马克思主义要"史""论""著"相结合。"史""论""著"相结合学习、研究马克思主义的方法，体现了逻辑和历史、理论和实践、理想和现实、继承和创新相统一的原则。

理论联系实际是学习和运用马克思主义的基本方法，也是从整体上掌握马克思主义的基本方法，必须长期坚持，在任何时候、任何情况下都不能违背和动摇，这是毫无疑义的。但是，不能因此而把它简单化、庸俗化。现在，"要带着问题学，活学活用，学用结合，急用先学，立竿见影，在用字上狠下功夫"的理论联系实际的"三十字方针"的阴影仍然驱之未散。人们总是自觉或不自觉地要求自己和别人，学习一个理论观点，就要直接去说明和解决一个实际问题。事实上，理论与实际之间的关系是十分复杂的，并非简单的一一对应关系。

首先，要用马克思主义为指导研究和解决实际问题，最根本的是要在马克思主义的各个组成部分内在统一、紧密联系的整体上掌握马克思主义基本的立场、观点和方法，从马克思主义基本的立场、观点和方法的高度，分析和研究面对的实际问题，才能抓住问题的实质，从总体上提出解决问题的思路，拟定解决问题的具体方法，有效地解决实际问题。

其次，对于实际问题，特别是复杂的实际问题，不是用马克思主义的某一个学科中的一两个基本原理为指导就可以解决的，而是往往需要马克思主义哲学、政治经济学和科学社会主义学说各个学科的多个基本原理的综合运用，才能有效地分析和解决实际问题。在社会现实中，根本不存在用马克思主义的某一个基本原理就可以解决一个实际问题的情况。

最后，一条马克思主义的基本原理，不仅可以用于分析和解决某一个实际问题，而且可以用于分析和解决许多实际问题。唯物辩证法中的很多基本理论和基本方法，如对立统一规律和矛盾分析法，质量互变规律和适度原则的方法，否定之否定规律和辩证否定的方法，"两点论"和"重点论"相结合的方法，一般号召和个别指导相结合的方法，具体问题具体分析的方法，逻辑和历史相统一的方法，在研究和解决许多实际问题的过程中都必须应用，离开这些理论和方法，任何实际问题都难以分析清楚和有效解决。

防止对马克思主义经典著作的误读误解

恩格斯在《资本论》第3卷的序言中，针对当时一些资产阶级经济学家对马克思的平均利润率规律理论的歪曲，说了下面一段话："一个人如果想研究科学问题，首先要学会按照作者写的原样去阅读自己要加以利用的著作，并且首先不要阅读出原著中没有的东西。"①恩格斯在其晚年的书信中，针对巴尔特等年轻学者对历史唯物主义基本原理的歪曲，多次讲到要根据马克思和他的《关于费尔巴哈的提纲》《路易·波拿巴的雾月十八日》《资本论》《反杜林论》《路德维希·费尔巴哈和德国古典哲学的终结》等原著，来研究他们创立的历史唯物主义，而不要根据第二手材料来进行研究。我们应该把恩格斯这些话看做研究马克思主义经典著作必须遵循的重要原则和方法，须臾不可背离，切忌使马克思主义变味和走样。那么，究竟如何阅读和研究马克思主义经典著作，才能准确地理解其原意，避免对其误读和误解呢？

---

① 《马克思恩格斯全集》第46卷，人民出版社2003年版，第26页。

第一，要根据马克思主义经典作家当时所处的历史背景和历史条件来解读他们原著中的思想，而不要根据后来变化了的历史背景和历史条件、用后来的实践及其需要来解读。例如，马克思、恩格斯一向认为，在从资本主义社会到社会主义社会的过渡时期应该坚持无产阶级专政，或者说过渡时期的国家是无产阶级专政，社会主义社会消灭了一切阶级和阶级差别，是无阶级社会，这时的国家已经失去政治职能和阶级压迫工具的性质，只具有社会管理职能。马克思在《哥达纲领批判》中把这样的国家称为"未来共产主义社会的国家制度"①，列宁在《国家与革命》中把这样的国家称为"非政治国家""没有资产阶级"的"资产阶级国家"②。列宁为什么把马克思说的"未来共产主义社会的国家制度"称为"非政治国家"和"没有资产阶级"的"资产阶级国家"呢？这是因为列宁认为，资产阶级专政的国家和无产阶级专政的国家，都具有政治性质和阶级压迫工具职能，所以它们都属于"政治国家"；在共产主义社会第一阶段即社会主义社会，阶级没有了，资本家没有了，也就没有什么阶级可以镇压了，但仍然需要国家来保护生产资料公有制和仍然存在着形式上平等事实上不平等的"资产阶级权利"的"按劳分配"制度，这样的国家已经不具有政治性质和阶级压迫工具职能，只具有社会管理职能，相对于"政治国家"而言，它就是"非政治国家"和"没有资产阶级"的"资产阶级国家"。我国目前还处在并将长期处在

---

① 《马克思恩格斯文集》第3卷，人民出版社2009年版，第445页。
② 《列宁全集》第31卷，人民出版社1985年版，第91页。

社会主义初级阶段，阶级斗争还将在一定范围内长期存在，国内外都还存在反对我国社会主义事业的敌对分子和敌对势力，因此我们还应该坚持人民民主专政即无产阶级专政。有些人用我国现在所处的历史背景和历史条件以及实践的需要来解读马克思、恩格斯的著作，认为马克思、恩格斯也主张在社会主义社会还要坚持无产阶级专政，并把马克思在《哥达纲领批判》中所说的"未来共产主义社会的国家制度"、列宁在《国家与革命》中所说的"非政治国家"和"没有资产阶级"的"资产阶级国家"，解释成为无产阶级专政性质的国家。这就违背了马克思、恩格斯、列宁的原意。认为马克思、恩格斯、列宁主张在社会主义社会仍然需要坚持无产阶级专政这种说法，在重要的报刊杂志上，在一些最重要的马克思主义教材和党政干部读本中，甚至在一些重要的文件中，仍然经常出现。事实上，我们在马克思、恩格斯、列宁的全部著作中，决然找不到他们认为在社会主义社会还要坚持无产阶级专政的论述。

第二，要系统地阅读马克思主义经典作家的著作，把他们不同时期著作中的思想有机地联系起来加以思考，而不要只读他们某一时期的某些著作，或把他们在不同时期的著作中的观点割裂开来甚至对立起来。国内外学术理论界都有人制造所谓的"两个马克思"，把青年马克思和老年马克思的思想对立起来，究其认识论上的原因，就在于他们没有系统地阅读马克思、恩格斯的著作，没有把马克思、恩格斯不同时期的著作联贯起来加以思考，没有看到这些著作之间的内在的有机联系。例如，有些人由于只读了马克思、恩格斯晚年论述俄国农村公社有可能"不通过资本主义制度的卡夫丁峡谷"而直接实现社会主义这一观点的论著，而没有阅读他们早年的有关著作，于是认为马克思早年认为一切国家和民族不论其具体情况如何，都注定要走上资本主义发展道路，到了晚年才认为有些国家和民族可以避免资本主义前途，有可能"不通过资本主义制度的卡夫丁峡谷"而直接实现社会主义。事实上，在马克思、恩格斯早年和中年的著作中，如《德意志意识形态》《共产主义原理》《共产党宣言》《中国革命和欧洲革命》《资本论》等著作中，已经孕育了关于相当多的国家和民族有可能"不通过资本主义制度的卡夫丁峡谷"的思想。他们晚年提出俄国农村公社有可能"不通过资本主义制度的卡夫丁峡谷"直接实现社会主义的设想，并不是一时心血来潮、突发奇想，而是他们以前思想合乎逻辑的继续、深化和发展，是在特定的历史条件下，把以前蕴含在头脑深处的思想直接地、明确地表达出来，前后一贯，并没有什么矛盾。下面我们作些具体分析。

马克思、恩格斯在《德意志意识形态》中指出："大工业发达的国家也影响着那些或多或少是非工业性质的国家，因为那些国家由于世界交往而被卷入普遍竞争的斗争中。"[①]又指出："按照我们的观点，一切历史冲突都根源于生产力和交往形式之间的矛盾。此外，不一定非要等到这种矛盾在某一国家发展到极端尖锐的地步，才导致这个国家内发生冲突。由于广泛的国际交往所引起的同工业比较发达的国家的竞争，就足以使工业比较不发达的国家内产生类似的矛盾。"他们特意举例说："英国工业的竞争

---

① 《马克思恩格斯文集》第1卷，人民出版社2009年版，第567页。

使德国潜在的无产阶级显露出来了。"①恩格斯在《共产主义原理》第十九个问题中也指出：英国、美国、法国、德国的共产主义革命"也会大大影响世界上其他国家，会完全改变并大大加速它们原来的发展进程。它是世界性的革命，所以将有世界性的活动场所"②。这些论述都说明，在历史进入"世界历史"以后，由于普遍性的世界交往和无产阶级作为"世界历史性的存在"，只要发达资本主义国家的无产阶级革命取得了胜利，就可以大大改变前资本主义国家或"非工业国家"的历史发展进程，使它们不必再经过"资本主义制度的卡夫丁峡谷"，而直接进入共产主义新社会，这实际上就是前资本主义国家有可能"不通过资本主义制度的卡夫丁峡谷"直接实现社会主义的思想。

第三，要用发展的观点阅读和理解马克思主义经典著作，而不要把他们某一时期著作中的思想凝固化、教条化，看作一经提出就不再变化的永恒真理。马克思主义是发展着的理论，在马克思、恩格斯不同时期的著作中，由于历史条件的变化和个人认识上的变化，对同一问题的论述可能有差别。任何理论都有历史局限性和时代局限性，马克思、恩格斯的理论也不例外，问题在于能不能通过自我反省、自我批判，克服这种局限性。马克思、恩格斯的可贵之处，不仅在于他们敢于对黑暗的现实和各种错误理论进行无情的批判，而且还在于他们勇于自我反省、自我批判、自我革命，不断克服自己理论的局限性，不断为自己的理论开辟

---

① 《马克思恩格斯文集》第1卷，人民出版社2009年版，第567—568页。

② 《马克思恩格斯文集》第1卷，人民出版社2009年版，第687页。

新境界，把自己的理论推向前进。例如，马克思、恩格斯在1848年革命时期和1871年巴黎公社时期，都认为只要通过一次突然的革命袭击，就可以推翻资本主义制度，进入社会主义新社会。但是，历史事实证明他们把资本主义寿命估计得过短的想法是不符合历史实际的。后来他们逐渐纠正了自己的这种不正确的看法。

例如，马克思在1849—1850年写的《1848年至1850年的法兰西阶级斗争》这篇长文中，在总结欧洲1848年革命失败的根本原因时讲到，虽然英国在1847年爆发了大规模的商业危机，欧洲大陆因受这次危机影响导致政治纠纷尖锐化并转变为1848年二月和三月的革命，但是1849年来临的势头更加凶猛的工商业繁荣遏制了革命高潮，并使反动派取得了胜利。从1849年，特别是1850年起，法国也出现了工商业繁荣的征兆。西班牙广泛进行关税改革和墨西哥降低各种奢侈品的关税，也大大促进了法国的繁荣和发展。马克思指出："在这种普遍繁荣的情况下，即在资产阶级社会的生产力正以在整个资产阶级关系范围内所能达到的速度蓬勃发展的时候，也就谈不到什么真正的革命。只有在现代生产力和资产阶级生产方式这两个要素互相矛盾的时候，这种革命才有可能。"马克思是说，欧洲大陆发生的1848年革命还不是"真正的革命"。马克思还认为，当时资产阶级社会关系的基础还相当巩固，"一切想阻止资产阶级发展的反动企图都会像民主派的一切道义上的愤懑和热情的宣言一样，必然会被这个基础碰得粉碎"①。就是说，封建势力妄图阻止资产阶级发展的反动企图，是

---

① 《马克思恩格斯文集》第2卷，人民出版社2009年版，第176页。

必然要失败的。马克思看到了当时资本主义的社会关系还相当巩固，看到了无产阶级社会主义革命的条件尚不成熟，看到了封建势力阻止资产阶级发展的反动企图必遭失败。1857年又爆发了席卷欧美的世界性经济危机，马克思希望这次危机能引发无产阶级革命，推翻资产阶级的统治。但是，出乎马克思的预料，直到1859年1月马克思写作《〈政治经济学批判〉序言》的时候，欧洲仍然没有爆发无产阶级革命，马克思、恩格斯对革命的预期没有变成现实，这使马克思、恩格斯更加冷静地看待经济危机与无产阶级革命的形势以及二者之间的关系。他在《〈政治经济学批判〉序言》中概括了生产力决定生产关系、经济基础决定上层建筑、社会存在决定社会意识以及社会革命的根源等历史唯物主义基本原理之后说："无论哪一个社会形态，在它所能容纳的全部生产力发挥出来以前，是决不会灭亡的；而新的更高的生产关系，在它的物质存在条件在旧社会的胎胞里成熟以前，是决不会出现的。"[①]这段精辟的论述理论界称之为"两个决不会"原理。这个原理显然是自觉地反思和克服他和恩格斯以前对革命形势和革命后果的估计过于乐观、把资本主义的寿命估计过短的认识的局限性和缺陷。恩格斯在逝世前夕即1895年2、3月间为马克思的《1848年至1850年的法兰西阶级斗争》一文写的导言中，总结了1848年和1871年革命的经验教训，坦率地承认他们认为1848年、1871年企图通过一次简单的突然袭击就能取得革命胜利的思想是"错了"，是"不对的"，是"一个幻想"，是"一种迷雾"，

---

① 《马克思恩格斯文集》第2卷，人民出版社2009年版，第592页。

是"不可能的事情"、是"没有什么成果的"①。马克思、恩格斯正是通过自我反省、自我批判、自我革命，逐步全面地认识资本主义的发展规律，既看到了资本主义的种种弊端和自身不能克服的矛盾，又肯定其推动生产力发展和社会进步的积极作用，看到其当时还有生命力和扩张能力，从而不断调整对资本主义寿命的认识，科学地把握资本主义的历史命运，适时地调整无产阶级斗争的战略和策略。只有把《共产党宣言》中提出的"两个不可避免"的论述，与马克思、恩格斯的《共产党宣言》以后的这些著作中的有关论述联系起来加以思考，才能对"两个不可避免"的思想有全面正确的理解。

第四，要对不同的马克思主义经典作家的著作进行比较研究，既看到他们思想之间相同的一面，又看到他们思想之间的差别，把这些有差别的思想看作互相补充而不是互相排斥的，更不要把他们的思想割裂开来、对立起来。国内外有些学者之所以制造"马恩对立论"，就是因为没有做到这一点。例如，我国理论界有人认为，马克思主张"人与自然的统一"，恩格斯主张"人与自然的对立"，马克思和恩格斯在人与自然的关系问题上的思想是对立的。这完全不符合事实。在马克思、恩格斯合著的《德意志意识形态》中，就共同批判了包括费尔巴哈在内的青年黑格尔派主张"自然和历史的对立"的历史唯心主义观点，强调"历史的自然和自然的历史"的结合与统一②。恩格斯在晚年写的《自

---

① 《马克思恩格斯文集》第4卷，人民出版社2009年版，第538—542页。
② 《马克思恩格斯文集》第1卷，人民出版社2009年版，第529页。

然辩证法》手稿中，对人与自然、社会与自然、人类史与自然史的统一作了精辟的论述。他指出：随着人们对自然界发展规律认识的深入和有效利用，"人们就越是不仅再次地感觉到，而且也认识到自身和自然界的一体性，而那种关于精神和物质、人类和自然、灵魂和肉体之间的对立的荒谬的、反自然的观点，也就越不可能成立了"①。恩格斯确凿无疑地谴责了"人类和自然对立"的荒谬观点，那种认为恩格斯主张"自然和人类社会二元对立"的观点完全是对恩格斯思想的误解，甚至是无中生有、恶意歪曲。

又如，有人认为恩格斯否定俄国农村公社"不通过资本主义制度的卡夫丁峡谷"直接实现社会主义的可能性，马克思则十分强调这种可能性。他们在这个问题上的思想是对立的。这也是一种误解。恩格斯分析俄国社会发展道路和前途的根本方法，是抓住俄国农村公社自身的消极性和被动性，他反复强调一个思想，即俄国农村公社是原始的、落后的，从它自身不能长出社会主义。因此无论俄国农村公社和俄国社会走向资本主义还是走向社会主义，其根据都不在公社本身，而在于它所处的历史条件，即国际环境。在1853年至1856年进行的克里木战争以后，在这种既成的历史条件下，俄国除了走向资本主义道路，没有别的选择可言。既然俄国农村公社和俄国社会是消极的、被动的，其发展的前途和道路不取决于它自身，而取决于既成的国际环境，那么这一既成的国际环境一旦发生变化，它就可能获得另外一种发展方向。这样俄国发展资本主义道路的现实性和俄国农村公社"不

①《马克思恩格斯文集》第9卷，人民出版社2009年版，第560页。

通过资本主义制度的卡夫丁峡谷"直接实现社会主义的可能性这两种看法，就并存于恩格斯的思想中，而俄国农村公社和俄国社会发展前途到底如何，取决于国际环境的变化。恩格斯在1874—1875年写的《论俄国的社会问题》一文中指出："俄国的公社所有制早已度过了它的繁荣时代，看样子正在趋于解体。但是也不可否认有可能使这一社会形式转变为高级形式，只要它能够保留到条件已经成熟到可以这样做的时候，只要它显示出能够在农民不再是单独而是集体耕作的方式下向前发展；就是说，有可能实现这种向高级形式的过渡，而俄国农民无须经过资产阶级的小块土地所有制的中间阶段。然而这只有在下述情况下才会发生，即西欧在这种公社所有制彻底解体以前就胜利地完成无产阶级革命并给俄国农民提供实现这种过渡的必要条件，特别是提供在整个农业制度中实行必然与此相联系的变革所必需的物质条件。"① 恩格斯这里虽然没有使用"不通过资本主义制度的卡夫丁峡谷"这个术语，却十分清楚地表达了这个思想。正因为恩格斯和马克思在这个问题上的观点是基本一致的，所以他们才在1882年合写的《共产党宣言》俄文第二版序言中共同提出了这个思想。可见恩格斯不仅根本没有否认俄国农村公社"不通过资本主义制度的卡夫丁峡谷"直接实现社会主义的可能性，而且早于马克思提出了这个思想。就是说，恩格斯是在1874—1875年写的《论俄国的社会问题》中就提出了这个思想的，而马克思是在1877年写的《给〈祖国纪事〉杂志编辑部的信》中才提出这个思想的。断言

---

① 《马克思恩格斯文集》第3卷，人民出版社2009年版，第398—399页。

恩格斯一向否认俄国农村公社"不通过资本主义制度的卡夫丁峡谷"直接实现社会主义的可能性，是没有根据的。恩格斯在19世纪90年代初认为俄国农村公社已经丧失了"不通过资本主义制度的卡夫丁峡谷"直接实现社会主义的大好时机，那是因为俄国公社正在解体，俄国大踏步地走上了资本主义发展道路，国际环境也发生了变化。可以设想，如果马克思晚逝世十几年的话，按照马克思思想发展的内在逻辑推断，他也会得出与恩格斯完全相同的结论的。

第五，马克思主义经典著作对任何问题的论述都是全面的，毫无片面性的弊端。要全面理解马克思主义经典著作的思想，力戒片面性。但在学术理论界，有些人对马克思主义经典著作的理解经常出现片面性的毛病，只见树木不见森林，一叶障目不见泰山，抓住一点不及其余。例如马克思在《资本论》及其手稿中，既淋漓尽致地批判了资本主义制度的罪恶和阻碍生产力发展与社会进步的消极作用，又肯定了"资本的伟大文明作用"和推动生产力发展与社会进步的积极作用。我国理论界有些人却只看到马克思对资本主义的罪恶和消极作用的批判，看不到或忽视马克思对资本主义积极作用的充分肯定，在我国改革开放的过程中，每一项重大改革措施的出台，都有人首先要问姓"社"还是姓"资"，得了"恐资症"。事实上，马克思从促进生产力的发展、为未来社会创造物质技术条件、创造更多的自由活动时间、为建设未来新社会锻造全面发展的高素质人才，促进新社会因素的产生、孕育和形成未来社会主义的生产关系因素诸多方面，论述了"资本的伟大文明作用"。简言之，对资本的社会作用作了全面的论述。就目前世界范围来看，不仅在资本主义国家，资本仍然既发挥着消极作用，也发挥着积极作用。在我国，资本依然存在，并在经济和社会发展中发挥了一定的积极作用，在某种程度上可以说，我国是在利用资本的积极作用为社会主义的发展奠定物质技术基础，为巩固和发展中国特色社会主义服务。

再如，马克思总是从历史尺度和价值尺度这两个尺度的结合上对社会制度、历史事件和历史人物进行历史评价的。所谓历史尺度，是指评价一种社会制度和社会现象，以是否符合历史发展的必然性和客观规律性，是否能够满足全人类的利益、符合全人类的愿望和要求、有利于全人类的发展为标准。它有两个基本要求：一是对任何社会制度和社会现象，都应该从其发生、发展的整个过程来看待，而不应该从静止不变的状况来考察；二是对任何社会制度和社会现象，都应该从其所处历史时代的总的情况加以考察，而不应该仅仅用当下的条件和标准去衡量。从历史尺度出发，我们就要历史地看问题，把一切社会制度和社会现象都放在一定的历史范围中，从社会制度和社会现象的具体的历史条件出发，辩证地分析、研究、评价。所谓价值尺度，是指判断社会制度和社会现象的价值的有无、性质、大小的标尺和根据。价值尺度由历史评价主体的利益追求、需要结构、发展程度、社会关系等所决定，它随着历史评价主体实践活动和社会生活的变化而变化。历史评价的价值尺度具有鲜明的主体性，不同历史评价主体有不同的价值尺度。

读原著贵在品出原汁原味

习近平总书记指出，党的各级领导干部特别是高级干部要原原本本学习和研读经典著作，努力把马克思主义哲学作为自己的看家本领。重视学习马克思主义经典著作，是我们党的优良传统。新形势下，领导干部怎样把这一优良传统继承好、发扬好，不断提高自己的看家本领？一个基本原则就是，品出马克思主义经典著作的原汁原味，准确理解其原意。只有这样，才能运用马克思主义的立场观点方法去认识社会、分析问题、推动工作。品出马克思主义经典著作的原汁原味，应重视以下几个方面。

根据马克思主义经典作家当时所处的历史背景和历史条件来解读他们原著中的思想，而不能根据后来变化了的实践及其需要来解读。例如，马克思、恩格斯曾经设想，从资本主义社会到社会主义社会的过渡时期应坚持无产阶级专政；社会主义社会消灭了一切阶级和阶级差别，是无阶级社会。我们党的党章指出，"我国正处于并将长期处于社会主义初级阶段""由于国内的因素和国际的影响，阶级斗争还在一定范围内长期存在，在某种条件下还有可能激化，但已经不是主要矛盾"，这就决定了在我国社会主义条件下仍要坚持人民民主专政即无产阶级专政。这同马克思、恩格斯当年的设想出现了差异。有些人为了解决这个问题，就想办法论证马克思、恩格斯主张在社会主义社会还要坚持无产阶级专政。这就违背了马克思、恩格斯的原意，看似在维护马克思、恩格斯的思想，实际上是拘泥于他们在特定历史时期提出的个别观点，没有认识到马克思主义是随着社会实践发展而不断发展的科学理论体系。

系统阅读马克思主义经典作家的著作，将其思想有机联系起来思考，而不能将其在不同时期的著作割裂开来甚至对立起来。长期以来，一些人提出所谓"两个马克思"的观点，即把青年马克思和老年马克思的思想对立起来。例如，有人读了马克思、恩格斯晚年论述俄国农村公社"有可能不通过资本主义制度的卡夫丁峡谷"而直接实现社会主义的论著，就武断地推论马克思早年认为一切国家和民族都注定要走上资本主义发展道路，到了晚年才发生转变。事实上，在他们早、中年的《德意志意识形态》《共产党宣言》《资本论》等著作中，就孕育了相当多的关于一些国家和民族"有可能不通过资本主义制度的卡夫丁峡谷"的思想。马克思、恩格斯晚年提出俄国农村公社"有可能不通过资本主义制度的卡夫丁峡谷"而直接实现社会主义的设想，是对其以前思想的深化和发展。马克思主义理论体系博大精深，领导干部只有下大气力才能掌握其真谛，做到学以致用、用以促学、学用相长。

用发展的观点理解马克思主义经典著作，而不能把他们某一时期著作中的思想凝固化、教条化，看作是一经提出就不再变化的永恒真理。在马克思、恩格斯不同时期的著作中，由于历史条件和个人认识等原因，对同一问题的论述可能会有所差别。例如，马克思、恩格斯在1848年革命时期和1871年巴黎公社时期，均认为只要通过一次突然的革命袭击就可推翻资本主义制度，进入社会主义新社会。但事实证明，他们把资本主义寿命估计得过短的想法不符合实际。后来，他们在著作中纠正了这种看法，承认其试图通过一次简单的突然袭击就能取得革命胜利的思想是"一个幻想"。正是通过自我反省和自我批判，马克思、恩格斯逐步全面地认识资本主义发展规律，既看到资本主义的弊端及其自身不能克服的矛盾，又肯定其推动生产力发展的积极作用，从而适时调整无产阶级斗争的战略和策略。习近平总书记强调，"今天，时代变化和我国发展的广度和深度远远超出了马克思主义经典作家当时的想象"[1]。随着党和国家事业的深入发展，新情况新问题层出不穷，尤其需要在党中央的坚强领导下，坚持解放思想、实事求是，在实践中大胆探索，在理论上不断突破，继续推进马克思主义中国化、时代化、大众化，继续发展二十一世纪马克思主义、当代中国马克思主义。

---

① 《习近平谈治国理政》第二卷，人民出版社2017年版，第34页。

从"两个必然"到"两个决不会"

　　恩格斯晚年针对当时一些人对马克思主义的教条主义理解，反复强调他和马克思的理论是发展着的理论，而不是一经形成就永不改变的僵死的教条。在1886年12月28日致美国社会主义者弗洛伦斯·凯利－威士涅威茨基夫人的信中，恩格斯指出："我们的理论是发展着的理论，而不是必须背得烂熟并机械地加以重复的教条。""我们的理论不是教条，而是对包含着一连串互相衔接的阶段的发展过程的阐明。"①恩格斯在评论法国社会主义者加布里埃尔·杰维尔写的《卡尔·马克思的〈资本论〉》一书时精辟地说明了这个道理。他在1893年6月6日致菲力浦·屠拉梯的信中指出："杰维尔在许多地方把马克思的个别论点绝对化了，而马克思提出这些论点时，只是把它们看作相对的，只有在一定条件下和一定的范围内才是正确的。"②众所周知，《资本论》是马

---

① 《马克思恩格斯全集》第36卷，人民出版社1975年版，第576页。
② 《马克思恩格斯全集》第39卷，人民出版社1975年版，第79—80页。

克思用毕生精力写成的一部最为成熟的理论著作。就是对于这部著作中的理论观点，恩格斯也认为不能把它们绝对化，而应该把它们看作是相对的。这充分说明，在恩格斯看来，任何理论都是时代的产物，都具有时代的特点，因而也具有时代的局限性。马克思、恩格斯是与时俱进的典范，他们总是根据时代和实践的变化、社会的发展、科技的进步反思自己提出的理论，克服自己理论的时代局限性、历史局限性和自己认识的局限性，不断开辟自己理论的新境界，把自己的理论向前推进。下面我们通过对马克思、恩格斯关于资本主义发展规律认识上的发展变化，具体说明马克思主义是发展着的理论。

"两个决不会"原理的孕育和提出

1848年2月发表的《共产党宣言》是标志马克思主义公开问世的著作。在这部著作中，马克思、恩格斯精辟地概括了资本主义必然灭亡、社会主义必然胜利的客观规律，向全世界宣告"资产阶级的灭亡和无产阶级的胜利是同样不可避免的"。这就是著名的"两个必然"或"两个不可避免"的原理。但在当时，马克思、恩格斯尚未认识到社会主义代替资本主义将是一个长期的、曲折的历史过程，而是认为社会主义的胜利近在咫尺，很快就可以实现。在1848年欧洲革命刚刚过去的时候，马克思、恩格斯认为，欧洲革命很快又会爆发。马克思在1849年6月7日致恩格斯的信中说："巴黎是一片阴沉气氛。而且霍乱异常猖獗。尽管如此，革命的火山口的大爆发从来没有像现在的巴黎这样逼近。"① 当时马克思、恩格斯确实把资本主义的寿命估计得过于短暂了，对无产阶级革命的胜利看得过于容易、过于乐观了。但是，他们的思想并不是凝固不变的，他们总是不断地在自我批判中把自己的理论推向前进。随着资本主义制度的自我完善和自我调节功能的增强，他们对资本主义发展规律的认识也不断深化，不断改变对资本主义寿命的看法，修正自己对资本主义寿命估计过短的历史局限性和认识局限性。其在理论上的重要表现，就是马克思在1859年提出的作为对"两个必然"原理的补充和深化的"两个决不会"原理。

还在1848年革命以前，马克思1844年初在《德法年鉴》上发表的《〈黑格尔法哲学批判〉导言》，马克思、恩格斯在1845—1846年合写的《德意志意识形态》，马克思在1847年7月发表的《哲学的贫困》，马克思在1847年10月写的《道德化的批评和批评化的道德》等论著中，就已经孕育了"两个决不会"原理。例如，马克思在《道德化的批评和批评化的道德》一文中指出："当使资产阶级生产方式必然消灭、从而也使资产阶级的政治统治必然颠覆的物质条件尚未在历史进程中、尚未在历史的'运动'中形成以前，即使无产阶级推翻了资产阶级的政治统治，它的胜利也只能是暂时的。"② 马克思还强调了物质条件对无产阶级解放归根结底起决定作用，不能离开建立新社会的物质条件，片面强调思想和意志的作用。他说，"如果资产阶级实行阶

① 《马克思恩格斯全集》第27卷，人民出版社1972年版，第154页。
② 《马克思恩格斯全集》第4卷，人民出版社1958年版，第331—332页。

级统治的经济条件没有充分成熟，要推翻君主专制也只能是暂时的"，同样，"人们为自己建造新世界，不是如粗俗之徒的成见所臆断的靠'地上的财富'，而是靠他们垂死的世界上所有的历来自己创制的产业。他们在自己的发展进程中首先必须创造新社会的物质条件，任何强大的思想或意志力量都不能使他们摆脱这个命运"①。

1848年欧洲革命失败以后，英、法等国的资本主义出现了普遍繁荣的景象。鉴于这种情况，马克思在1850年年底写成的总结1848年革命经验的长文《1848年至1850年的法兰西阶级斗争》中指出："在这种普遍繁荣的情况下，即在资产阶级社会的生产力正以在资产阶级关系范围内一般可能的速度蓬勃发展的时候，还谈不到什么真正的革命。只有在现代生产力和资产阶级生产方式这两个要素互相矛盾的时候，这种革命才有可能。"马克思还认为，当时资产阶级社会关系的基础还相当巩固，腐朽没落的封建主阶级阻止资本主义发展的企图必定会失败。他说："一切想阻止资本主义发展的反动企图都会象民主主义者们的一切道义上的愤懑和热情的宣言一样，必然会被这个基础碰得粉碎。"②这段话说明，马克思认为，在欧洲，1848年推翻资产阶级的无产阶级革命的条件尚未成熟，1848年革命还不是"真正的革命"。虽然如此，马克思对革命并没有丧失信心。他说："新的革命，只有在新的危机之后才有可能。但是新的革命的来

---

① 《马克思恩格斯全集》第4卷，人民出版社1958年版，第332页。
② 《马克思恩格斯全集》第7卷，人民出版社1959年版，第114页。

临象新的危机的来临一样是不可避免的。"①在这里，我们看到了马克思思想上的一个内在矛盾：他一方面看到资产阶级生产关系还适应生产力的发展，认为无产阶级革命只有在现代生产力和资产阶级生产方式这两个要素尖锐矛盾的时候才能发生；另一方面他又急切地希望这个矛盾尽快地尖锐化，希望新的危机尽快来临，希望新的革命早日发生并取得胜利。这是作为无产阶级革命家的主观愿望与无产阶级革命的客观条件尚未成熟之间的矛盾。

这个矛盾，此后在马克思思想的发展过程中不断地表现出来。1857年爆发了席卷欧美的世界性经济危机。马克思当时正在撰写《1857—1858年经济学手稿》。他在与恩格斯和拉萨尔等人关于撰写这个手稿的通信中，也表现出对这次危机的估计过于严重和对其后果的预想过于乐观的心理和情绪。马克思说："我现在发狂似地通宵总结我的经济学研究，为的是在洪水之前至少把一些基本问题搞清楚。"②"我预感到，在我进行了十五年研究工作以后的今天，当我能够动笔的时候，也许会受到外部暴风雨般的运动的干扰。这没有关系。如果我完成得太晚，以致世界不再关心这类东西，那显然是我自己的过错。""总的说来，目前是一个不坏的时期，历史显然将会出现新的起点，到处可以看到土崩瓦解征兆，这使一切不愿意保持现状的人感到欣欣鼓舞。"③出乎马克思的意料，直到1859年1月马克思写作《〈政治经济学批判〉

① 《马克思恩格斯全集》第7卷，人民出版社1959年版，第114页。
② 《马克思恩格斯文集》第10卷，人民出版社2009年版，第140页。
③ 《马克思恩格斯全集》第29卷，人民出版社1972年版，第541页。

从『两个必然』到『两个决不会』/

序言》的时候，欧洲仍然没有爆发无产阶级革命。马克思对革命的预期没有变成现实，这促使马克思更加冷静地看待经济危机与无产阶级革命的形势以及二者之间的关系，提出了著名的"两个决不会"原理，即"无论哪一个社会形态，在它所能容纳的全部生产力发挥出来以前，是决不会灭亡的；而新的更高的生产关系，在它的物质存在条件在旧社会的胎胞里成熟以前，是决不会出现的"①。这段精辟的论述标志着"两个决不会"原理的形成。马克思的"两个决不会"原理，显然是自觉地反思和克服他和恩格斯以前对革命形势和革命后果估计过于乐观，把资本主义的寿命估计过短的认识的局限性和缺陷。"两个决不会"原理的科学论断说明，一种生产关系的消灭，另一种生产关系的产生，都是以生产力发展的一定程度为基础的。一种生产关系，当它还能容纳一定生产力从而还能促进生产力向前发展的时候，是决不会灭亡的；即使人为地把它"消灭"了，它也还会以各种形式顽强地"复活"。一种新的生产关系在没有具备一定程度的生产力发展水平以前，是建立不起来的；即使在某种情况下人为地把它强行建立起来，也是不巩固的，难以持久存在下去。如果政治上层建筑强制地维护这种超越生产力发展水平的生产关系，必然会造成生产力的停滞、倒退和破坏，付出惨痛的代价。这是苏联、东欧各国和中国改革开放以前的社会主义实践已经无情地证明了的客观真理。

---

① 《马克思恩格斯文集》第2卷，人民出版社2009年版，第592页。

"两个决不会"原理的深化和发展

在《〈政治经济学批判〉序言》中提出"两个决不会"原理以后，马克思、恩格斯在思想上有时还表现出类似19世纪40年代末和50年代形成"两个决不会"原理以前那样的矛盾。例如，马克思在《资本论》中一方面看到，自1867年最近一次的普遍的经济危机以来，经济发展已经发生了巨大的变化。由于交通工具的惊人发展，第一次真正地形成了世界市场。除了以前垄断工业的英国，现在又出现了一系列同它竞争的工业国家；欧洲的过剩资本，在世界各地开辟了无限广阔和多种多样的投资领域，所以资本比以前分散得更加广泛，并且地方性的过度投机也比较容易克服了。由于这一切，以前的危机策源地和造成危机的机会，多数已经消除或大大削弱。这就是说，资本主义还有发展的余地。同时，另一方面，马克思又认为，"资本的垄断成了与这种垄断一起并在这种垄断之下繁盛起来的生产方式的桎梏。生产资料的集中和劳动的社会化，达到了同它的资本主义外壳不能相容的地步。这个外壳就要炸毁了。资本主义私有制的丧钟就要响了。剥夺者就要被剥夺了"[1]。但是，从"两个决不会"原理形成以后，从马克思、恩格斯思想演变的基本趋势和内在逻辑来看，是以这个历史唯物主义基本原理为指导，结合资本主义的新变化和工人运动的实际情况，深入探讨资本主义的发展规律，客观地估计革命的形势及其变化，指导工人阶级采取符合当时当地实际的战略

---

① 《马克思恩格斯文集》第5卷，人民出版社2009年版，第874页。

和策略，进行反对资产阶级统治的斗争，引导工人阶级力戒在条件不成熟的情况下盲目地进行起义和武装暴动，防止因自己的盲目行动为资产阶级提供镇压工人运动的机会和借口，积蓄、保护、发展、壮大工人阶级的力量，以便在革命条件成熟时与资产阶级进行决定性的战斗。

　　恩格斯在1874—1875年写的《论俄国的社会问题》中，批判俄国民粹派理论家特卡乔夫关于认为俄国既没有城市资产阶级，也没有城市无产阶级，所以比西欧实现无产阶级社会主义革命要容易得多的荒谬观点时指出："现代社会主义力图实现的变革，简言之就是无产阶级战胜资产阶级，以及通过消灭一切阶级差别来建立新的社会组织。为此不但需要有实现这个变革的无产阶级，而且还需要有使生产力发展到能够彻底消灭阶级差别的资产阶级。"恩格斯以为，"只有在社会生产力发展到一定程度，发展到甚至对我们现代条件来说也是很高的程度，才有可能把生产提高到这样的水平，以致使得阶级差别的消除成为真正的进步，使得这种消除可以持续下去，并且不致在社会的生产方式中引起停滞甚至倒退。但是生产力只有在资产阶级手中才达到了这样的发展程度。可见，就是从这一方面来说，资产阶级正如无产阶级本身一样，也是社会主义革命的一个必要的先决条件。因此，谁竟然断言在一个虽然没有无产阶级然而也没有资产阶级的国家里更容易进行这种革命，那就只不过证明，他还需要学一学关于社会主义的初步知识"。①这就是说，恩格斯认为当时的生产力仍然没有

---

① 《马克思恩格斯文集》第3卷，人民出版社2009年版，第389—390页。

发展到能够消灭阶级差别、建立社会主义新制度的程度。如果在这样的条件下，人为地去强行消灭阶级差别，并不是"真正的进步"，也不可能"持续下去"，而且会引起生产力的"停滞甚至倒退"。

马克思在1879年4月10日致俄国民粹派理论家、《资本论》俄文版的译者尼·弗·丹尼尔逊的信中指出："目前形势（指1873年的世界经济危机，这次危机的主要中心是美国和德国。19世纪70年代末，危机扩展到英国——引者注）的特点之一是，正如您所知道的，在苏格兰以及在英格兰的一些郡，主要是西部各郡（康沃尔和威尔士），出现了银行倒闭。然而货币市场的真正中心（不仅是联合王国的，而且是世界的）伦敦直到现在仅仅受到些微的影响。除了少数例外，那些大股份银行，如英格兰银行，至今还只是从普遍停滞中获取利润。"①马克思认为，这种现象是前所未有的，需要认真研究。他说："不论这次危机可能怎样发展——仔细观察这次危机，对资本主义生产的研究者和职业理论家来说当然是极其重要的——，它总会像以前的各次危机一样地过去，并且会开始一个具有繁荣等等各个不同阶段的新的'工业周期'。"②我们知道，1873年的世界性经济危机，是相当严重的。但马克思当时已经认识到，即使是如此严重的经济危机，也尚不足以导致资本主义制度的灭亡。危机过去以后，资本主义还会出现新的繁荣，并且会周期性地、正常地运转。正是基于这种认识，马克思还嘲讽了"英国工商界的庸人们的极端绝望""害

① 《马克思恩格斯文集》第10卷，人民出版社2009年版，第431页。
② 《马克思恩格斯文集》第10卷，人民出版社2009年版，第433页。

147

怕再也看不到较好的日子""惶惶不可终日"的消沉情绪。①

  恩格斯在《英国工人阶级状况》1892年德文版序言中指出:"在本书中我把工业大危机的周期算成了五年。这个关于周期长短的结论,显然是从1825年到1842年间的事变进程中得出来的。但是1842年到1868年的工业历史证明,实际周期是十年,中间危机只具有次要的性质,而且在1842年以后日趋消失。"②恩格斯又说,1848年欧洲革命以后,"对英国来说,工业资本家的这种统治的影响一开始是惊人的。工商业重新活跃起来,并且飞快地发展,其速度甚至对这个现代工业的摇篮来说也是空前的。所有过去用蒸汽和机器获得的惊人成果,同1850年至1870年这20年间生产的巨大飞跃比起来,同输出与输入的巨大数字比起来,同积聚在资本家手中的财富以及集中在大城市里的人的劳动力的巨大数字比起来,就微不足道了。诚然,这个进步同以前一样被每十年一次的危机所中断:1857年有一次危机,1866年又有一次;但是这种危机的反复出现如今已被看成是一种自然的、不可避免的事情,这种事情是无法逃脱的遭遇,但最后总是又走上正轨"。③从恩格斯的论述可以看出,他这时已经认识到资本主义具有自我调节功能。经济危机虽然仍然是不可避免的,但它还不足以导致资本主义制度的灭亡,人们已经把经济危机看成自然而然的事情,掌握了克服危机的经验,危机的破坏力在减弱,危机以后资本主义的发展又会走向正轨。由此可以看出,恩格斯这时已

---

① 《马克思恩格斯文集》第10卷,人民出版社2009年版,第431页。
② 《马克思恩格斯文集》第1卷,人民出版社2009年版,第371页。
③ 《马克思恩格斯文集》第1卷,人民出版社2009年版,第374页。

经不仅不再把经济危机看作最终导致资本主义灭亡的因素，而且开始把它看作资本主义制度的自我调节机制。

恩格斯在逝世前夕，即1895年2月、3月间，为马克思的《1848年至1850年的法兰西阶级斗争》一文写了导言，总结了1848年和1871年革命的经验教训。在总结1848年革命的经验教训时恩格斯指出："历史表明我们也曾经错了，暴露出我们当时的看法只是一个幻想。历史走得更远：它不仅打破了我们当时的错误看法，并且还完全改变了无产阶级进行斗争的条件。1848年的斗争方法，今天在一切方面都已经过时了，这一点值得在这里比较仔细地加以讨论。"① 又指出："历史表明，我们以及所有和我们有同样想法的人，都是不对的。历史清楚地表明，当时欧洲大陆经济发展的状况还远没有成熟到可以铲除资本主义生产的程度；历史用经济革命证明了这一点，从1848年起经济革命席卷了整个欧洲大陆，在法国、奥地利、匈牙利、波兰以及最近在俄国刚刚真正确立了大工业，并且使德国简直就变成了一个头等工业国——这一切都是以资本主义为基础的，可见这个基础在1848年还有很大的扩展能力。"② "在1848年要以一次简单的突然袭击来实现社会改造，是多么不可能的事情。"③ 不仅1848年推翻资本主义是不可能的事情，就是到了1871年，推翻资本主义仍然是不可能的事情。恩格斯在总结1871年巴黎公社失败的经验教训时指出，1871年"工人阶级的这种统治还是多么不可能。一方面，法国让

① 《马克思恩格斯文集》第4卷，人民出版社2009年版，第538页。
② 《马克思恩格斯文集》第4卷，人民出版社2009年版，第540页。
③ 《马克思恩格斯文集》第4卷，人民出版社2009年版，第541页。

巴黎听天由命，无动于衷地观望着它在麦克马洪的炮弹下流血；另一方面，布朗基派（多数）和蒲鲁东派（少数）使公社本身发生分裂，这两派都不知道该干什么，彼此进行着无谓的斗争，使公社精力疲惫。1871年送上来的胜利，也和1848年的突然袭击一样，都没有什么成果"①。恩格斯的这些论述对我们很有启发，以下几点值得我们深思：（1）就客观条件而言，1848年至1871年的20多年间，资本主义的生产力获得了长足发展，原来比较落后的德国甚至成了一个头等工业国，资本主义大工业在很多国家还刚刚确立。这就是说，它在很多国家还是新生的，有很大的扩张能力，欧洲的经济发展状况还远没有成熟到可以铲除资本主义生产方式的程度。（2）就主观条件而言，当时尚未形成能够推翻资本主义制度、建立社会主义新制度的革命群众及其领导。当时工人运动的一些领导人如布朗基、蒲鲁东等，尚不知道如何进行革命以及革命胜利以后应该做些什么，而且内部进行无谓的斗争，消耗自己的力量。巴黎以外的工农大众不仅没有投身革命，而且在巴黎工人遭到残酷镇压和屠杀时袖手旁观、无动于衷。（3）随着历史条件的变化，工人阶级应该改变自己的斗争形式。在推翻资本主义的条件尚未成熟的时候，要准备与资产阶级做长期的、合法的斗争，而不能再像1848年和1871年那样，企图通过一次突然的暴力袭击就把资产阶级的统治推翻。（4）特别需要提及的是恩格斯的自我反省、自我批判精神，他公开承认1848年和1871年企图通过一次突然的暴力袭击就能取得胜利是"错了"，是

---

① 《马克思恩格斯文集》第4卷，人民出版社2009年版，第542页。

"不对的"，是"一个幻想"，是"一种迷雾"，是"不可能的事情"，是"没有什么成果的"。

马克思、恩格斯逝世一百多年了。在这一百多年间，资本主义虽然多次遭遇经济危机和衰退，但总的说来还是获得了发展，并且在第二次世界大战以后出现了较长的相对稳定的发展时期。最近十几年来资本主义发生的金融危机，虽然进一步暴露了资本主义制度的种种弊端，证明资本主义制度不像资产阶级理论家所说的那样完美无缺并将永世长存，但是也不能认为资本主义的金融危机会马上导致资本主义的灭亡和社会主义的胜利。马克思、恩格斯在早年把资本主义寿命估计过短的认识，确实与资本主义发展的客观历史进程存在着明显的反差。但如果以此为根据，得出马克思主义"过时"的结论，无疑是完全错误的，其认识根源在于没有掌握马克思、恩格斯对资本主义寿命的认识的历史演变的内在逻辑，没有正确把握马克思、恩格斯对资本主义本质特征的深刻剖析和对资本主义必然灭亡的规律的揭示。通过以上我们考察的"两个决不会"原理的孕育、形成和发展、深化的过程可以清楚地看出，马克思、恩格斯思想的历史演变的内在逻辑与资本主义发展的客观历史进程相比较，在总的趋势上是基本一致的。他们逝世以后资本主义发展的客观历史进程，不仅不是对他们关于资本主义寿命认识的证伪，反而是对它的证实。马克思、恩格斯对资本主义寿命长短的估计和对革命形势的判断，属于个别结论，"两个必然"和"两个决不会"则属于马克思主义的基本原理，我们决不应该用马克思、恩格斯某些个别判断的不准确，否定马克思主义基本原理的正确性。

"两个决不会"的理论意义和现实价值

"两个决不会"原理是马克思主义最重要的基本原理之一，在马克思主义理论体系中占有十分重要的地位。正确掌握和运用这一原理，具有重要的理论意义和现实意义。

正确掌握和运用"两个决不会"原理，有助于深化对社会历史发展规律的认识。社会历史的发展规律不是既成的、先定的，它的孕育、形成、存在和最终实现，是一个长期的、统一的、完整的过程，不能把这一完整的过程割裂开来。这就是说，任何一个社会形态的规律，只要它还没有最终实现，就不能说它已经完全形成和存在了。只要一个社会形态的规律还没有最终实现，这个社会形态的规律也就尚未最终形成。如一旦社会主义必然代替资本主义的规律最终实现了，即在全世界的范围内社会主义社会代替了资本主义社会，社会主义必然代替资本主义的规律也就退出了历史舞台，而让位于社会主义社会和共产主义社会的发展规律。我们对资本主义社会的发展规律的认识，到目前为止还远远没有完成，要随着资本主义社会的发展变化，不断深化对资本主义发展规律的认识。

正确掌握和运用"两个决不会"原理，有助于深刻理解马克思主义"与时俱进"的理论品质。通过对"两个决不会"原理的孕育、形成和深化、发展的历史过程的考察，我们可以清楚地看到，马克思、恩格斯对资产阶级民主革命与社会主义革命之间的关系、对资本主义经济危机与无产阶级革命之间的关系、对资本主义的发展进程及其寿命等问题的看法，是随着资本主义的发展以及无产阶级革命运动的实践的发展而不断改变和日趋正确、完善的。这个不断改变和日趋正确、完善的过程，充分体现了马克思主义"与时俱进"的理论品质。如果我们离开马克思主义发展变化和日趋正确、完善的历史过程，把马克思、恩格斯某一时期、某些著作中的某种观点，看作是一成不变的绝对真理，必然会把马克思主义凝固化、教条化，必然会把马克思主义与时代特点和活生生的不断发展变化的实践割裂开来，扼杀马克思主义的生机和活力。"两个决不会"原理的孕育、形成和深化、发展的历史过程告诉我们，要深刻理解马克思主义"与时俱进"的理论品质，必须系统学习和研究马克思主义经典著作，系统学习和研究马克思主义发展史，只学习某一时期的某些经典著作，就可能把这一时期的经典著作中的某些论断绝对化、凝固化、教条化，当作一成不变的永恒真理，看不到这些原理在时代的演变和实践的发展与检验中修正、充实、丰富和发展的过程。

正确掌握和运用"两个决不会"原理，有助于正确总结历史上的经验教训。历史唯物主义认为，适合生产力性质和发展要求的先进的生产关系促进生产力的发展，不适合生产力性质和发展要求的落后的生产关系阻碍生产力的发展。既然如此，在一种适合生产力性质和发展要求的生产关系建立起来以后，就要使这种生产关系在一定时期内相对稳定下来，以发挥其促进生产力发展的积极作用。在这个时期，只能根据生产力的发展要求，对生产关系做某些局部调整，使新的生产关系日益完善，切不可朝令夕改，主观主义地对生产关系进行所谓的"不断变革"。总结我国从新中国成立到党的十一届三中全会以前30年的历史经验，我们主要吃了不注意使新的生产关系相对稳定的亏。民主革命在全国范围内取得胜利以后，实行了土地改革，消灭了封建剥削制度，农民有了自己的土地，提高了农民的生产积极性。土地改革以后，农业生产力大大发展，人们生活稳定，国泰民安。这说明这种土地所有制是适合当时的生产力发展水平的，能够有力地促进生产力的发展。但是我们却批判所谓的"巩固新民主主义秩序"的提法，反对使这种生产关系在一定时期内稳定下来，"趁热打铁"、马不停蹄地通过互助组、初级社、高级社等形式，于1956年匆匆忙忙地完成了对农业、手工业和民族资本主义工商业的改造，把原计划在三个五年计划内完成的任务，不到一个五年计划就完成了。1958年，又用大搞政治运动的办法，一哄而起，一拥而上，不到几个月的时间，就在全国实现了人民公社化，大刮"共产风"，搞"一平二调"，实行"吃饭不要钱"，搞绝对平均主义，使生产关系严重超越了生产力的发展水平，造成了生产力的大破坏。经过3年调整以后，国民经济得到了一定程度的恢复和发展，人民群众的生产积极性有了一定程度的提高，生活水平也有所改善。可是好景不长，1966年又发动了所谓的"无产阶级文化大革命"，搞所谓的"穷过渡""割资本主义的尾巴"，取消自留地、家庭副业，关闭农村集市贸易市场，使生产力严重破坏，国民经济几乎到了崩溃的边缘。这个沉重的历史教训，值得认真汲取。党的十一届三中全会以后，党中央总结经验教训，依据"两个决不会"原理进行改革开放，建立以公有制为主体、多种所有制经济共同发展的基本经济制度，实行以按劳分配为主、多种分配方式并存的分配制度，建立和完善社会主义市场经济体制，有力地促进了我国生产力的发展和社会进步，进一步证明了"两个决不会"原理的正确性。我国今后的改革仍然不能急于求成、速度过快，而要配套推进、稳中求进、均衡发展，要平稳有序地进行。

正确掌握和运用"两个决不会"原理，有助于制定正确的路线、方针和政策。就国际方面而言，我国外交路线和外交政策的制定，对大国关系和周边国家关系的调整，积极参与经济全球化和加入世界贸易组织，参与挽救世界金融危机，建立"亚投行"，提出"一带一路"倡议，倡导构建"人类命运共同体"等。就国内方面而言，我国发展多种所有制经济，建立社会主义市场经济体制，全面建成小康社会，以及对党的性质和任务的界定等。所有这些国际国内的路线、方针、政策的制定都是以"两个决不会"原理为依据的。试想，如果像20世纪60、70年代那样，认为资本主义制度很快就会灭亡，我国很快就会进入共产主义社会，我们能采取现在这样的对内对外的路线、方针和政策吗？显然是不可能的。

努力掌握马克思主义哲学的看家本领

红军长征到达陕北以后,毛泽东同志集中研究马克思主义哲学,在中国抗日军事政治大学讲授马克思主义哲学课程,把讲授内容编写成《辩证法唯物论(讲授提纲)》。《实践论》和《矛盾论》是这个讲授提纲中的两节,分别于1937年7月和8月发表。"两论"是毛泽东哲学思想的代表性著作,在马克思主义哲学发展史上占有极其重要的地位。努力掌握和运用马克思主义哲学是中国共产党的光荣传统,在中国特色社会主义新的发展阶段上,我们需要进一步光大这一传统,更加自觉地运用辩证唯物主义和历史唯物主义指导新的伟大实践。

"两论"是马克思主义哲学中国化的光辉典范

《实践论》《矛盾论》继承和发展了马克思主义哲学基本原理,把马克思主义哲学基本原理与中国具体实际相结合,实现了马克思主义哲学与中国传统哲学优秀成果的融会贯通,开创了马克思主义哲学研究的新境界，为认识和解决中国的实际问题提供了科学的、先进的世界观和方法论。

开创了马克思主义哲学研究的新境界。《实践论》继承和发展了马克思主义认识论，指出实践的观点是马克思主义认识论首要的、基本的观点，实践是认识的基础，人类认识一点也离不开实践；论述了认识发展的辩证过程，阐明了认识过程的多次反复和无限发展，指出通过实践而发现真理，又通过实践而证实真理和发展真理；揭示了认识的目的不仅在于解释世界，更重要的在于改造世界，指出改造客观世界的最终目标是在全世界实现共产主义，改造主观世界的最终目标是实现人的自由而全面的发展。《矛盾论》继承和发展了马克思主义辩证法，指出对立统一规律是唯物辩证法的实质和核心，论述了唯物辩证法的宇宙观和形而上学的宇宙观这两种宇宙观的根本对立；阐明了矛盾的普遍性和特殊性、主要矛盾和次要矛盾、矛盾的主要方面和次要方面的关系原理；揭示了矛盾的同一性是相对的、斗争性是绝对的，矛盾的同一性和斗争性相结合是推动事物发展的动力；阐述了对抗性矛盾和非对抗性矛盾的区分，指出矛盾的性质不同，矛盾斗争的形式、解决矛盾的方法也不同；在阐述对立统一规律的过程中，还体现了质量互变规律，蕴含了否定之否定规律的有关思想，等等。《实践论》《矛盾论》分别阐述了马克思主义认识论和对立统一规律，这样全面、系统、深入地进行研究阐释，在马克思主义发展史和唯物辩证法的发展史上都属首次，开创了马克思主义认识论研究和唯物辩证法研究的新境界。

实现了马克思主义基本原理与中国具体实际相结合。"两论"

是在总结中国第一次国内革命战争和第二次国内革命战争经验教训的基础上，为中国革命新的征程，为刚刚开始的全民族抗战制定正确的路线、方针、政策、战略、战术提供思想理论基础。毛泽东同志紧密结合中国革命实际，阐述马克思主义认识论和辩证法的基本原理，把马克思主义基本原理和中国具体实际紧密结合起来。例如，在《实践论》中，在论述由感性认识上升到理性认识的过程时，与中国共产党倡导建立抗日民族统一战线的正确主张紧密结合起来；在论述认识过程的推移时，结合中国革命的实际，批判了右倾机会主义和"左"倾冒险主义的错误。在《矛盾论》中，在论述内因和外因的辩证关系时，与中国共产党清算内部的右倾机会主义和"左"倾冒险主义、建立正确的政治路线和组织路线的实际结合起来；在论述主要矛盾和次要矛盾可以在一定条件下互相转化时，以1840年的中英鸦片战争、1894年的中日甲午战争、1900年的义和团战争和当时正在进行的抗日战争为例，说明了民族矛盾和阶级矛盾的主次地位的互相转化；在论述矛盾的主要方面和次要方面可以在一定条件下互相转化以及事物的性质主要是由取得支配地位的矛盾的主要方面所规定的原理时，紧密联系中国社会的发展变化加以说明。

实现了马克思主义与中国传统哲学优秀成果的融会贯通。毛泽东同志既全面深入地掌握马克思主义的基本原理，又有深厚的中国传统哲学的底蕴，使用了许多中国传统文化中具有哲学意蕴的成语、典故、神话故事以及古典名著中的事例，把马克思主义基本原理与中国传统哲学的优秀成果紧密结合起来，实现了二者的融会贯通。例如，在《实践论》中，在论述实践是检验真理的标准时，运用了"失败是成功之母"和"吃一堑长一智"这种人们耳熟能详的比喻，说明了人们在实践中经过失败之后，从失败中取得教训，改正自己的错误，就能变失败为胜利的道理；运用了"不入虎穴，焉得虎子"这句中国人的老话，说明了"离开实践的认识是不可能的"。在《矛盾论》中，在说明中国历史上有的学者用否认事物发展变化的观点维护反动阶级的统治地位时，用汉代董仲舒所说的"天不变，道亦不变"的形而上学思想作为例证；在讲到研究问题要切忌主观性、片面性和表面性时，引用春秋时代孙子论军事时说的"知己知彼，百战不殆"和唐朝人魏征说的"兼听则明，偏信则暗"；在说明矛盾是现实的矛盾、具体的矛盾，矛盾的互相转化也是现实的、具体的道理时讲到神话中的许多变化，例如《山海经》中所说的"夸父追日"、《淮南子》中所说的"羿射九日"、《西游记》中所说的孙悟空七十二变，等等。

"两论"是科学的工作方法和领导方法的理论基础

马克思主义哲学认为，世界观和方法论是统一的，哲学理论是世界观，把马克思主义哲学理论用于指导实际工作，就形成科学的工作方法。"两论"为中国共产党确立正确的思想路线和科学的工作方法与领导方法奠定了坚实的理论基础。

"两论"是党的思想路线的理论基础。党的思想路线有着丰富的内涵。《中国共产党章程》规定："党的思想路线是一切从实际出发，理论联系实际，实事求是，在实践中检验真理和发展真理。"这条思想路线的核心是实事求是，而坚持实事求是，必须求真务实。习近平总书记指出："要把'三严三实'要求贯穿改革全过程，引导广大党员、干部特别是领导干部大力弘扬实事求是、求真务实精神，理解改革要实，谋划改革要实，落实改革也要实，既当改革的促进派，又当改革的实干家。"①

马克思主义认识论和无产阶级政党的群众路线是一致的。党的群众路线是："一切为了群众，一切依靠群众，从群众中来，到群众中去。"群众路线是无产阶级政党的生命线和根本工作路线，它贯穿在党的政治路线、思想路线和组织路线之中，是我们党永葆青春活力和旺盛战斗力的重要传家宝，是群众观点在实际工作中的贯彻和应用，是我们党一切工作克敌制胜的法宝。习近平总书记在纪念毛泽东同志诞辰120周年座谈会上指出："在人民面前，我们永远是小学生，必须自觉拜人民为师，向能者求教，向智者问策；必须充分尊重人民所表达的意愿、所创造的经验、所拥有的权利、所发挥的作用。我们要珍惜人民给予的权力，用好人民给予的权力，自觉让人民监督权力，紧紧依靠人民创造历史伟业，使我们党的根基永远坚如磐石。"②

"两论"继承和发展了马克思主义原理，为实际工作中的具体工作方法奠定了理论基础。例如，阐述主要矛盾和次要矛盾、矛盾的主要方面和次要方面相互关系的原理时，要求在实际工作中坚持"两点论"和"重点论"的统一。坚持"两点论"，就是

---

① 《习近平谈治国理政》第二卷，人民出版社2017年版，第105页。
② 《习近平谈治国理政》，人民出版社2014年版，第27页。

在认识复杂事物的发展过程时，既要看到主要矛盾，又不忽略次要矛盾；在认识某一矛盾时，既要看到矛盾的主要方面，又不忽略矛盾的次要方面。如果只看到主要矛盾和矛盾的主要方面，忽略次要矛盾和矛盾的次要方面，就会陷入片面性而犯"一点论"的错误。坚持"重点论"，就是在认识复杂事物的发展过程时，要着重抓住主要矛盾；在研究某一矛盾时，要着重抓住矛盾的主要方面。如果主次不分，不抓重点，在实践中平均使用力量，就会导致形而上学的"均衡论"，等等。

"两论"是中国革命和建设事业获得成功的制胜法宝

"两论"是我们党在革命、建设和改革进程中的重要思想法宝，是新的历史条件下推进中国特色社会主义伟大事业的强大思想武器，具有重要的历史价值和现实价值。

"两论"在革命和建设事业中发挥了重要指导作用。"两论"是毛泽东同志对第一次国内革命战争和第二次国内革命战争经验教训的哲学概括，通过总结反对"左"右倾机会主义斗争的经验教训，为党的思想路线奠定了坚实的理论基础，自此以后我党始终坚持并不断丰富发展这条思想路线。这是中国革命和建设事业由一个胜利走向另一个胜利的重要思想保障。习近平总书记在2013年12月中央政治局第十一次集体学习时指出："马克思主义哲学深刻揭示了客观世界特别是人类社会发展一般规律，在当今时代仍然有着强大生命力，依然是指导我们共产党人前进的强大思想武器。"

　　以"两论"为代表的马克思主义哲学是中国特色社会主义理论体系的重要哲学基础。发展中国特色社会主义是一项长期的艰巨的历史任务，需要进行具有许多新的历史特点的伟大斗争。2017年7月26日，习近平总书记在省部级主要领导干部专题研讨班开班式上强调，中国特色社会主义是改革开放以来党的全部理论和实践的主题，全党必须高举中国特色社会主义伟大旗帜，牢固树立中国特色社会主义道路自信、理论自信、制度自信、文化自信，确保党和国家事业始终沿着正确方向胜利前进。我们一定要毫不动摇坚持、与时俱进发展中国特色社会主义，不断丰富中国特色社会主义的实践特色、理论特色、民族特色、时代特色。十八大以来的五年，中国特色社会主义建设事业取得了前所未有的辉煌成绩。这些伟大成绩的取得，与以习近平同志为核心的党中央高度重视包括《实践论》和《矛盾论》在内的马克思主义哲学的学习和指导紧密相连、不可分割。

　　学好马克思主义哲学，掌握工作制胜的看家本领，是搞好党的理论建设的根本。理论一经掌握群众，就会变成物质力量。列宁曾说过："没有革命的理论，就不会有革命的运动。"哲学是聪明之学、智慧之学，马克思主义哲学是时代精神的精华，马克思主义哲学的基本观点是马克思主义活的灵魂。哲学不同于其他学科的特点在于，它是一种理论思维形式。要培养和提高理论思维能力，就要学习哲学、特别是学习马克思主义哲学。学习马克思主义哲学，必须坚持理论和实践相统一的原则。要把学习《实践论》和《矛盾论》放在重要位置，通过结合新的实践要求深入学习《实践论》和《矛盾论》，更好地掌握马克思主义哲学的精髓和灵魂，更好地理解和认同中国特色社会主义的理论基础，从而进一步增强中国特色社会主义的道路自信、理论自信、制度自信、文化自信。

现在，中国特色社会主义进入了新的发展阶段，既要看到中国发展的美好未来，又要看到发展道路上面临的挑战和困难。这就要求我们更加重视理论建设和理论创新，努力学习马克思主义特别是马克思主义哲学，深入学习《实践论》和《矛盾论》等光辉著作，不断开辟马克思主义发展的新境界，续写中国化马克思主义发展的新篇章，提高战略思维、历史思维、辩证思维、系统思维、创新思维、法治思维、底线思维能力，不断增强工作的原则性、系统性、预见性、创造性，用马克思主义哲学的光芒照耀新的征程，推动中国特色社会主义事业不断从胜利走向新的胜利。

科学思想的伟力占据着真理和道义的制高点

习近平总书记指出，无论时代如何变迁、科学如何进步，马克思主义依然显示出科学思想的伟力，依然占据着真理和道义的制高点。在马克思诞辰200多年、《共产党宣言》发表170多年的今天，科学社会主义在中国焕发出强大生机活力，"马克思热"风靡学术界。马克思主义为什么依然显示出科学思想的伟力？根本原因在于其实践基础上革命性与科学性的统一。

马克思主义的革命性

马克思主义的革命性集中体现在其彻底批判精神上。马克思指出："辩证法不崇拜任何东西，按其本质来说，它是批判的和革命的。"[①]事实上，不仅辩证法是批判的和革命的，整个马克思主义也是批判的和革命的。

[①] 《马克思恩格斯文集》第5卷，人民出版社2009年版，第22页。

革命性表现在对资本主义制度的批判上。马克思主义反对把旧事物、旧社会制度看成永恒不变的形而上学观点，反对一切为腐朽的社会制度做辩护的理论。它用发展变化的观点考察资本主义制度，既肯定其产生的历史必然性和在一定时期内的进步性，又从经济、政治、思想文化等各个方面揭露其不合理性，抨击其罪恶和弊端，说明其历史演变和发展趋势，揭示其被更高的社会形态所代替的历史必然性。马克思主义认为，必须以革命精神破除一切不合时宜的思想观念和体制机制弊端。我们要突破利益固化的藩篱，加快构建系统完备、科学规范、运行有效的制度体系，让中国特色社会主义制度在解放和发展社会生产力、促进人的全面发展上比资本主义制度更具优越性。

革命性表现在对各种错误理论的批判上。马克思主义是在批判各种错误理论中形成与发展的。通过批判费尔巴哈等人的历史唯心主义观点，马克思、恩格斯合著《德意志意识形态》，初步形成系统的历史唯物主义观点；通过批判蒲鲁东的小资产阶级经济学和社会主义观点，马克思写作《哲学的贫困》，形成政治经济学的基本理论；通过批判各种空想和反动的社会主义学说，马克思、恩格斯合著《共产党宣言》，形成科学社会主义的系统理论。马克思主义问世以后，他们又通过批判各种机会主义思想，丰富和发展了马克思主义的各个组成部分。这启示我们，必须旗帜鲜明坚持正确观点，在大是大非面前敢于亮剑，积极批判各种错误观点和思潮。

革命性还表现在具有坚定政治立场上。马克思主义是工人阶级的意识形态，它以科学的理论形式反映工人阶级和广大人民群众的利益、愿望和要求。马克思主义从不隐瞒和回避自己的阶级本质，从不以超阶级的幌子标榜自己是全人类利益的代表，而是公开申明自己是为工人阶级服务的。它坚决批判一切剥削阶级的理论观点，自觉捍卫工人阶级和广大人民群众的利益，以彻底批判一切剥削制度、消灭社会不平等现象、争取工人阶级解放和全人类的彻底解放为己任。这启示我们，必须旗帜鲜明讲政治，坚持以人民为中心创造政绩，决不能辜负党和人民的信任与重托。

马克思主义的科学性

马克思主义的各个组成部分不是彼此孤立的，而是一个完整的科学理论体系。它的主题主线一以贯之，具有严密的逻辑、明晰的推理和精彩的论证。

科学性源于马克思主义是时代的产物。马克思主义是适应时代要求、为实现时代提出的历史任务而产生的。不仅历史唯物主义是时代产物，马克思主义的其他组成部分也都是时代产物。资本主义的发展及其内在矛盾的尖锐化，为马克思主义产生提供了客观条件；工人阶级作为一支独立的政治力量登上历史舞台，进行反对资本主义制度和资产阶级统治的斗争，则为马克思主义的产生准备了阶级基础。可见，时代需要本身孕育着马克思主义产生的可能性，将这种可能性变为现实的各种物质条件和社会因素也都具备。

科学性源于对人类文明成果的继承与创新。马克思、恩格斯所处的历史时代及其提出的各项任务，为马克思主义的产生提供了客观条件，但这些客观条件不会自动产生任何新的理论和学说。任何新的理论和学说都必须批判地继承前人的思想成果，以前人的思想所达到的终点作为自己研究的起点。马克思、恩格斯涉猎很多学科领域，在崎岖的科学小道上不畏艰险、勇于攀登，掌握了当时人类创造的丰富文明成果。马克思研究过古希腊、罗马哲学，特别是研究了亚里士多德、德谟克利特等哲学家的著作；研究过从公元前6世纪到19世纪30年代的世界历史，特别是研究了法国革命史。恩格斯除了在哲学、政治经济学、社会主义学说等领域的卓越成就，还对自然科学做过长期研究，并对文学、艺术、军事学也颇有兴趣。这些学术素养和知识基础，对他们创立马克思主义产生了积极影响。但是，对马克思主义的形成产生最直接、最重大影响的，是德国古典哲学、英国古典政治经济学和19世纪英法的空想社会主义学说。它们代表到19世纪上半叶为止人类思想的最高成就，是马克思主义的直接理论来源。

科学性源于马克思主义具有整体性。在马克思主义理论体系中，哲学、政治经济学、科学社会主义三者之间互相渗透、互相补充，构成统一严密的学说体系。作为世界观和方法论，马克思主义哲学是整个马克思主义的指导原则，政治经济学是通向实际生活的中介，科学社会主义则是运用哲学分析经济事实引出的结论和要达到的最终目标。社会主义理论一旦离开马克思主义哲学和政治经济学，就会背离科学社会主义。同样，政治经济学离开马克思主义哲学的指导，离开科学社会主义理论，就必然跌入资产阶级经济学的泥潭。马克思主义哲学如果无视科学社会主义指明的实现社会主义和共产主义的方向和道路，无视马克思主义政治经济学对社会经济现象特别是对新出现的社会经济现象的分析，就会沦为繁琐的、脱离实际生活的经院哲学。如果把马克思主义中的任何一个组成部分同整体割裂开来，都会使其丧失原有特性，进而导致对马克思主义体系的背离或曲解。

科学性源于其创始人具有自我批判精神。马克思、恩格斯具有很强的自我批判精神，不断修正自己理论中某些不合时宜的观点和内容，可谓与时俱进的典范。例如，马克思、恩格斯在1848年革命时期和1871年巴黎公社时期，都认为只要通过一次突然的革命袭击就可以推翻资本主义制度，进入社会主义新社会。后来，他们在著作中纠正了这种看法，承认其试图通过一次简单的突然袭击就能取得革命胜利的思想不符合实际。任何理论都有历史局限性和时代局限性，马克思、恩格斯的理论也不例外，问题在于能不能通过自我反省、自我批判克服这种局限性。今天，时代变化和我国发展的广度与深度都远远超出马克思主义经典作家当时的想象。面对新的时代特点和实践要求，马克思主义面临着进一步中国化、时代化、大众化的问题。我们要用发展的理论指导发展的实践，自觉用习近平新时代中国特色社会主义思想这一马克思主义中国化最新成果武装头脑、指导实践、推动工作。

实践基础上革命性与科学性的统一

马克思主义坚定的革命性和严格的科学性是紧密联系在一起的。它是关于工人阶级和人类解放的科学，这一界定鲜明体现了其革命性与科学性相统一的基本特征。

马克思主义之所以能把革命性与科学性统一于一身，是因为工人阶级的根本利益与社会发展的方向是一致的。正如恩格斯所说，科学越是毫无顾忌和大公无私，它就越符合工人阶级的利益和愿望。工人阶级是现代化大生产的产物，代表先进生产力的发展要求，它和广大人民群众的人心所向体现着社会前进的方向。工人阶级的这一本性决定其必须科学认识世界，因为只有科学认识世界，特别是认识社会发展的客观规律，才能找到自身解放的正确道路。由此可见，马克思主义的科学性与革命性是不可分割的：科学性根源于革命性的要求，通过革命性表现出来；革命性必须以科学性为前提和基础，靠科学性来保障，二者内在统一于马克思主义理论体系，并通过一系列基本原理表现出来。无论是片面强调革命性而忽视科学性，还是片面强调科学性而忽视革命性，都是不正确的，都应该防止和反对。

马克思主义的革命性与科学性以及二者的统一，都以实践性为基础。社会生活在本质上是实践的。实践的观点是马克思主义的基本观点，也是其出发点和归宿。马克思主义来源于实践，是实践经验的概括和总结，又反过来指导工人阶级和广大人民群众改造世界的实践活动，为实践服务，并在实践中得到检验和发展。离开工人阶级和广大人民群众的实践活动，马克思主义就会丧失认识世界和改造世界的功能，从而也就会失去存在的意义，其革命性和科学性都会失去根基而无从谈起。

马克思主义是开放的、与时俱进的理论体系。把坚持和发展马克思主义统一起来，结合新的实践不断作出新的理论创造，这是马克思主义永葆生机活力的奥妙所在。习近平新时代中国特色社会主义思想是一个系统完备、逻辑严密、内在统一的科学体系，是我们党在深入推进实践基础上的理论创新取得的重大成果，开辟了当代中国马克思主义、二十一世纪马克思主义发展新境界。在习近平新时代中国特色社会主义思想指引下，不忘初心、牢记使命，开新局于伟大的社会革命，强体魄于伟大的自我革命，不断激发蕴藏于人民中的伟力，我们就一定能够在新时代中国特色社会主义伟大实践中谱写新的壮丽篇章。

正确认识"共产主义渺茫论"

要正确认识"共产主义渺茫论",首先要正确认识未来共产主义社会的阶段划分问题,其次要正确认识树立科学的人生理想的重要性。因此,我们首先谈未来共产主义社会的阶段划分问题,其次谈马克思主义的社会理想,在这两个问题奠定的坚实理论基础上,论述"共产主义渺茫论"的含义以及如何正确认识和对待"共产主义渺茫论"。

未来共产主义社会的阶段划分

1875年,马克思写了著名的《哥达纲领批判》。这部著作最显著的理论贡献,就是把代替资本主义社会的未来共产主义社会分为两大阶段,即共产主义社会的第一阶段和共产主义社会的高级阶段,并且指出在资本主义社会和共产主义社会之间有一个政治上的过渡时期,这个时期的国家只能是无产阶级的革命专政。这样,马克思就把无产阶级夺取政权以后的社会发展分为三个大的阶段：（1）从资本主义社会到共产主义社会的过渡时期；（2）共产主义社会的第一阶段；（3）共产主义社会高级阶段。

德国女革命家、国际共产主义运动中颇有影响的罗莎·卢森堡，在1903年3月写的纪念马克思逝世20周年的文章中，以及1907年在柏林的社会民主党人创造的中央党校讲授政治经济学时，曾经先后两次把共产主义社会的第一阶段称为社会主义社会，把共产主义社会的高级阶段称为共产主义社会。后来，列宁在1915年8月写的《论欧洲联邦口号》、1916年7月写的《关于自决问题的争论总结》、1917年4月写的《无产阶级在我国革命中的任务》等文章中，把代替资本主义的未来社会分为社会主义社会和共产主义社会两个阶段，并认为社会主义社会在前，共产主义社会在后，社会主义社会必然成长为共产主义社会。列宁在1917年八九月间即十月社会主义革命的前夕写的、1918年正式出版发行的《国家与革命》第五章中，明确讲到马克思称为共产主义社会第一阶段的社会制度"通常叫作社会主义"，这样就把无产阶级夺取政权以后的社会发展分为三个大的阶段：（1）从资本主义社会到社会主义社会的过渡时期；（2）社会主义社会；（3）共产主义社会高级阶段。《国家与革命》一书在马克思主义发展史上和国际共产主义运动中具有极其重要的地位和影响，所以应该把它作为将未来共产主义社会第一阶段称为社会主义社会的标志性著作。

马克思认为社会主义革命将首先在发达资本主义国家发生并取得胜利，他对无产阶级夺取政权以后社会发展阶段的划分，是以当时发达资本主义国家的现实社会状况及其发展趋势为根据的。列宁虽然认识到并且提出了社会主义革命可能在经济文化落后的国家首先发生并取得胜利的思想，但他在《国家与革命》一书中，对未来社会发展阶段的划分，仍然采用的是马克思的划分方法。在十月革命胜利以后，列宁在领导俄国人民向社会主义过渡的实践中，逐步认识到经济文化落后的国家不能直接过渡到马克思所设想的社会主义社会，需要经过一系列小的过渡阶段，才能过渡到马克思所设想的社会主义社会。列宁把马克思所设想的社会主义社会称为"发达的社会主义社会"，认为在经济文化落后的国家应该首先过渡到"不发达的社会主义社会"，然后再进一步过渡到"发达的社会主义社会"。

　　"发达的社会主义社会"这个概念，列宁在其著作中至少曾经两次使用过。第一次是1918年3月23—28日，列宁在口授的《苏维埃政权的当前任务》一文初稿中谈到应付给资产阶级优秀专家高额劳动报酬时讲的。他说："现在的情况是，我们能够得到这种帮助，在苏维埃政权解决新组织的问题方面设法取得资产阶级知识分子的协助。可以通过付给我国的或从国外聘请的各方面最优秀的专家以高额的劳动报酬的办法得到这种协助。当然，从已经是发达的社会主义社会的角度来看，让资产阶级知识分子获得比工人阶级的优秀阶层高得多的劳动报酬，是根本不公平和不正确的。但是，在实际的现实条件下……我们却必须通过付给资产阶级专家的这种高得多的（不公平）劳动报酬的办法来解决迫切的任务。"[1]第二次是1920年2月2日列宁在《在第十七届全

---

[1] 《列宁全集》第34卷，人民出版社1985年版，第129—130页。

俄中央委员会第一次会议上关于全俄中央执行委员会和人民委员会工作的报告》中讲的。他说："在社会生活急剧过渡和急剧转变的时候，最困难的事情就是要估计到各种过渡的特点。在资本主义社会中社会主义者应怎样进行斗争，这个问题并不难解决，并且早已解决了。怎样设想一个发达的社会主义社会，这也不困难，这也已经解决了。但是，怎样实际地从旧的、习惯了的、大家都熟悉的资本主义向新的、还没有产生的、没有牢固基础的社会主义过渡，却是一个最困难的任务。这一过渡搞得好也需要许多年。在这一时期内，我们的政策又要照顾到许多小的过渡。我们担负的任务的全部困难、政策的全部困难和政策的全部艺术，就在于要估计到每一种这样的过渡的特殊任务。"① 列宁这里所说的设想的"发达的社会主义社会"，就是指马克思所设想的共产主义社会的第一阶段即社会主义社会。列宁在这里所说的"新的、还没有产生的、没有牢固基础的社会主义"，就是指"不发达的社会主义社会"。

中国的社会主义初级阶段就是不发达的社会主义社会。像中国这样的经济文化落后的国家在无产阶级夺取政权以后，社会发展应该经历四个大的发展阶段：（1）从资本主义社会到社会主义初级阶段的过渡时期；（2）社会主义初级阶段即不发达的社会主义社会；（3）发达的社会主义社会；（4）共产主义社会高级阶段。中国共产党第十三次全国代表大会的报告中指出，社会主义初级阶段"不是泛指任何国家进入社会主义社会都会经历的起始

---

① 《列宁全集》第38卷，人民出版社1986年版，第113页。

阶段，而是特指我国在生产力落后、商品经济不发达条件下建设社会主义必然要经历的特定阶段"。发达资本主义国家在无产阶级夺取政权以后，可以直接过渡到发达的社会主义社会，不需要经过社会主义初级阶段；经济文化落后的国家只有经过很长的社会主义初级阶段以后，才能进入发达的社会主义社会。邓小平指出："我们搞社会主义才几十年，还处在初级阶段。巩固和发展社会主义制度，还需要一个很长的历史阶段，需要我们几代人、十几代人，甚至几十代人坚持不懈地努力奋斗，决不能掉以轻心。"① 所以，在经济文化落后的国家，社会主义初级阶段应该列为无产阶级夺取政权以后社会发展的一个独立阶段。笔者曾经在一些著作和论文中，对马克思所说的从资本主义社会到社会主义社会的过渡时期、社会主义社会和共产主义社会高级阶段的基本特征作了考察和归纳，同时根据我国社会主义初级阶段的现实情况，对我国社会主义初级阶段的基本特征作了概括。

马克思主义的社会理想

理想是人们对美好未来的追求和向往，它是人们根据现实的社会状况及其发展趋势对未来社会状况的预测、设想和期望，是一个人的世界观、人生观、价值观的集中表现。理想作为一种社会意识，是对一定的社会物质生活条件的反映，社会生产力发展水平不同，社会制度不同，社会实践的深度和广度不同，人们的

---

① 《邓小平文选》第3卷，人民出版社1993年版，第379—380页。

理想也就不同，因而理想具有鲜明的时代性。处于同一时代的人们，由于各自的经济地位、社会地位和思想情操不同，人们的理想也就各不相同。在阶级社会和有阶级存在的社会中，理想具有阶级性，一个人的理想总是自觉或不自觉地打上阶级的烙印。理想既然是根据社会现实状况及其发展趋势的预测、设想和期望，那么，如果现实社会状况及其发展趋势发生了变化，人的理想也必然要随之发生变化，所以理想的内容是一个不断变化的过程，理想的具体内容有的可能实现，有的可能只是部分地实现，有的还可能完全不能实现。

既然理想是人们对美好未来的追求和向往，它就与时间的三个向度即过去、现实、未来有着密切的联系。只有正确地理解过去、现实、未来这历史时间的三个向度之间的关系，才能真正理解理想的含义及其对人生的意义。时间的三个向度是时间自身演变的内在逻辑联系，它们紧密联系、不可分离。过去由于自身的发展而演变为现实，现实由于自身的矛盾运动又发展到未来。要科学地认识社会历史的发展过程，就应当把它理解为过去、现实、未来的有机统一。我们通常总是说，时间的特性是一维性，即不可逆性，时间只能向前，不能倒转，有去无回。这是撇开人的能动的实践活动和人对历史的理论研究而言的，是纯自然主义地看待时间的特点。历史时间与此不同。如果立足于人的能动的实践活动并考虑到人对历史的理论研究以及历史理论对人的实践活动的影响，过去、现实、未来在时间发展链条中的顺序就不是不变的，而是可变的；不是绝对的，而是相对的；不是不可逆的，而是可逆的；不是单向度的，而是双向互动的。不仅过去决定现实，现实也决定过去；不仅过去和现实决定未来，而且未来也决定现实和过去。过去、现实、未来呈现为极其错综复杂的相互作用、相互影响的关系。

首先，在历史研究中，现实对过去起着支配作用。人们研究过去，不是为了回到过去，不是照抄照搬过去，而是为了指导现实，展望未来。因此，人们总是根据现实的需要和兴趣，在过去众多的历史人物、历史事件、历史过程中选择研究对象加以研究，从中总结出现实可以借鉴的经验教训，用以指导现实，展望未来。从历史研究的角度看，一方面，过去具有了现实性，人们对过去的认识和理解就影响现实的发展；另一方面，人们现实的需要和兴趣，又影响对过去的认识和理解。不同时代的人对过去的理解总是有区别的，有时甚至是截然相反的。所以不同时代的人，总要重新书写历史，修改历史。

其次，在历史研究中，现实的历史理论对理解过去的历史起着指导作用。已有和现有的历史理论对认识未知的事物有重要作用。这是因为认识不是直接地、消极被动地、机械地反映客观对象，而是能动地、间接地、创造性地理解客观对象的过程。认识过程的每一个环节，从最初的认识对象的选择，中途信息的加工制作，到最后认识结果的形成，都是主体用自己已有的认知图式在头脑中再现、改造、建构对象的过程。一个人不掌握一定的认知图式，不在认识过程中发挥已有思想的创造功能，不会用相关学科提供的概念、范畴、公式、公理、法则对感性材料进行"去粗取精、去伪存真、由此及彼、由表及里的加工制作"，是不能形成系统的理论的。一般的认识过程尚且如此，对价值性十分鲜明的历史过程的认识就更是如此。在绵延不断的历史长河中，历史人物此起彼落，历史事件层出不穷，历史朝代此昌彼衰，民族国家强弱更替，历史文献浩如烟海，历史遗产博大精深。要对过去的历史分辨良莠，识别真伪，弃其糟粕，取其精华，揭示其发展的线索和客观规律，必须有当代人的历史理论作指导，否则必然会陷入茫茫的历史烟雾中。具有不同历史理论的人，对过去历史的认识往往具有很大的差别。

最后，人们在历史活动和历史研究中，不仅过去和现实指导未来，而且对未来的认识也指导现实、影响现实。未来是指那些迄今为止尚未发生、尚未出现和尚不存在的事物。从时间上看，它是人类认识的一种顺时间方向的运动过程，它力求使思想的运动超越当下的时间界域，走在社会实际的客观过程前面，在观念中构造出未来的可能状态，用以指导人们的现实活动，引导人们向着未来的目标前进。人们之所以要关注过去、认识过去，是因为社会的现实是由过去发展而来的。同样的道理，人们所以要关注未来，构想未来，向往未来，追求未来，是因为不仅现实孕育着未来，而且更重要的还在于，人们对未来的构想和向往，能对现实形成强有力的冲击和影响。人们总是根据对现实及其发展趋势的认识预见未来，又反过来根据对未来的预见和追求设计现实、指导现实、改造现实。我们说历史发展具有不以人的意志为转移的客观规律性，现实状况不是按任何人的主观臆想构造出来的，并不等于说人对未来的预见和追求对现实状况的形成不起任何作用。

人们对未来的预见、追求和向往，就是人生理想。因为人们对未来的预见、追求和向往对现实状况的形成可以起作用，所以树立科学的人生理想，对于人们的现实活动就具有重大的指导和推动作用。首先，理想是人生航程的灯塔。理想作为人生追求和向往的奋斗目标，它一经确立，就会指引着人生前进的方向。特别是在人生处于重要选择的关键时刻，理想就像大海中的灯塔一样，给人们指明前进的航向。其次，理想是人生前进的动力。理想比现实更美好，人们为了把美好的未来变为现实，势必会遇到种种困难和阻力，为此就要以坚韧不拔的毅力，顽强不懈的斗志，勇于拼搏的精神去奋斗。理想在人们现实的认识世界和改造世界的实践活动中，是一种极其强大的推动力量。最后，理想是人生的精神支柱。人们的生活可以分为物质生活和精神生活两大方面。物质生活对人的生存和发展固然重要，健康充实的精神生活同样不可缺少，而理想便是精神生活的灵魂。一个人的精神生活如果没有理想的支撑，就会感到无聊、空虚、崩溃。一个人有理想这个精神支柱，就可以使人生更充实，能在顺境中不骄不躁，在逆境中豁达乐观，勇往直前，永不懈怠。

理想和现实之间是一种复杂的矛盾关系。我们可以用两句话概括理想和现实之间的关系："现实总是不理想的，理想又还不是现实的。"所谓"现实总是不理想的"，是说在人类生活的现实中，总是存在着这样那样的缺陷和不足，总是不能完全满足人们各种各样日益提高的美好需要，十全十美的社会、十全十美的国家，在现实生活中从来就不曾存在过，即使到共产主义社会高级阶段也是如此。所以人们就要以积极科学的态度认识现实，发现并努力克服现实中存在的缺陷和不足。不要因为现实中存在着缺陷和不足，就怨天尤人，消极懈怠。所谓"理想又还不是现实的"，说的是理想虽然比现实更美好，但它不会自动实现，需要经过人们的长期奋斗才能实现，变为现实。过去的理想一旦变为现实，就又不那么理想了，又会出现这样那样的缺陷和不足，于是人们又提出新的更高、更美好的理想，为新的更高、更美好的理想而奋斗。正是因为这种理想和现实之间的不断转换，使人类的历史不断进步、不断完善，越来越美好。所以在一定意义上可以说，理想和现实之间的矛盾，是推动人类历史不断进步和前进的动力。

在我国，对"共产主义渺茫论"存在两种不同理解：一种是放弃和否定共产主义远大理想，认为共产主义制度的实现是遥不可及的，或者说是根本不可能的；另一种是把共产主义制度的实现需要经过一个漫长的过程的观点，误认为是"共产主义渺茫论"。第一种理解是完全错误的，应该彻底批判。第二种理解是一种糊涂认识，是对共产主义社会的到来急于求成，犯了超越社会发展阶段的"左"的错误，会给社会的发展和人民的生活造成危害。

深化对人类社会发展规律的认识

习近平总书记强调指出："全党要深刻领会新时代中国特色社会主义思想的精神实质和丰富内涵，在各项工作中全面准确贯彻落实。"[①] 必须"以全新的视野深化对共产党执政规律、社会主义建设规律、人类社会发展规律的认识"[②]。其中正确认识人类社会发展规律是正确认识共产党执政规律和社会主义建设规律的基础。只有掌握了人类社会发展规律，才能更好地认识共产党执政规律和社会主义建设规律。

人类社会发展规律具有客观性

既然人的活动是有意识、有目的的，而且正是人的有意识、有目的的实践活动创造了自己的历史，形成了人类社会历史的发

① 《习近平著作选读》第二卷，人民出版社2023年版，第17页。
② 《习近平著作选读》第一卷，人民出版社2023年版，第14页。

展规律，作为历史主体的人能使历史客体按照自己的目的发生改变，那么，为什么又说人类社会的发展规律是客观的、不以人的主观意志为转移的呢？这是需要认真回答的一个重要理论问题。

首先，由于参加创造历史的有意识、有目的的活动的各个个人，在历史活动中互相作用、互相影响、互相制约，甚至互相干扰、互相妨碍、互相抵消，致使历史活动的最终结果与每个从事历史活动的个人的预期目的都不一致或不完全一致，而是出现了一个任何人都事先没有预料到的结果。这个结果是所有参加历史活动的人的相互作用所形成的"合力"造成的。如果各个人的意志、目的、力量比较一致，互相促进、互相补充、相得益彰，他们的目的实现的可能性就较大；反之，如果各个人的意志、目的、力量互相排斥、互相抵消、互相妨碍，他们的目的实现的可能性就较小，甚至完全不能实现。我们在设定自己活动的目的时，要考虑到各种意志、目的、力量的相互作用、相互影响、相互制约，考虑到复杂的社会环境和人际关系，考虑到社会环境和人际关系的发展变化，不能既不考虑社会环境，也不考虑与他人的关系，一厢情愿地设定自己的目的。

其次，由于人的有意识、有目的的活动是受客观条件制约的，如果人的有意识、有目的的活动违背了客观条件的性质和实际情况，其活动的结果就不能达到预想的目的，甚至可能出现与预想的目的完全相反的结果。这种情况在人类改造自然和改造社会的活动中是经常出现的。恩格斯在《自然辩证法》中讲到，人类利用、改造自然，应该遵循自然界的发展规律，如果单凭自己的需要，无休止地向大自然索取资源，肆无忌惮地向自然界抛洒废料，违背自然界的发展规律，不仅达不到预想的目的，而且还必定会遭到自然界的惩罚。他指出："我们不要过分陶醉于我们人类对自然界的胜利。对于每一次这样的胜利，自然界都对我们进行报复。每一次胜利，起初确实取得了我们预想的结果，但是往后和再往后却发生完全不同的、出乎预料的影响，常常把最初的结果又消除了。"①这就是说，人类对自然界的改造，往往是正效应在前，负效应在后。对社会的改造往往也是这样。所以我们在设定自己活动的目的时，要充分了解客观条件的情况，尽最大的努力使自己设定的目的符合客观条件，并且随着客观条件的变化及时调整自己的目的。

再次，由于人的有意识、有目的的活动不仅受客观条件的制约，而且受主观条件的制约，即受人的认识能力和实践能力的制约。这些主观条件包括家庭状况、智商的高低、体质的强弱、受教育的程度、掌握知识的多少、实践能力的优劣、性格的好坏、意志是否坚强、为人处世是否得当等。每个人的主观条件，都既有长处又有短处，十全十美的全能的个人是根本不存在的。由于上述这些主观条件的制约，使得个人确定的预期目的不可能完全正确，更不可能完全达到。所以我们在设定自己活动的目的时，要对自己的主观条件有清醒的认识，要尽最大的努力使设定的目的符合自己的主观条件，一旦发现设定的目的有不符合自己的主观条件的地方，要及时调整自己的目的，甚至改变自己的目的，决不能好高骛远，设定自己的主观条件根本无力达到的目的。在

---

① 《马克思恩格斯文集》第9卷，人民出版社2009年版，第559—560页。

这方面我们过去是有沉痛教训的。

最后，人的有意识、有目的的活动，只能在一定程度上延长或缩短历史发展的进程，增加或减轻历史给人类带来的苦难，但不能使历史"跳过也不能用法令取消自然的发展阶段"。虽然有的国家和民族，在特定的历史条件下，可能超越某个社会发展阶段或某一社会形态，但这是以其他民族和国家经历了这个社会形态为前提的。就全世界范围的整个人类历史来说，社会发展的任何一个阶段或任何一个形态都是不能超越的。所以马克思在《资本论》第1卷第一版序言中说："我的观点是把经济的社会形态的发展理解为一种自然史的过程。"①

人类社会发展规律具有历史性

人类社会发展规律的历史性具体表现在以下几个方面：

首先，不同社会形态或不同历史时期具有不同的社会发展规律，没有一经形成就永远存在、永恒不变的社会发展规律。马克思在《资本论》第1卷第二版跋中，引用了俄国经济学家考夫曼写的《卡尔·马克思的政治经济学批判的观点》一文中关于社会历史发展规律性质的一些论述。考夫曼说："有人会说，经济生活的一般规律，不管是应用于现在或过去，都是一样的。马克思否认的正是这一点。在他看来，这样的抽象规律是不存在的……根据他的意见，恰恰相反，每个历史时期都有它自己的规律。一

---

① 《马克思恩格斯全集》第44卷，人民出版社2001年版，第10页。

旦生活经过了一定的发展时期，由一定阶段进入另一阶段时，它就开始受另外的规律支配。"例如："马克思否认人口规律在任何时候在任何地方都是一样的。相反地，他断言每个发展阶段有它自己的人口规律……生产力的发展水平不同，生产关系和支配生产关系的规律也就不同。"①马克思充分肯定、高度赞扬了考夫曼的这种观点。按照马克思和考夫曼对社会历史规律的理解，一种社会形态存在着，这个社会形态的规律就存在着并发挥作用；一种旧的社会形态被新的社会形态代替了，旧的社会形态的规律就退出了历史舞台，不再存在和发生作用，而被新的社会形态的规律所取代。如果说人类社会的历史就是社会形态更替的历史，那么，人类社会的历史也就是社会形态发展规律更替的历史，即新的社会形态的发展规律代替旧的社会形态的发展规律的历史。

恩格斯持有与马克思相同的观点。他在1865年3月29日致弗里德里希·阿尔伯特·朗格的信中，批判了资产阶级经济学家把资本主义经济规律永恒化的观点。他说："在我们看来，所谓'经济规律'并不是永恒的自然规律，而是既会产生又会消失的历史性的规律，而现代政治经济学大全，只要是由经济学家正确地客观地编纂出来的，对我们来说不过是现代资产阶级社会所赖以存在的规律和条件的总汇，一句话，是这个社会的生产条件和交换条件的抽象的描述和概括。因此，在我们看来，任何一个只要是表现纯粹资产阶级关系的规律都不是先于现代资产阶级社会而存在的；那些或多或少地对过去的全部历史起过作用的规律则

① 《马克思恩格斯全集》第44卷，人民出版社2001年版，第21页。

深化对人类社会发展规律的认识 /

仅仅表现了以阶级统治和阶级剥削为基础的一切社会状态所共有的关系。"①马克思和恩格斯都认为社会发展规律具有历史性，都反对把一个社会形态的发展规律，特别是资本主义社会形态的发展规律永恒化的观点。由此不难看出，那种认为资本主义社会是十全十美的社会，它将永世长存，人类社会历史到资本主义社会就终结了的"历史终结论"，是早已被马克思、恩格斯批判过的完全错误的理论。

马克思写作《资本论》的目的，就是阐明资本主义的经济运动规律。贯穿《资本论》全书的基本思想，就是反对把经济规律看作永恒的规律的资产阶级经济学家的陈腐观念。恩格斯在为《资本论》第1卷写的第一篇书评中，极其精辟地论述了这种观点。他指出："贯串于全书的历史的见解，使作者不把经济规律看作永恒的真理，而仅仅看作某种暂时的社会状态的存在条件的表述，我们应该承认，这种历史的见解我们是很满意的。而遗憾的是：在我们御用经济学家那里，我们要找寻这本书里用来描写社会不同的历史状态及其存在条件的那种渊博和精细的理解力，是徒劳无益的。像关于奴隶制的经济条件和规律，农奴制和人身依附的各种不同形态，自由工人的起源等这样的研究，对于我们那些专门经济学家，到现在为止还是完全陌生的。"②

其次，不仅不同的社会形态具有不同的发展规律，就是同一社会形态的不同发展阶段，其发展规律也具有不同的表现形式。

---

① 《马克思恩格斯文集》第10卷，人民出版社2009年版，第225页。
② 《马克思恩格斯全集》第16卷，人民出版社1964年版，第234页。

例如，垄断资本主义阶段和自由资本主义阶段相比较，资本主义的发展规律发生了很大变化。列宁在1916年写的《帝国主义是资本主义的最高阶段》一书，深刻地论述了资本主义发展规律在垄断资本主义阶段的表现形式不同于自由资本主义阶段的表现形式的特点。现代资本主义的发展规律，与马克思、恩格斯、列宁在世时相比较，其表现形式发生了重大变化，我们要认真研究这些重大变化，才能更加深入地掌握资本主义社会的发展规律。再如，在中国特色社会主义的不同发展阶段，都具有不同的阶段性特征，在不同的发展阶段其发展规律具有不同的表现形式。党的十八大以来，中国特色社会主义进入新时代，形成了习近平新时代中国特色社会主义思想，我们要认真研究社会主义社会发展规律的表现形式的新特点，使我国的社会主义现代化建设和改革开放沿着正确的轨道不断向前发展。

人类社会发展规律具有长期性和周期性

人类社会发展规律的长期性，指的是一个社会形态的发展规律或一个社会形态代替另一个社会形态的发展规律的孕育、形成、存在和最终实现，是一个长期的、统一的、完整的过程。不能把这种发展规律的孕育、形成、存在和最终实现这个长期的、完整的过程割裂开来。这就是说，任何一个社会形态，只要它还存在，还没有被新的社会形态所代替，就不能说这个社会形态的发展规律已经最终形成了。社会主义必然代替资本主义的规律也是如此。只要资本主义社会还没有在全世界灭亡、社会主义社会还没有在全世界取得最终胜利，就不能说这个规律已经最终形成了。从目前世界范围来看，资本主义社会还要存在一段时间，它将在什么时候被社会主义社会所代替，准确预见还有一定难度；它今后将如何具体地发展，它还将发生什么样的变化，具体说清楚也还有一定难度；社会主义社会将以什么样的具体形式代替资本主义社会，也要根据将来的具体情况才能具体确定。这些情况都说明，社会主义必然代替资本主义的规律到目前为止，仍然是处于形成的过程之中，不能说它已经最终形成了，社会主义代替资本主义的规律一旦最终形成了，也就是这个规律最终实现了。一旦这个规律最终实现了，即在全世界的范围内，社会主义社会代替了资本主义社会，资本主义社会的发展规律和社会主义必然代替资本主义的规律也就退出了历史舞台，而让位于社会主义社会和共产主义社会的发展规律。我们知道，原始社会是极其漫长的。奴隶社会在西欧存在了1000年左右才被封建社会所代替。封建社会在欧洲存在了1200多年才被资本主义社会所代替。封建社会在中国存在了2000多年，1840年鸦片战争以后，中国逐步沦为半殖民地半封建社会，中国共产党领导中国各族人民经过了长期的浴血奋战，才建立了社会主义的新中国。

一个社会形态代替另一个社会形态的规律的孕育、形成、存在和最终实现是一个长期的、统一的、完整的过程。那么存在于某一社会形态中的许多具体规律是否也是如此呢？我们就存在于资本主义社会中的具体规律加以说明。存在于资本主义社会中的具体规律主要有货币流通规律、价值规律、剩余价值规律、平均利润率规律、利润率趋向下降的规律、土地肥力递减规律、竞争和生产的无政府状态规律、资本主义国家间经济状况发展不平衡规律、经济危机和金融危机规律等。这类规律与一个社会形态代替另一个社会形态的规律不同，它不需要通过一个社会形态代替另一个社会形态的整个过程才能表现出来，而是在其存在的社会形态中，通过不断波动周期性地表现出来，每一个波动的周期都是一个长期的过程。所以这类规律仍然具有长期性。只要这类规律存在的社会形态没有灭亡，这个不断波动的周期就会周而复始地进行，而每一个周期又具有不同的特点。这从价值规律和平均利润率规律波动的周期，资本主义经济危机经过危机、萧条、复苏、高涨四个阶段形成一个周期，可以比较清楚地看出来。具体说明这类规律波动的周期，需要涉及很多具体的政治经济学原理，因篇幅所限这里不做具体论述。

人类社会发展规律具有非直接现实性

人类社会发展规律具有非直接现实性，或者说它不是直接的现实，不是实体性的存在，不能直接呈现在人们的面前，需要通过抽象思维才能把握。人类社会发展规律在任何时候、任何情况下都不是与客观现实完全一致的。人类社会发展规律的这个特点比较复杂，掌握起来有一定的困难，我们以价值规律和平均利润率规律为例加以说明。价值规律是一切商品生产和商品交换的基本规律。价值规律的主要内容是商品的价值量由生产商品的社会必要劳动时间决定，商品按照价值量进行交换，市场价格围绕价值这个中心上下波动。平均利润率规律又称"一般利润率规律"

或"一般经济规律"。资本主义社会中各个生产部门不同的利润率，通过部门之间的竞争趋于平均化，形成平均利润率规律。它是资本主义社会所特有的经济规律。只有在资本主义占统治地位的条件下，平均利润率规律才发生作用。在平均利润率形成以后，不再是市场价格围绕价值这个中心上下波动，而是市场价格围绕生产价格这个中心上下波动，而生产价格等于生产成本加平均利润。资产阶级经济学家康拉德·施米特因为发现了价值规律和平均利润率规律与客观现实不完全一致，就认为这些规律只是一种假设和虚构。恩格斯在1895年3月12日致他的信中从理论上深刻地批评了他的这种错误观点。恩格斯指出：平均利润率规律"在任何时候都只是近似地存在着，如果一般利润率某个时候在两个企业中分毫不差地实现了，如果这两个企业在某一年内获得完全相同的利润率，那么这是纯粹的偶然性，实际上，利润率是根据各个企业、各个年度的各种不同情况而变化的，一般利润率只是作为许多企业和许多年度的平均数而存在。但是，如果我们想要求利润率（比如说是14.876934……）在每一个企业和每一个年度到第一百位小数都完全一样，不然就把它贬为虚构，那我们就严重地误解了利润率和一般经济规律的本质。它们全都没有任何其他的现实性，而只是一种近似值，一种趋势，一种平均数，但不是直接的现实。其所以如此，部分地是由于它们所起的作用被其他规律同时起的作用打乱了，而部分的也是由于它们作为概念的特性"①。这就是说，人类社会发展规律之所以是非直接的，

① 《马克思恩格斯文集》第10卷，人民出版社2009年版，第693—694页。

即不是直接的现实，有以下两个原因：

其一，人类社会中有许多规律同时存在和起作用，一个规律的作用要受到其他规律作用的影响和干扰。例如，价值决定价格的规律和平利润率规律，就同时受到供求规律、收入分配规律、税收规律、财政和货币规律，金融规律，产业结构变化规律、国际贸易规律等诸多规律的影响和干扰，此外还受到政府调控的影响。所以市场价格在任何一个个别场合与价值或生产价格都不完全一致，而是通过市场价格围绕价值或生产价格上下波动，在总的平均数中，市场价格近似地符合于价值或生产价格。所以马克思在讲到平均利润率规律时说："总的说来，在整个资本主义生产中，一般规律作为一种占统治地位的趋势，始终只是以一种极其错综复杂和近似的方式，作为从不断波动中得出的、但永远不能确定的平均情况来发生作用。"① 再如，生产关系必须适合生产力性质的规律，如果撇开其他社会规律和社会因素对这个规律的影响不谈，应该是有什么样的生产力就必然有什么样的生产关系与之相适应。但在实际上，在复杂的社会联系中，生产关系不仅受生产力决定，而且还受其他许多社会规律和社会因素的影响，如受地理环境及其变化的影响，受人口因素和人口规律的影响，在阶级社会里受阶级斗争及其规律的影响，受上层建筑各种因素以及上层建筑必须适合经济基础发展要求规律的影响，受国际环境因素和国与国之间关系的影响，受财政政策和货币政策及其变化的影响，受国际金融体系和货币体系及其变化的影响，等等。

---

① 《马克思恩格斯文集》第7卷，人民出版社2009年版，第181页。

深化对人类社会发展规律的认识 /

这样，生产关系与生产力发展水平之间的关系就往往发生各种不同程度的偏离，二者之间就不是严格适应的。在相同生产力发展水平的国家，可能建立起不同性质的生产关系；在不同生产力发展水平的国家，又可能建立起相同性质的生产关系；甚至可能出现生产力发展水平较低的国家建立起较高阶段的生产关系、而在生产力发展水平较高的国家又可能暂时停留在较低的生产关系水平的阶段的情况。这种情况在当前世界范围内表现得十分明显。

其二，以理论形态表现出来的人类社会发展规律具有概念的特性，而概念不可能与它得以抽象出来的现实完全地、直接地吻合和一致。恩格斯指出："一个事物的概念和它的现实，就像两条渐近线一样，一齐向前延伸，彼此不断接近，但永远不会相交。两者的这种差别正好像是这样一种差别，由于这种差别，概念并无条件地直接就是现实，而现实也不直接就是它自己的概念。由于概念有概念的基本特性，就是说，它不是直接地、明显地符合于使它得以抽象出来的现实。"①毫无疑问，任何概念都不是虚构的，而是从现实的历史过程中抽象出来的。但是由于在抽象的过程中，舍弃了现实的历史过程的许多细节、差别和偶然因素，所以，任何概念都不会完全符合于使它得以抽象出来的现实。有些人把规律和概念作了完全机械的理解，认为规律只有与现实完全一致、概念只有完全符合于使它得以抽象出来的现实，才承认规律的存在和概念的科学性。只要发现规律与现实之间出

---

① 《马克思恩格斯文集》第10卷，人民出版社2009年版，第693页。

现任何的不一致、概念与它得以抽象出来的现实不完全符合，就否认规律的存在和概念的科学性，按照这种理解，任何规律和概念都会被否定。这可能就是有些人否认规律的存在和概念的科学性的根本原因。英国科学哲学家卡尔·波普在《历史决定论的贫困》一书中，之所以认为"规律和趋势是根本不同的两回事"，认为"趋势的存在是毋庸置疑的"，而不可能有"社会运动的规律"[1]，这可能就是由于他对社会规律作了完全机械的理解，把社会规律看作既成的、直接的现实。其实，规律只是一种趋势，它既不是虚构的，也不是直接的、既成的现实。这才是对人类社会发展规律既唯物又辩证的理解。

---

[1] 〔英〕卡尔·波普：《历史决定论的贫困》，杜汝楫、邱仁宗译，华夏出版社1987年版，第91页。

深化和发展认识的辩证过程理论

19世纪，自然科学发展到一个新的阶段，即从收集、积累材料到整理材料、把材料系统化，从以分析为主发展到以综合为主，从经验自然科学发展到理论自然科学的阶段，为认识的辩证过程理论提供了科学前提。但是，直到19世纪七八十年代，绝大多数的自然科学家仍然被束缚在形而上学和经验主义的传统思维方式之中。对此，恩格斯晚年在《反杜林论》《自然辩证法》《路德维希·费尔巴哈和德国古典哲学的终结》等著作以及有关的历史唯物主义通信中，从多方面深刻阐述、丰富和发展了认识的辩证过程理论。

关于人的思维的至上性和非至上性的关系

对于杜林关于"最后的终极的真理""思维的至上性""认识的绝对可靠性""无条件的真理权"的错误理论，恩格斯从多方面批判了这种认识论上的形而上学观点。

首先，恩格斯认为，要说明思维的至上性和非至上性，先要说明这里的思维指的是单个人的思维，还是作为无数的过去、现在和未来的人的个人思维。恩格斯指出："因为最可贵的结果就是使得我们对我们现代的认识极不信任，因为很可能我们还差不多处在人类历史的开端，而将来会纠正我们的错误的后代，大概比我们有可能经常以十分轻蔑的态度纠正其认识错误的前代要多得多。"①恩格斯的这段话，对于那些对自己的认识盲目自信，在没有经过实践检验的情况下就认为自己的认识是完全正确的，具有重要警戒作用。任何人的认识，都要准备接受实践的反复检验。

其次，恩格斯认为，人的思维、认识，包含着极其复杂的矛盾。一方面，人的思维的性质必然被看作是绝对的，另一方面，人的思维又是在完全有限的思维着的个人中实现的。人的思维的至上性和非至上性的矛盾贯穿于人类认识过程始终，是人的思维所包含的主要矛盾，"是所有智力进步的主要杠杆"，即推动认识发展的动力，通过这个矛盾的不断出现和解决，推动人的认识向前发展。"从这个意义来说，人的思维是至上的，同样又是不至上的，它的认识能力是无限的，同样又是有限的。按它的本性、使命、可能和历史的终极目的来说，是至上的和无限的；按它的个别实现情况和每次的现实来说，又是不至上的和有限的。"②

最后，关于是否存在"永恒真理"的问题，恩格斯把整个认识领域分成三大类进行考察。第一类是研究非生物界的科学，第

---

① 《马克思恩格斯文集》第9卷，人民出版社2009年版，第91页。
② 《马克思恩格斯文集》第9卷，人民出版社2009年版，第92页。

深化和发展认识的辩证过程理论

二类是研究活的有机体的科学，第三类是历史科学。恩格斯指出，在这三类科学中，所谓永恒的真理、终极的真理随着时间的推移变得越来越罕见。在人类历史领域中的科学比在非生物领域和生物学领域中的科学还要复杂得多；不仅如此，如果一旦例外地能够认识到某一时代的社会存在形式和政治存在形式的内在联系，那么这照例是发生在这些形式已经半衰退和濒于瓦解的时候。"因此，在这里认识在本质上是相对的，因为它只限于了解只存在于一定时代和一定民族中的、而且按其本性来说是暂时的一定社会形式和国家形式的联系和结果。"①恩格斯还谈到人的思维规律的科学，即逻辑学和辩证法，他认为在这方面更谈不到什么永恒真理。因为认识就其本性而言，或者对漫长的时代系列来说，是相对的而且必然是逐步趋于完善的，或者就像在天体演化学、地质学和人类历史中一样，由于历史材料不足，甚至永远是有缺陷的和不完善的，而谁要以真正的、不变的、最后的终极的真理标准来衡量认识，那么，这只是证明他自己的无知和荒谬。

关于认识的有限性和无限性的关系

恩格斯在《自然辩证法》一书中，批判德国生物学家耐格里的报告《自然科学认识的界限》中所说的人"没有能力认识无限"的错误观点时，深刻地阐述了认识的有限性和无限性的关系。首先，恩格斯批判了耐格里关于"我们不能认识现实的质的

① 《马克思恩格斯文集》第9卷，人民出版社2009年版，第94页。

差异"的错误观点。第一，恩格斯认为，每一种质都有无限多的量的等级，如颜色的浓淡、质地的软硬等，而且它们都是可以度量和可以认识的，而这些量的不同等级的承担者，即颜色、质地等，就是不同的质，所以认识了这些量的不同等级，也就是认识了事物的不同的质。第二，恩格斯认为，在现实中存在着的不是脱离物的抽象的质，而是具有质并且具有无限多的质的物。两种不同的物总有某些质（至少在物体性的属性上）是共有的，另一些质在程度上有所不同，还有一些质可能是两种物中的一个所完全没有的。但是，在由各种自然物和自然过程所构成的一个无限的系列中，只要我们认识了每个自然物和自然过程在自然联系中的地位，就是认识了这个自然物和自然过程的质。第三，恩格斯认为，我们的思维可以把不同的感官对同一事物提供给我们的不同的印象，综合成为一个整体，从而认识这个事物的质。通俗地说，就是人的认识可以从感性上升到理性，通过理性认识把握事物的内在本质，从而把不同事物在质上区别开来。

其次，恩格斯批判了耐格里的"我们只能认识有限的东西"的错误观点。恩格斯认为，就进入我们认识领域的仅仅是有限的对象这一点而言，耐格里说的"我们只能认识有限的东西"这个说法是完全正确的。但是这个命题还需要有如下的补充："从根本上说我们只能认识无限的东西。"[1]这是因为，人们只能通过有限事物去把握无限，通过特殊性去把握普遍性。恩格斯举例说，

---

[1]《马克思恩格斯文集》第9卷，人民出版社2009年版，第498页。

氯和氢在一定的压力和温度下受到光的作用就会爆炸而化合成氯化氢；而且只要我们知道这一点，我们也就知道，只要具备必要的条件，这种现象随时随地都会发生。至于是发生过一次还是重复发生过一百万次，以及在多少个天体上发生过，这都是无关紧要的。恩格斯指出："对自然界的一切真实的认识，都是对永恒的东西、对无限的东西的认识，因而本质上是绝对的。"同时，恩格斯也说明了人类对无限和绝对的认识是一个长期的、复杂的过程，只能逐渐接近，而永远不能穷尽。"无限的东西既是可以认识的，又是不可以认识的，而这就是我们所需要的一切。"①

最后，恩格斯批判了耐格里割裂感性和理性、特殊性和普遍性的经验主义从而否定哲学上的物质和运动概念的错误观点。耐格里说："我们也不知道什么是物质和运动。"恩格斯指出："当然不知道，因为物质本身和运动本身还没有人看到过或以其他方式体验过；只有现实地存在着的各种物和运动形式才能看到或体验到。物、物质无非是各种物的总和，而这个概念就是从这一总和中抽象出来的，运动本身无非是一切感官可感知的运动形式的总和；'物质'和'运动'这样的词无非是简称，我们就用这种简称把感官可感知的许多不同的事物依照其共同的属性概括起来。因此，只有研究单个的物和单个的运动形式，才能认识物质和运动，而我们通过认识单个的物和单个的运动形式，也就相应地认识物质本身和运动本身。"②恩格斯进一步指出："物质本身是

---

① 《马克思恩格斯文集》第9卷，人民出版社2009年版，第499页。
② 《马克思恩格斯文集》第9卷，人民出版社2009年版，第500—501页。

纯粹的思想创造物和纯粹的抽象。当我们用物质概念来概括各种有形地存在着的事物的时候，我们是把它们的质的差异撇开了。因此，物质本身和各种特定的、实存的物质的东西不同，它不是感性地存在着的东西。"①恩格斯运用从感性认识飞跃到理性认识、从事物的特殊性揭示事物的普遍性这一马克思主义认识论的原理，科学地说明了物质和运动这两个概念是如何形成的，说明了这两个概念的确切含义，深刻地揭示和批判了否认物质和运动这两个概念的认识论根源。

关于真理和谬误的关系

由于人的思维是至上性和非至上性、无限性和有限性、普遍性和特殊性、绝对性和相对性的对立统一，因此思维对外部对象认识的结果，必然既包含真理的成分又包含谬误的成分。正确地反映外部对象的认识就是真理，歪曲地反映外部对象的认识就是谬误。认识与外部对象相一致、相符合，这是真理最根本的规定性。这里讲的相一致、相符合，不仅是指与事物的现象、外部联系的相一致、相符合，而且更主要的是指与事物的内部联系、内在本质的相一致、相符合。仅仅同事物的外部联系、事物的现象相一致、相符合，不一定就是真理。因为外部的联系是不深刻的，现象中包含着假象。与不深刻的表面联系和假象相一致、相符合的认识不能算是真理，只有既与事物的表面联系、事物的现象又

① 《马克思恩格斯文集》第9卷，人民出版社2009年版，第511页。

与事物的内部联系、事物的本质相一致、相符合的认识才是真理。

真理和谬误是认识运动中既对立又统一的两个方面。它们之间的对立表现在相互排斥、相互否定上。真理与谬误是相互排斥的，是真理就不能是谬误，是谬误就不能是真理，真理和谬误不能混淆，这在一定范围内具有绝对的意义。正因为如此，坚持真理才是崇高的，修正错误才成为必要。真理和谬误的统一表现为它们之间的相互依存、相互转化。真理与谬误互相依存，是说真理和谬误是相比较而存在、相斗争而发展的。没有真理就无所谓谬误，没有谬误也无所谓真理。真理与谬误的对立又具有相对的意义，真理与谬误在一定条件下可以互相转化，所以恩格斯说："对立的两极都向自己的对立面转化，真理变成谬误，谬误变成真理。"①因为任何真理都是具体的，都有与之相符合的特定的对象、时间和适用范围，一旦离开了这个对象，超出特定的时间和适用范围，真理就会变成谬误。

关于实践是检验真理的标准

恩格斯在《路德维希·费尔巴哈和德国古典哲学的终结》一书中，总结了人类认识史，特别是两千多年来的哲学发展史，第一次明确表述了哲学基本问题。他指出："全部哲学，特别是近代哲学的重大的基本问题，是思维和存在的关系问题。"②

---

① 《马克思恩格斯文集》第9卷，人民出版社2009年版，第96页。
② 《马克思恩格斯文集》第4卷，人民出版社2009年版，第277页。

恩格斯认为，哲学的基本问题包括两个方面的内容。一是思维和存在、精神和物质何者为本原的问题，对这一问题的不同回答，是区分唯物主义和唯心主义两大哲学派别或两大阵营的标准。二是思维和存在的同一性问题，即人的思维能不能认识世界，对这一问题的不同回答是区分可知论和不可知论的标准。恩格斯认为，绝大多数哲学家，包括费尔巴哈在内的唯物主义者和包括黑格尔在内的唯心主义者，都属于可知论者。近代一些哲学家否认认识世界或彻底认识世界的可能性，如休谟和康德，属于不可知论者。康德认为在我们的感觉之外有"自在之物"存在，人的知识所达到的只是"现象"，而"自在之物"本身是不可知的。恩格斯认为，对不可知论最令人信服的驳斥是实践，即实验和工业。实践是检验认识正确与否的标准。恩格斯指出："既然我们自己能够制造出某一自然过程，按照它的条件把它生产出来，并使它为我们的目的服务，从而证明我们对这一认识过程的理解是正确的"①，不可知论就被驳倒了。恩格斯举例说，动植物体内所产生的化学物质，在有机化学开始把它们一一制造出来以前，一直是这种"自在之物"；一旦把它们制造出来，"自在之物"就变成为我之物了。实践是检验真理的唯一标准。但是，人们往往忽视了关于实践标准的一个重要问题，即不是人们一两次实践的成功或失败，就能证明一种认识是真理还是谬误，而是人的"全部实践"才能最终证明一种认识是否真理。在理论发展的历史上常常出现这样的情况：有的理论虽然曾经被实践证明是真

---

① 《马克思恩格斯文集》第4卷，人民出版社2009年版，第279页。

理，但由于实践的不断发展和深化，经过十几年、几十年甚至几百年以后，现实的新的实践又证明了曾经被过去的实践证明为真理的理论并不是或不完全是真理，而是谬误或包含谬误的成分。与此相反，有的理论虽然曾经被实践证明为谬误，但由于实践的发展和深化，过十几年、几十年甚至几百年以后，新的实践又证明曾经被过去的实践证明为谬误的理论并不是谬误或不完全是谬误，而是真理或包含真理的成分。这些都证明人的"全部实践"是检验真理的标准。

认识把握马克思主义的实践性

习近平总书记在纪念马克思诞辰200周年大会上的重要讲话中指出："实践的观点、生活的观点是马克思主义认识论的基本观点，实践性是马克思主义理论区别于其他理论的显著特征。"[①]这一重要论断，总结了我国对实践观点在马克思主义理论体系中地位的认识过程，深化了对马克思主义理论实践性的认识。

如何看待实践观点在马克思主义理论体系中的地位，我国学术界有一个不断深化认识的过程。列宁说过："生活、实践的观点，应该是认识论的首要的和基本的观点。"[②]我国学术界首先认识到，实践观点是马克思主义认识论的基本观点。此后又认识到，实践观点不仅是马克思主义认识论的基本观点，还是马克思主义历史观的基本观点。这源于马克思在《关于费尔巴哈的提纲》中的论述，如哲学家们只是用不同的方式解释世界，问题在于改

---

① 习近平：《在纪念马克思诞辰200周年大会上的讲话》，《人民日报》2018年5月5日第2版。

② 《列宁选集》第2卷，人民出版社1995年版，第103页。

变世界。后来，学术界进一步认识到，实践观点不仅是马克思主义认识论和历史观的基本观点，而且是整个马克思主义哲学的基本观点。经过真理标准问题大讨论，我国学术界更进一步认识到，实践观点不仅是马克思主义哲学的基本观点，而且是包括哲学、政治经济学和科学社会主义在内的整个马克思主义理论体系的基本观点。

马克思主义是科学的理论、人民的理论、实践的理论、不断发展的开放的理论，这四者是有机统一的。马克思主义的实践性与科学性是统一的，它在实践的基础上创造性地揭示了人类社会发展规律；马克思主义的实践性与人民性是统一的，它是通过革命实践实现人民自身解放的思想体系；马克思主义的实践性与开放性是统一的，它在实践的基础上不断探索时代发展提出的新课题、回应人类社会面临的新挑战。

习近平总书记指出，马克思主义不是书斋里的学问，而是为了改变人民历史命运而创立的，是在人民求解放的实践中形成的，也是在人民求解放的实践中丰富和发展的，为人民认识世界、改造世界提供了强大精神力量。这深刻阐明了理论和实践的关系。理论与实践结合，学以致用、用以促学，是学习和运用马克思主义的方法论。理论与实践的结合和联系是双向的，而不是单向的。理论与实践结合，分析和解决实践中的问题，要以弄清理论为前提。离开理论而仅仅罗列实践中的问题，不可能正确认识和解决实践中的问题。学了理论却将其束之高阁，不去分析和解决实践中的问题，再好的理论也是无用的。

只讲理论而不联系实践或只讲实践而不联系理论，都是理论与实践相脱离的表现，都要防止和反对。更好地做到理论与实践相结合，要求我们更加自觉、更加刻苦地学习马克思列宁主义、毛泽东思想、邓小平理论、"三个代表"重要思想、科学发展观，更加自觉、更加刻苦地学习习近平新时代中国特色社会主义思想这一当代中国马克思主义、二十一世纪马克思主义，将其转化为认识世界、改造世界的强大物质力量。

实践是检验真理的唯一标准，但一两次实践的成败无法证明一种认识是真理还是谬误。列宁在讲到真理的全面性时说，必须把"人的全部实践"作为真理的标准。每一次个别的具体的实践活动均具有局限性，它既不能完全证明某一认识是正确的，也不能完全证明某一认识是错误的。一种认识是否为真理，需要经过长期、多次的实践检验，经过多个领域、多个地区、多种形式的实践检验。

学习研究马克思主义经典的一种新视角

马克思、恩格斯分析和解决矛盾，从而实现思想转变、创立和发展唯物主义历史观的过程，为我们提供了一种学习和研究马克思主义经典著作的新视角。

第一，要用发展变化的观点学习和研究马克思主义经典著作。马克思主义是发展着的理论，不是一经提出和形成就成为僵化不变的教条。不论学习马克思、恩格斯哪个时期的哪一部著作，都不要孤立地学习，要把这个时期的这部著作与以前的著作和以后的著作联系起来加以把握。要考察这部著作以前的著作为这部著作中的观点奠定了什么样的基础，这部著作中的观点存在哪些不足和缺陷，这部著作如何继承和发展了以前的著作为其奠定的基础，如何克服了以前著作的缺陷和不足。还要考察这部著作以后的著作如何承袭了这部著作中合理的思想，对这部著作中的思想增添了什么样的新内容，是否对这部著作中的思想有所修改，是否克服了这部著作中不合时宜的某些观点。只有这样才能全面准确地掌握这部著作中的思想，不把这部著作中的思想僵化和教条化。例如，我们要学习和研究马克思在《1844年经济学哲学手稿》和《穆勒摘要》中对人的本质的看法，就既要学习和研究马克思在博士论文时期、《莱茵报》时期和《黑格尔法哲学批判》及其导言中对人的本质的看法，又要研究马克思、恩格斯标志唯物主义历史观基本形成的两部著作即《关于费尔巴哈的提纲》和《德意志意识形态》中对人的本质的看法，还要研究这两部著作以后马克思、恩格斯著作中对人的本质的看法。马克思在1840—1841年写的博士论文《德谟克利特的自然哲学和伊壁鸠鲁的自然哲学的差别》（以下简称《博士论文》）中，由于受到当时青年黑格尔派布鲁诺、鲍威尔等人的自我意识哲学的影响，认为自我意识是人的本质。马克思在《莱茵报》时期，对人的本质的基本看法，仍然没有超出黑格尔唯心主义的范围，即仍然是在人的精神领域内寻找人的本质。与《博士论文》不同的是，他不再把自我意识看作人的本质，而是把理性和自由看作人的本质。马克思在1843写的《黑格尔法哲学批判》一书及其《导言》中，虽然认识到："人不是抽象地蛰居于世界之外的存在物，人就是人的世界，就是国家，社会。……宗教是人的本质在幻想中的实现，因为人的本质不具有真正的现实性。"[1]这种观点虽然比《博士论文》和《莱茵报》时期的观点有很大的进步，但仍然带有明显的费尔巴哈人本主义的痕迹，马克思不是说国家、社会决定人的本质，而是说人的本质外化为国家、社会。马克思、恩格斯在《提纲》和《形态》以后合写的《共产党宣言》中，不仅不再

---

[1] 《马克思恩格斯全集》第3卷，人民出版社2002年版，第199页。

学习研究马克思主义经典的一种新视角 /

讲"人的本质的异化"和"人的本质的复归"的思想，而且对这种思想进行了严厉的批判。他们指出：所谓"实现人的本质"是"无谓思辨"，"人的本质的外化"是"哲学胡说"。持这种观点的人"不代表无产者的利益，而代表人的本质的利益，即一般人的利益，这种人不属于任何阶级，根本不存在于现实界，而只存在于云雾弥漫的哲学幻想的太空"①。马克思在《提纲》中认为，人的本质"在其现实性上，它是一切社会关系的总和"②，就说明人的本质不是先天的，而是后天的；不是抽象的，而是具体的；不是不变的，而是随着社会关系的变化发生相应变化的；在阶级社会里不是超阶级的，而是有阶级性的。既然这样，根本就不存在人的本质的异化和人的本质的复归问题，人的本质的异化和人的本质的复归的思想是不科学的。此后，马克思在《资本论》等著作中，虽然仍然讲异化问题，但已经不再讲人的本质的异化和人的本质的复归了。这说明马克思已经认识到人的本质的异化和人的本质的复归的理论是不科学的。

第二，要用"从后思索"的方法学习和研究马克思主义经典著作。马克思在《〈政治经济学批判〉导言》中说："人体解剖对于猴体解剖是一把钥匙。反过来说，低等动物身上表露的高等动物的征兆，只有在高等动物本身已被认识之后才能理解。因此，资产阶级经济为古代经济等等提供了钥匙。"③马克思的意思是，资产阶级社会是最发达的最多样性的历史的生产组织。它是

---

① 《马克思恩格斯文集》第2卷，人民出版社2009年版，第58页。
② 《马克思恩格斯文集》第1卷，人民出版社2009年版，第501页。
③ 《马克思恩格斯文集》第8卷，人民出版社2009年版，第29页。

由在它以前的各种社会形式中发展起来的，并且包含着这些社会形式的残片和因素。因此了解了资本主义社会，有助于了解资本主义社会以前的各种社会形式。把这种研究人类生活形式的方法，运用到理论研究中，就形成了"从后思索"的方法。马克思在《资本论》第1卷第1章"商品"中指出："对人类生活形式的思索，从而对这些形式的科学分析，总是采取同实际发展相反的道路。这种思索是从事后开始的，就是说，是从发展过程的完成的结果开始的。"①学习和研究马克思主义经典著作，既可以按时间顺序从前到后研读，也可以反过来，从后向前研读。最好的办法是把这两种研读方法结合起来。但是，"从后思索"的方法，所得到的某些效果，是"从前思索"的方法所无法达到的。"从后思索"的方法，有助于防止把以前著作中的观点僵化、凝固化和教条化，有助于防止误解或曲解以前著作中的思想观点，容易掌握以前著作中某些观点的演变过程，容易掌握以前著作中的思想观点的确切含义，能够以更高的思想视角把握以前著作中的观点。下面我们以马克思、恩格斯对俄国社会发展道路演变过程的认识的变化为例加以说明。恩格斯在1874—1875年写的《论俄国的社会问题》中，马克思在1877年写的《给〈祖国纪事〉杂志编辑部的信》中，提出了俄国农村公社所有制有可能不经过个体农民所有制和资本主义私有制直接过渡到社会主义公有制。1881年马克思在《给维·伊·查苏利奇的复信》及其草稿中，把这种直接过渡称为"不通过资本主义制度的卡夫丁峡谷"。但

① 《马克思恩格斯文集》第5卷，人民出版社2009年版，第93页。

以后由于俄国社会条件和国际环境的变化，恩格斯在1894年写的《〈论俄国的社会问题〉跋》中认为，俄国农村公社"不通过资本主义制度的卡夫丁峡谷"的条件已经丧失，俄国已经大踏步地走上了资本主义发展道路，俄国年轻的资产阶级已经把国家完全掌握在自己的手中。我国理论界相当多的研究者，由于没有采取"从后思索"的方法，看不到俄国社会条件和国际环境的变化，不了解恩格斯在以后的著作中已经放弃了俄国农村公社有可能"不通过资本主义制度的卡夫丁峡谷"而直接过渡到社会主义社会的观点，至今仍然认为马克思、恩格斯从始至终都坚持这种观点，并且认为俄国十月革命的胜利和中国革命的胜利是对这种观点的证实。这是对马克思、恩格斯关于俄国社会发展道路的思想的极大误解。

第三，编写马克思主义重要概念和原理的"专题史"有助于深化马克思主义经典著作的学习和研究。由于马克思主义经典著作中的概念和原理，是不断变化、不断发展、不断完善的，而且每一部著作往往只是从某一角度、某一侧面阐述某些概念和原理，而不是对这些概念和原理的全面阐述，只有把不同时期的著作对某些概念和原理的阐述综合起来，才能比较全面地掌握这些概念和原理，并掌握它们不断变化、发展和完善的过程。这就要求我们要研究和编写马克思主义重要概念和原理的"专题史"。我国已经出版了一批马克思主义哲学史、马克思主义经济学说史、马克思主义政治学说史、国际共产主义运动史、科学社会主义发展史以至马克思主义发展史等等。这些都可以称为"通史"。我国还很少见到就马克思主义的某些重要概念和原理编写的发展史，我把这种发展史称为"专题史"。只有"通史"而没有"专题史"，对马克思主义的理解有很大的局限性。要全面掌握马克思主义的基本概念和基本原理，就必须研究和编写马克思主义重要概念和原理的"专题史"。如唯物主义各种形态的演变史，辩证法各种形态的演变史，哲学基本问题的发展史，人与自然关系理论的发展史，人与社会关系理论的发展史，社会基本矛盾理论发展史，"两个必然"和"两个决不会"及其相互关系的理论发展史，社会发展"合力论"和"交互作用论"的发展史，阶级和阶级斗争理论发展史，国家与革命理论发展史，意识形态理论发展史，无产阶级专政理论发展史，人类解放和无产阶级解放理论发展史，"亚细亚生产方式"概念的含义及其在社会发展序列中的地位的历史演变的理论发展史，俄国社会发展道路理论发展史，人的本质理论发展史，等等。只有既了解马克思主义发展史"通史"，又了解马克思主义重要概念和原理发展史"专题史"，才能使对马克思主义经典著作的学习和研究由浅入深、由通到专，不断深化。我已经在自己的有关论著中写了马克思主义几个重要概念和原理的"专题史"：关于"亚细亚生产方式"概念的含义及其在社会发展序列中的地位的历史演变的理论发展史，马克思、恩格斯关于俄国社会发展道路理论发展史，列宁关于一个国家不能建成发达的社会主义社会的理论发展史，"两个必然"和"两个决不会"及其相互关系的理论发展史，历史"合力论"的理论发展史，无产阶级专政理论发展史等。

研究中如何运用抽象法

马克思在《资本论》第一卷序言中说:"分析经济形式,既不能用显微镜,也不能用化学试剂。二者都必须用抽象力来代替。"① 马克思主要论述两种抽象法:一种是关于概念形成的抽象法,另一种是关于原理和规律形成的抽象法。

下面以价值概念的形成为例,说明概念形成的抽象法。马克思在《资本论》第一卷第一篇"商品和货币"中,首先讲了商品的二重性,即商品包括使用价值和价值两个因素,是使用价值和价值的统一。然后讲体现在商品二重性中的劳动二重性,即具体劳动和抽象劳动,具体劳动创造商品的使用价值,抽象劳动创造商品的价值,任何劳动都是具体劳动和抽象劳动的统一。商品作为使用价值,首先有质的差别;商品作为交换价值,只能有量的差别,因而不包含任何一个使用价值的原子。如果把商品的使用价值撇开,商品体就只剩下一个属性,即劳动产品这个属性。可

---

① 《马克思恩格斯文集》第5卷,人民出版社2009年版,第8页。

是劳动产品在人的手里也起了变化。如果我们把劳动产品的使用价值抽去，那么也就是把这些劳动产品成为使用价值的物体的组成部分和形式抽去。这样，它们就不再是具体的劳动产品了。例如，它们不再是桌子、房屋、纱或别的什么有用物。它们的一切可以感觉到的属性都消失了。它们不再是木匠劳动、瓦匠劳动、纺纱工劳动和其他某种一定的生产劳动的产品。随着劳动产品的有用性质的消失，体现在劳动产品中的各种劳动的有用性质也消失了，因而这些劳动的各种具体形式也消失了。各种劳动不再有什么差别，全都化为相同的人类劳动，抽象人类劳动。在抽象人类劳动中，剩下的只是无差别的人类劳动的单纯凝结，即不管以哪种形式进行的人类劳动力消耗的单纯凝结。这些物只是表示，在它们的生产上耗费了人类劳动力，积累了人类劳动。这些物，作为它们共有的这个社会实体的结晶，就是价值——商品价值。

抽象出商品价值概念以后，还要说明如何计算商品的价值量。价值量是怎样计量的呢？是用它所包含的"形成价值的实体"来计量的。"形成价值的实体"是什么呢？是劳动时间。简单地说，一种商品的价值量是用生产这种商品所使用的劳动时间来计量的，而劳动时间又是用一定的时间单位如小时、日等做尺度的。由于每个人的技能高低不同、劳动熟练程度不同，他们生产同一种商品所花费的时间多少就不同。但是，形成价值实体的劳动是相同的人类劳动，是同一的人类劳动力的消费。体现在商品世界全部价值中的社会的全部劳动力，在这里是当作一个同一的人类劳动力，虽然它是由无数单个劳动力构成的。每一个这种单个劳动力，同别的劳动力一样，都是同一的人类劳动力，只要它具有社会平均劳动力的性质，取得这种社会平均劳动力的作用，从而在商品生产上只使用平均必要劳动时间或社会必要劳动时间。"社会必要劳动时间是在现有的社会正常的生产条件下，在社会平均的劳动熟练程度和劳动强度下制造某种使用价值所需要的劳动时间。""可见，只是社会必要劳动量，或生产使用价值的社会必要劳动时间，决定该使用价值的价值量。在这里，单个商品是当做该种商品的平均样品。"① 所以，含有等量劳动或能在同样劳动时间内生产出来的商品，具有同样的价值量。一种商品的价值同其他任何一种商品的价值的比例，就是生产前者的必要劳动时间同生产后者的必要劳动时间的比例。如果生产商品所需要的劳动时间不变，商品的价值量也就不变。但是，生产商品所需要的劳动时间是随着劳动生产率的变动而变动的。劳动生产率越高，生产一种商品所需要的劳动时间就越少，凝结在该商品中的劳动量就越小，该商品的价值就越小。与此相反，劳动生产率越低，生产一种商品的必要劳动时间就越多，该商品的价值就越大。可见，商品的价值量与实现在商品中的劳动的量成正比地变动，与这一劳动的生产率成反比地变动。

说明了价值概念是如何用抽象方法抽象出来的，以及如何计算价值量和价值量的变动，就为说明价值规律是如何用抽象法抽象出来的奠定了基础。

下面以价值规律为例，说明规律是如何用抽象法抽象出来的。价值规律是商品生产和商品交换的基本规律。这一规律的主

———————

① 《马克思恩格斯文集》第5卷，人民出版社2009年版，第52页。

要内容和客观要求是：商品的价值量由生产商品的社会必要劳动时间决定，商品按照价值量进行交换。在出现货币以后，商品的价值以货币形式表现出来，称为价格。商品的等价交换，要求价格符合于价值。就是说，价值决定价格，价格要符合价值。这是就纯理论上说的。在现实的商品生产和商品交换过程中，价格除去受价值决定以外，还受多种社会因素的影响，如受供求关系的影响，受积累和消费比例高低的影响，受收入分配政策的影响，受税收政策的影响，受财政和货币政策的影响，受金融规律的影响，受产业结构变化状况的影响，受自然灾害有无和大小的影响，受人们消费心理的影响，受国际贸易状况的影响，等等。所以价格在任何一个个别场合都与价值不相一致或不完全一致，而是通过价格围绕价值上下波动，在总的平均数中，价格近似地符合于价值。在特定的情况下，价格往往与价值严重地背离。例如，由于自然灾害严重而造成粮食极其短缺时，食品的价格就会远远高于它的价值，有时甚至用一两黄金买不到一个窝头；农民由于不了解市场信息等情况，某种农产品生产过多或过少时，这种农产品的价格就会严重背离它的价值，"将（姜）你军""算（蒜）你狠"等现象的出现就属于这种情况；不法商人对某种或某些商品"囤积居奇"、待价而沽，破坏市场秩序，也会造成价格严重背离它的价值。价值规律就是撇开诸多社会因素对价格的影响不谈，或者说把价值与价格的关系从诸多影响价格的社会因素中抽取出来，对价值以外的其他因素对价格的影响在思维中撇开不管，只考察价值对价格的决定作用，才能在思维中或者说在逻辑上抽象出价值规律。如果把各种社会因素对价格的影响与价值对价格的决定作用混杂在一起考察，就难以发现价值对价格的决定作用。由此可见，不使用抽象方法，在人们的思维中就形不成价值对价格的决定作用，即形不成价值规律。社会发展的各种规律，都是用这种抽象方法从复杂的社会联系中抽象出来的。

研究中如何使用典型研究方法

马克思在《资本论》第一卷第一版序言中说："物理学家是在自然过程表现得最确实、最少受干扰的地方观察自然过程的，或者，如有可能，是在保证过程以其纯粹形态进行的条件下从事实验的。我要在本书研究的，是资本主义生产方式以及和它相适应的生产关系和交换关系。到现在为止，这种生产方式的典型地点是英国。因此，我在理论阐述上主要用英国作为例证。"① 马克思在《资本论》第一卷第二十四章"所谓原始积累"中又说："在原始积累的历史中，对正在形成的资本家阶级起过推动作用的一切变革，都是历史上划时代的事情；但是首要的因素是：大量的人突然被强制地同自己的生存资料分离，被当做不受法律保护的无产者抛向劳动市场。对农业生产者即农民的土地的剥夺，形成全部过程的基础。这种剥夺的历史在不同的国家带有不同的色彩，按不同的顺序、在不同的历史时代通过不同的阶段。只有

① 《马克思恩格斯文集》第5卷，人民出版社2009年版，第8页。

在英国，它才具有典型的形式，因此我们拿英国做例子。"①为什么说资本主义生产方式的典型地点是英国、对农业生产者即农民的土地的剥夺在英国才具有典型的形式呢？马克思在这一章的末尾对这一点作了总结。

首先，资本的原始积累所剥夺的私有制是"以自己劳动为基础的私有制"，而这种所有制的典型国家是英国。马克思认为："资本的原始积累，即资本的历史起源，……不是奴隶和农奴直接转化为雇佣工人，因而不是单纯的形式变换，那么它就只是意味着直接生产者的被剥夺，即以自己劳动为基础的私有制的解体。"②私有制的性质，依占有生产资料的私人是劳动者还是非劳动者而有所不同。在奴隶制和农奴制中，生产资料的占有者是非劳动者；在以自己劳动为基础的私有制中，生产资料的占有者是劳动者。马克思指出："劳动者对他的生产资料的私有权是小生产的基础，而小生产又是发展社会生产和劳动者本人的自由个性的必要条件。诚然，这种生产方式在奴隶制度、农奴制度以及其他从属关系中也是存在的。但是，只有在劳动者是自己使用的劳动条件的自由私有者，农民是自己耕种的土地的自由私有者，手工业者是自己运用自如的工具的自由私有者的地方，它才得到充分发展，才显示出它的全部力量，才获得适当的典型的形式。"③英国资本的原始积累，剥夺的主要是这种"自己使用自己的劳动条件的自由私有者"，即个体农民（或称小农）和个体手

---

① 《马克思恩格斯文集》第5卷，人民出版社2009年版，第823页。
② 《马克思恩格斯文集》第5卷，人民出版社2009年版，第872页。
③ 同上。

工业者。

其次，对个体农民和个体手工业者的剥夺，符合当时历史的发展趋势。个体农业和个体手工业这种生产方式，是以土地和其他生产资料的分散为前提的。它既排斥生产资料的积聚，也排斥协作，排斥同一生产过程内部的分工，排斥对自然的社会统治和社会调节，排斥社会生产力的自由发展。它只能同生产和社会的狭隘的自然产生的界限相容。要使它永远存在下去是不可能的。它发展到一定的程度就产生出消灭它自身的物质手段。这种生产方式必然要被消灭。英国资本的原始积累，就是在消灭这种生产方式的过程中完成的。在英国，农奴制度实际上在14世纪末期已经不存在了。当时，尤其是15世纪，绝大多数人口是自由的自耕农即个体农民。为资本主义生产方式奠定基础的变革的序幕，是在15世纪最后30年和16世纪最初几十年演出的。在17世纪最后几十年，个体农民还比租地农民阶级的人数多。大约在1750年，个体农民消灭了，而在18世纪最后几十年，个体农民的公有地的最后痕迹也消灭了，个体农民被彻底剥夺了。英国是当时个体农民和个体手工业者被剥夺得最彻底的典型国家。

再次，英国资本的原始积累，对资本主义生产方式的形成和确立具有典型性。资本主义以前的各种生产方式的特点是劳动者与劳动的客观条件即生产资料相结合，资本主义生产方式的特点与此相反，是劳动者与劳动的客观条件即生产资料相分离，从而使生产资料的剥夺者成为资本家，生产资料的被剥夺者成为雇佣工人，导致资本主义生产方式的产生和确立。马克思指出："个人的分散的生产资料转化为社会的积聚的生产资料，从而多数人

研究中如何使用典型研究方法 /

的小财产转化为少数人的大财产，广大人民群众被剥夺土地、生活资料、劳动工具，——人民群众遭受的这种可怕的残酷的剥夺，形成资本的前史。""靠自己劳动挣得的私有制，即以各个独立劳动者与其劳动条件相结合为基础的私有制，被资本主义私有制，即以剥削他人的但形式上是自由的劳动为基础的私有制所排挤。"①

最后，英国的资本原始积累所采用的暴力方式具有典型性。原始积累的不同因素，多少是按时间顺序特别分配在西班牙、葡萄牙、荷兰、法国和英国。在英国，这些因素在17世纪末系统地综合为殖民制度、国债制度、现代税收制度和保护关税制度。这些方法一部分是以最残酷的暴力为基础的，例如殖民制度就是这样。"但所有这些方法都利用国家权力，也就是利用集中的、有组织的社会暴力，来大力促进从封建生产方式向资本主义生产方式的转化过程，缩短过渡时间。暴力是每一个孕育着新社会的旧社会的助产婆。暴力本身就是一种经济力。"②"对直接生产者的剥夺，是用最残酷无情的野蛮手段，在最下流、最龌龊、最卑鄙和最可恶的贪欲的驱使下完成的。""资本来到世间，从头到脚，每个毛孔都滴着血和肮脏的东西。"③

如果说马克思、恩格斯研究经济状况和资本主义的发展是以英国为典型的话，那么，他们研究政治状况及其发展就是以法国为典型，研究哲学状况及其发展就是以德国为典型。恩格斯在为

---

① 《马克思恩格斯文集》第5卷，人民出版社2009年版，第873页。
② 《马克思恩格斯文集》第5卷，人民出版社2009年版，第861页。
③ 《马克思恩格斯文集》第5卷，人民出版社2009年版，第871页。

马克思的《路易·波拿巴的雾月十八日》一书所写的1885年第三版序言中，讲到法国在政治形式的变动和阶级斗争方面的典型形式时指出："法国是这样一个国家，在那里历史上的阶级斗争，比起其他各国来每一次都达到更加彻底的结局；因而阶级斗争借以进行、阶级斗争的结果借以表现出来的变换不已的政治形式，在那里也表现得最为鲜明。法国在中世纪是封建制度的中心，从文艺复兴时代起是统一的等级君主制的典型国家，它在大革命中粉碎了封建制度，建立了纯粹的资产阶级统治，这种统治所具有的典型性是欧洲任何其他国家所没有的。而正在上升的无产阶级反对占统治地位的资产阶级的斗争，在这里也以其他各国所没有的尖锐形式表现出来。"①马克思写的《1848年至1850年的法兰西阶级斗争》和《路易·波拿巴的雾月十八日》等著作，就是对法国阶级斗争和政治形式变动的典型性的具体论述。恩格斯在1843年写的《大陆上社会改革的进展》一文中就曾指出："大革命以后，法国在欧洲是惟一注重政治的国家。在法国，任何改良，任何学说，如果不体现为某种政治形式，就不能得到全国的重视。看来，在人类历史的现阶段上，法兰西民族注定要起的作用是经历一切政治发展形式，从纯粹政治开始，以达到一切国家、一切不同的道路必定要汇合的地方——共产主义。""在法国，任何一件事情要想得到全国的重视，就必须带有政治性质，否则就不会成功。"②

---

① 《马克思恩格斯文集》第2卷，人民出版社2009年版，第468—469页。
② 《马克思恩格斯全集》第3卷，人民出版社2002年版，第475、479页。

恩格斯在《大陆上社会改革的进展》一文讲到，英国人达到共产主义的结论是通过实践，即由于自己国内贫穷、道德败坏和赤贫现象迅速加剧；法国人达到共产主义的结论是通过政治，即他们起初要求政治自由和平等，继而发现这还不够，就在政治要求之外又加上社会自由和社会平等的要求；德国人则通过哲学，即通过对基本原理的思考而成为共产主义者。恩格斯具体论述了当时德国哲学革命的发展状况。德国的哲学革命是随同法国的政治革命发生的。这个革命是由康德开始的，他推翻了17世纪末欧洲大陆上各大学所采用的陈旧的莱布尼兹形而上学体系。费希特和谢林开始了哲学的改造工作，黑格尔完成了新的体系。自从人们有思维以来，还从未有过像黑格尔体系那样包罗万象的哲学体系。逻辑学、形而上学、自然哲学、精神哲学、法哲学、宗教哲学、历史哲学，全都结合在一个体系内，归纳成一个基本原则。德国哲学从康德到黑格尔的进展是如此连贯，如此合乎逻辑，如此之必然。恩格斯在《德国农民战争》一书《1870年第二版序言的补充》中说，科学社会主义之所以产生在德国，就是因为德国民族是"欧洲最有理论修养的民族，他们保持了德国那些所谓'有教养的人'几乎完全丧失了的理论感。如果不是先有德国哲学，特别是黑格尔哲学，那么德国科学社会主义，即过去从来没有过的唯一科学的社会主义，就决不可能创立。如果工人没有理论感，那么这个科学社会主义就决不可能像现在这样深入他们的血肉。这个优越之处无比重要，表现在以下的事实中：一方面，英国工人运动虽然在各个行业中有很好的组织，但是发展得非常缓慢，其主要原因之一就是对于一切理论的漠视；另一方面，法国人和比利时人由于受初始形态的蒲鲁东主义的影响而产生谬误和迷惘，西班牙人和意大利人则由于受经巴枯宁进一步漫画化的蒲鲁东主义的影响而产生谬误和迷惘"①。

恩格斯对理论和实践的关系的看法是全面的。虽然他批评了英国人"对于一切理论的漠视"的缺点，同时也赞扬了他们注重实践的优点，这个优点比起德国人片面注重理论原则而忽视实践比较起来，他更加赞同英国人的做法。他说："我们的基本原则固然给我们提供了一个比较广泛的基础，因为这些原则是我们从包罗人类全部知识领域的哲学体系中得出的，不过在有关实践、有关影响现存社会的实际状况方面所做的一切，我们发现，英国社会主义者远远超过了我们，所以要做的就很少了。我想顺便提一下，我接触了一些英国社会主义者，几乎在每一个问题上，我都同意他们的看法。"②恩格斯在《社会主义从空想到科学的发展》1882年德文第一版序言中说："科学社会主义本质上就是德国的产物，而且也只能产生在古典哲学还生气勃勃地保存着自觉的辩证法传统的国家，即在德国。"③在这本书的1891年柏林版中，恩格斯在这里加了一条脚注："'在德国'是笔误，应当说在'德国人中间'，因为科学社会主义的产生，一方面必须有德国的辩证法，同样也必须有英国和法国的发达的经济关系和政治关系。德国的落后的——40年代初比现在还落后得多的——经济和政治的发展阶段，最多只能产生社会主义的讽刺画……。只有在英国和

---

① 《马克思恩格斯文集》第2卷，人民出版社2009年版，第217—218页。
② 《马克思恩格斯全集》第3卷，人民出版社2002年版，第493—494页。
③ 《马克思恩格斯文集》第3卷，人民出版社2009年版，第495页。

法国所产生的经济和政治状态受到德国辩证法的批判以后，才能得出确实的结论。因而，从这方面看来，科学社会主义并不完全是德国的产物，而同样是国际的产物。"①恩格斯认为，德国工人同欧洲其他各国工人比较起来，还有一个优越之处，就是德国工人参加工人运动，从时间上来说，差不多是最迟的。德国的理论上的社会主义永远不会忘记，它是站在圣西门、傅立叶和欧文的三个人的肩上的。虽然这三个人的学说还有十分虚幻和空想的性质，但是他们终究是属于一切时代最伟大的智士之列的，他们天才地预示了我们现在已经科学地证明了其正确性的无数真理。同德国的理论上的社会主义一样，德国的实践的工人运动也永远不应当忘记，他是站的英国和法国的运动的肩上发展起来的，它能够直接利用英国和法国的运动用很高的代价换来的经验，而在现在避免它们当时往往无法避免的那些错误。如果没有英国工联运动和法国工人政治斗争的榜样，如果没有特别是巴黎公社所给予的那种巨大的推动，德国的工人运动不会达到现在这样高的发展水平。现在德国的工人运动所以能够达到比欧洲各国的工人运动更加先进的地位，是由于"德国工人非常巧妙地利用了自己地位的有利之处。自从有工人运动以来，斗争是第一次在其所有三个方面——理论方面、政治方面和实践经济方面（反抗资本家）互相配合，互相联系，有计划地推进。德国工人运动所以强大有力和不可战胜，也正是由于这种可以说是集中的攻击"②。

---

① 《马克思恩格斯文集》第3卷，人民出版社2009年版，第495—496页。
② 《马克思恩格斯文集》第2卷，人民出版社2009年版，第218页。

研究中如何使用"从后思索"方法

　　马克思在《〈政治经济学批判〉导言》中说:"资产阶级社会是最发达的和最多样性的历史的生产组织。因此,那些表现它的各种关系的范畴以及对于它的结构的理解,同时也能使我们透视一切已经覆灭的社会形式的结构和生产关系。资产阶级社会借这些社会形式的残片和因素建立起来,其中一部分是还未克服的遗物,继续在这里存留着,一部分原来只是征兆的东西,发展到具有充分意义,等等。人体解剖对于猴体解剖是一把钥匙。反过来说,低等动物身上表露的高等动物的征兆,只有在高等动物本身已被认识之后才能理解。因此,资产阶级经济为古代经济等等提供了钥匙。""资产阶级经济学只有在资产阶级社会的自我批判已经开始时,才能理解封建的、古代的和东方的经济。"[①]马克思认为,复杂的事物是由简单的事物发展而来的,在复杂的事物中包含着简单的事物的残片和因素,是借简单的事物的残片

[①] 《马克思恩格斯文集》第8卷,人民出版社2009年版,第29—30页。

和因素逐步建立起来的，同时又还包含着未来事物的某些萌芽。只有理解了复杂的事物以后，才能更好地理解在它以前的简单的事物。对人类社会的理解也是如此。资产阶级社会是当时最发达和最多样性的历史的生产组织，它是借前资本主义社会的残片和因素建立起来的，同时又包含着未来社会主义社会的某些萌芽。只有理解了资本主义社会的经济结构，才能更好地理解各种前资本主义社会的经济结构。马克思这里所说的"封建的、古代的和东方的经济"具体指的是哪些社会的经济呢？理论界有不同的理解。我认为"封建的"经济指的是欧洲中世纪的农奴制经济，"古代的"经济指的是古希腊罗马的奴隶制经济，"东方的"经济指的是奴隶制的经济之前的农村公社的公有制经济，主要是指"亚细亚生产方式"。这同马克思1859年在《〈政治经济学批判〉序言》中所说的"亚细亚的、古希腊罗马的、封建的""经济的社会形态"[①]一样，只不过是把顺序颠倒过来了。

从马克思对整个人类历史全过程的实证研究来看，他不是首先研究亚细亚的、古希腊罗马的、封建的这些前资本主义的经济的社会形态，而是在充分认识了资本主义社会这一历史上最复杂的社会机体的经济结构、本质及其发展规律的基础上，再去研究这些前资本主义社会，揭示这些前资本主义社会的社会结构及其演变规律。马克思在《资本论》中系统阐释资本主义生产方式的产生和发展的过程中，同时也在很多地方论述了原始公社所有

[①] 《马克思恩格斯文集》第2卷，人民出版社2009年版，第592页。

制、奴隶制和农奴制的生产方式的特点和发展规律，在《1857—1858年经济学手稿》中，还专辟一章论述了"资本主义生产以前的各种形式"，其中论述了亚细亚的、古代的、日耳曼的原始的土地所有制形式及其解体以后所产生的各种派生形式。马克思在晚年又研究了古代社会史并写了《古代社会史笔记》（或称《人类学笔记》或《民族学笔记》）。由于他是在研究了资本主义社会这个最发达和最多样性的历史的生产组织以后，去研究前资本主义社会的，所以它对前资本主义社会的理解就比一般历史学家的理解更正确、更深刻，解决了一系列长期没有解决的关于前资本主义社会的社会结构问题。例如，经济基础和上层建筑之间的关系，是阶级社会特别是资本主义社会社会结构的"骨架"。原始社会是否存在经济基础和上层建筑及其相互关系，是长期没有解决的一个理论上的难题。马克思以阶级社会、特别是资本主义社会的社会结构理论为依据，分析原始社会的社会结构，认为在原始社会同样存在经济基础和上层建筑及其相互关系。马克思指出，氏族社会的家庭属于社会的经济基础，其亲属制度则属于社会的上层建筑。亲属制度随着家庭制度的变化而变化，就意味着上层建筑随着经济基础的变化而变化。摩尔根在《古代社会》一书中说："这种亲属制度和古老形式的氏族组织，通常是一起被发现的。家庭是一个能动的要素，它从来不是静止不动的，而是由较低级的形式进到较高级的形式。反之，亲属制度却是被动的；它把家庭经过一个长久时期所发生的进步记录下来，并且只有当家庭已经根本变化了的时候，它才发生根本的变化。"马克思在《摩尔根笔记》中摘录了这段话，并且补充说："同样，政治的、宗教的、法律的以至一般哲学的体系，都是如此。"①这表明，马克思认为，阶级社会、特别是资本主义社会的经济基础和上层建筑相互关系的原理也适用于说明氏族社会的社会结构。英国历史学家格罗特否定血源关系是氏族制度的基础，认为氏族只是观念地有一个共同的祖先，"根本的结构和观念的基础"在一切氏族中都是相同的。马克思在《摩尔根笔记》中辛辣地予以讽刺："不是观念的，是物质的，用德语说是肉欲的！"②马克思的意思是说，血缘关系是一种物质的社会关系，属于氏族制度的经济基础，而关于氏族的观念，则属于氏族制度的上层建筑。像阶级社会、特别是资本主义社会一样，在原始的氏族组织中，也存在经济基础和上层建筑之间的关系。

把"人体解剖是猴体解剖的钥匙"的这种研究历史方法，运用到理论研究中去，就形成了"从后思索"的方法。马克思在《资本论》第一卷中说："对人类生活形式的思索，从而对这些形式的科学分析，总是采取同实际发展相反的道路。这种思索是从事后开始的，就是说，是从发展过程的完成的结果开始的。"③这一"从后思索"的方法，对学习和研究马克思主义经典著作是十分重要和有益的。学习和研究马克思主义经典著作，既可以按时间先后顺序，从前到后研读，也可以反过来，从后向前研读。最好的方法是把二者结合起来。但是，"从后思索"的方法所得到的某些效果，是"从前思索"的方法所无法达到的。"从后思索"

① 《马克思恩格斯全集》第45卷，人民出版社1985年版，第354页。
② 《马克思恩格斯全集》第45卷，人民出版社1985年版，第503页。
③ 《马克思恩格斯文集》第5卷，人民出版社2009年版，第93页。

的方法，有助于防止把以前著作中的观点僵化、凝固化和教条化，有助于防止误解和曲解以前著作中的思想观点，容易掌握以前著作中某些观点的演变过程，容易准确掌握以前著作中的思想观点的确切含义，能够从更高的思想角度、更广阔的视野把握以前著作中的观点。

　　下面我们以马克思、恩格斯对俄国社会发展道路认识的演变过程为例加以说明。恩格斯在1874—1875年写的《论俄国的社会问题》和马克思在1877年写的《给〈祖国纪事〉杂志编辑部的信》中，提出了俄国农村公社所有制有可能不经过个体农民所有制和资本主义私有制，直接过渡到社会主义公有制。1881年马克思在《给唯·伊·查苏利奇的复信》及其草稿中，把这种直接过渡称为"不通过资本主义制度的卡夫丁峡谷"。后来，由于俄国社会条件和国际环境的变化，恩格斯在1894年写的《〈论俄国的社会问题〉跋》中，认为俄国农村公社"不通过资本主义制度的卡夫丁峡谷"直接过渡到社会主义社会的条件已经丧失，俄国已经大踏步地走上了资本主义道路，俄国年轻的资产阶级已经把国家完全掌握在自己的手中。我国理论界相当多的研究者，由于没有采取"从后思索"的方法，看不到俄国社会条件和国际环境的变化，不了解恩格斯在以后的著作中已经放弃了俄国农村公社有可能"不通过资本主义制度的卡夫丁峡谷"而直接过渡到社会主义社会的观点，至今仍然认为马克思、恩格斯自始至终都是坚持这种观点的，并且认为俄国十月革命和中国革命的胜利是对这种观点的证实。这是对马克思、恩格斯关于俄国社会发展道路思想的极大误解。如果采取了"从后思索"的方法，认真阅读了恩格斯1894年写的《〈论俄国的社会问题〉跋》，就会防止这种误解。同样，如果我们读了马克思写于1849年年底—1850年3月底和1850年10月—11月1日写的《1848年至1850年的法兰西阶级斗争》，再去读1848年2月发表的《共产党宣言》，就会对后者有更准确、更深刻的理解；如果我们读了恩格斯1895年3月为马克思的《1848年至1850年的法兰西阶级斗争》写的导言，再回过头去读马克思的《1848年至1850年的法兰西阶级斗争》，就会对后者有更深刻、更准确的理解；如果我们读了恩格斯为自己1845年发表的《英国工人阶级状况》一书写的《1892年德文第二版序言》，再回过头去读《英国工人阶级状况》一书，就会对后者有更深刻、更准确的理解；如果我们读了恩格斯为自己1850年写的《德国农民战争》一书写的《1870年第二版序言》和《1870年第二版序言的补充》，再回过头去读《德国农民战争》，就会对后者有更深刻、更准确的理解；如果我们读了恩格斯为自己1880年编写的《社会主义从空想到科学的发展》一书写的《1891年德文第四版序言》和《1892年英文版导言》，再回过头去读《社会主义从空想到科学的发展》，就会对后者有更深刻、更准确的理解。我们还可以列举更多的例子说明"从后思索"的方法对研读马克思主义经典著作的重要意义。

研究方法和叙述方法及其相互关系

马克思在《资本论》第一卷《第二版跋》中说："在形式上，叙述方法必须与研究方法不同。研究必须充分地占有材料，分析它的各种发展形式，探寻这些形式的内在联系。只有这项工作完成以后，现实的运动才能适当地叙述出来。这点一旦做到，材料的生命一旦在观念上反映出来，呈现在我们面前的就好像是一个先验的结构了。"①马克思在《〈政治经济学批判〉导言》中讲到政治经济学的方法时，具体地论述了研究方法和叙述方法的含义及其相互关系。政治经济学的研究方法是从具体到抽象的方法，应该从实在和具体开始，在经济学上作为全部社会生产行为的基础和主体的人口，是实在和具体，所以应该从人口开始。而人口是由阶级构成的，应该从人口中抽象出阶级这个概念。而阶级在资本主义社会是由雇佣劳动和资本构成的，所以应该从阶级这个概念中抽象出雇佣劳动和资本的概念。而雇佣劳动和资本又是以

---

① 《马克思恩格斯文集》第5卷，人民出版社2009年版，第21—22页。

交换、分工、价格等等为前提的。例如资本，如果没有雇佣劳动、价值、货币、价格等等，它就什么也不是。所以应该从资本这个概念中抽象出价值、货币、价格等概念。马克思指出："因此，如果我从人口着手，那么，这就是关于整体的一个混沌的表象，并且通过更切近的规定我就会在分析中达到越来越简单的概念；从表象中的具体达到越来越稀薄的抽象，直到我达到一些最简单的规定。"政治经济学的叙述方法是从抽象到具体的方法，而从抽象到具体的方法，就是从具体到抽象的方法的逆向过程。马克思指出：从抽象到具体的方法，"行程又得从那里回过头来，直到我最后又回到人口，但是这回人口已不是关于整体的一个混沌的表象，而是一个具有许多规定和关系的丰富的总体了"①。

马克思认为，政治经济学在它的初期，还没有分清研究方法和叙述方法的区别，在叙述方法上也采用从具体到抽象的方法。他指出："例如，17世纪的经济学家总是从生动的整体，从人口、民族、国家、若干国家等等开始；但是他们最后总是从分析中找出一些有决定意义的抽象的一般的关系，如分工、货币、价值等等。"②一旦形成这些抽象概念，政治经济学就采取从抽象到具体的叙述方法了。马克思指出："这些个别要素一旦多少确定下来和抽象出来，从劳动、分工、需要、交换价值等等这些简单的东西上升到国家、国际交换和世界市场的各种经济学体系就开始出现了。"③从具体到抽象的方法，既是政治经济学的研究方法，也

---

① 《马克思恩格斯文集》第8卷，人民出版社2009年版，第24页。

② 同上。

③ 同上。

是政治经济学初期采用的叙述方法。马克思把这种方法称为第一条道路。从抽象到具体的方法，则是马克思采用的政治经济学的叙述方法，马克思把这种方法称为第二条道路。他指出："后一种方法显然是科学上正确的方法。具体之所以具体，因为它是许多规定的综合，因而是多样性的统一。因此它在思维中表现为综合的过程，表现为结果，而不是表现为起点，虽然它是现实的起点，因而也是直观和表象的起点。在第一条道路上，完整的表象蒸发为抽象的规定；在第二条道路上，抽象的规定在思维行程中导致具体的再现。"①

马克思的《资本论》采用的就是从抽象到具体的叙述方法。《资本论》第一卷讲资本的生产过程。资本的生产过程是从商品开始的。商品是最简单、最抽象的概念，然后从商品概念进入较为具体的货币概念。货币是一种特殊的商品，它担负着其他商品所不能担负的职能，所以比商品概念更复杂，是一个比商品具有更多规定性的概念。然后从货币概念上升到资本概念，资本不仅包含着货币，而且包含劳动力成为商品、资本家剥削工人的剩余价值、资本分为不变资本和可变资本、剩余价值分为绝对剩余价值和相对剩余价值等方面的内容，因此，资本这个概念比货币这个概念更加复杂和具体。资本积累是《资本论》第一卷所论述的最复杂、最具体的概念，它包含着此前一切概念的内容，是这一卷一系列概念的总结。《资本论》第二卷研究资本的流通过程。马克思把资本流通过程分为三个阶段：第一阶段是货币转化

① 《马克思恩格斯文集》第8卷，人民出版社2009年版，第25页。

研究方法和叙述方法及其相互关系 /

为作为生产要素的资本，即资本家用货币购买生产资料和劳动力等商品，生产资料和劳动力都是资本的存在形式；第二阶段是资本家使购买来的生产资料和劳动力相结合，进行生产，从事生产的消费；第三阶段是资本家出售商品，换回货币。在资本的流通过程中，资本概念显然比第一卷中的生产过程的资本概念更为丰富和具体。《资本论》第三卷讲"资本主义生产的总过程"，这个总过程涉及资本的更加丰富的内容，包括剩余价值转化为利润和剩余价值率转化为利润率，利润转化为平均利润，利润率转化为平均利润率，利润率趋向下降的规律，商品资本和货币资本转化为商品经营资本和货币经营资本，剩余价值转化为借贷资本家的利息、产业资本家和商业资本家的利润以及土地所有者的地租，等等。

总之，在《资本论》中，反映资本主义经济关系及其辩证运动的经济范畴，正是按照从简单到复杂、从抽象到具体，一步一步地展现出概念、范畴的发展层次，再现对象本身的客观逻辑。从商品到货币，再从货币到资本，高一级的范畴建立在低一级范畴的基础上，同时又是更高一级范畴的基础。只有考察了前一个范畴，才能说明后一个范畴，只有考察了商品，才能说明货币，只有考察了货币，才能说明资本，只有考察了资本的生产过程，才能考察资本的流通过程，只有考察了资本的生产过程和流通过程，才能考察资本主义生产的总过程，说明资本的生产过程和流通过程的统一。各个范畴之间的逻辑顺序既不能跳跃，也不能颠倒，从整个范畴体系中抽掉其中任何一个环节，后面的范畴就难以理解。这种范畴之间的逻辑顺序，看起来似乎是"先验的结构"，其实，它以对大量材料的研究为基础，是对资本主义生产方式的内部结构及其发展规律的正确反映，由此形成了研究方法和叙述方法的辩证统一。

政治经济学的从抽象到具体的叙述方法，应该遵循逻辑和历史相一致的方法。恩格斯在《卡尔·马克思〈政治经济学批判·第一分册〉》中说："历史从哪里开始，思想进程也应当从哪里开始，而思想进程的进一步发展不过是历史过程在抽象的、理论上前后一贯的形式上的反映；这种反映是经过修正的，然而是按照现实的历史过程本身的规律修正的，这时，每一个要素可以在它完全成熟而具有典型性的发展点上加以考察。"①对逻辑和历史相一致的方法，不能机械地理解。诚然，逻辑的起点和进程应当与客观现实的历史发展进程相一致。如上所述，马克思在《资本论》中，从商品开始，进展到货币，再从货币进展到资本，这是对现实过程在理论上的反映。但是逻辑和历史的一致不是绝对的，而是"经过修正的"。因为历史的发展是十分复杂的，它在遵循一般的发展规律的同时，又包含无数的细节和偶然因素，而且经常通过迂回曲折的道路来表现其规律性。逻辑的任务在于对现实的历史过程做出理论的概括和总结，以"纯粹"的理论形态把握历史发展的规律，要做到这一点，就必须撇开现实的历史过程中的各种细节和偶然因素。

此外，在运用逻辑和历史相一致的方法时，还应该注意下面一种情况。马克思指出："在一切社会形式中都有一种一定的生

---

① 《马克思恩格斯文集》第2卷，人民出版社2009年版，第603页。

产决定其他一切生产的地位和影响，因而它的关系也决定其他一切关系的地位和影响。这是一种普照的光，它掩盖了一切其他色彩，改变着它们的特点。这是一种特殊的以太，它决定着它里面显露出来的一切存在的比重。"① 例如，在从事定居耕作处于支配地位的民族那里，连工业、工业的组织以及与工业相应的所有制形式都多少带有土地所有制的性质；或者像在古代罗马人中那样工业完全依附于耕作；或者像在中世纪那样工业在城市中和在城市的各种关系上模仿着乡村的组织。在中世纪，甚至资本——不是指纯粹的货币资本——作为传统的手工工具等等，也具有这种土地所有制的性质。在资产阶级社会中情况则相反，农业越来越变成仅仅是一个工业部门，完全由资本支配。地租也是如此。在土地所有制处于支配地位的一切社会形式中，自然联系还占优势。在资本处于支配地位的社会形式中，社会、历史所创造的因素占优势。不懂资本便不能懂地租。不懂地租却完全可以懂资本。资本是资产阶级社会支配一切的经济权力。在客观的历史进程中，虽然地租出现在先，资本出现在后，但在资本主义社会中，资本必须成为起点又成为终点，必须放在地租之前来说明。这就是说，经济范畴的次序是由它们在现代资产阶级社会中的相互关系决定的。在现代资产阶级社会中，必须先讲资本，然后再讲地租。

马克思和黑格尔建构自己理论体系的方法都是从抽象到具体的方法，但二者有根本的区别。马克思的从抽象到具体的方法，

---

① 《马克思恩格斯文集》第8卷，人民出版社2009年版，第31页。

是建立在唯物主义基础上的；黑格尔的从抽象到具体的方法，则是建立在唯心主义基础上的。马克思认为："具体总体作为思想总体、作为思想具体，事实上是思维的、理解的产物；但是，决不是处于直观和表象之外或驾于其上而思维着的、自我产生着的概念的产物，而是把直观和表象加工成概念这一过程的产物。"整体，当它在头脑中作为思想整体而出现时，是思维着的头脑的产物，实在主体仍然是在头脑之外保持着它的独立性，只要这个头脑还仅仅是思辨地、理论地活动着。因此就是在理论方法上，主体，即社会，也必须始终作为前提浮现在表象面前。马克思指出："黑格尔陷入幻觉，把实在理解为自我综合、自我深化和自我运动的思维的结果，其实，从抽象上升到具体的方法，只是思维用来掌握具体，把它当做一个精神上的具体再现出来的方式。但决不是具体本身的产生过程。"[①]恩格斯在评价马克思的《政治经济学批判·第一分册》中使用的从抽象到具体的方法与逻辑和历史相一致的方法时，也着重强调了它的唯物主义性质。他指出："我们看到，采用这个方法时，逻辑的发展完全不必限于纯抽象的领域。相反，逻辑的发展需要历史的例证，需要不断接触现实。因此这里插入了各种各样的例证，有的指出各个社会发展阶段上的现实历史进程，有的指出经济文献，以便从头追溯明确作出经济关系的各种规定的过程。"[②]

我国编写的各种关于马克思主义的教科书中，在讲到学习马

---

① 《马克思恩格斯文集》第8卷，人民出版社2009年版，第25页。
② 《马克思恩格斯文集》第2卷，人民出版社2009年版，第605页。

研究方法和叙述方法及其相互关系 /

克思主义的方法时，常常讲到要努力学习和掌握马克思主义的基本立场、观点和方法，要坚持理论联系实际的原则等等，这些方法当然很重要。但不能因此而不讲或忽略马克思、恩格斯自己归纳总结出来的抽象方法、典型研究方法，"从后思索"方法、研究方法和叙述方法及其相互关系。

拓展历史唯物主义的研究

历史唯物主义是马克思的重大发现之一，在马克思主义理论体系中占有重要地位。新中国成立70年来，历史唯物主义研究在深度和广度上都有很大进展，取得了丰硕研究成果。

主要研究课题和总体进展

1961年艾思奇主编的《辩证唯物主义历史唯物主义》教科书，是当时我国一部影响最大、使用最广的教材。该书的历史唯物主义部分在绪论之外，讲了生产力和生产关系、经济基础和上层建筑、阶级和国家、社会革命、社会意识及其形式、人民群众和个人在历史上的作用六个方面内容。

改革开放以来，历史唯物主义理论研究的领域不断拓展，对概念和原理的阐发不断深化。除了继续研究上述六个方面内容，还对实践基础上人、自然、社会的统一，社会实践的本质、形式及其在马克思主义理论体系中的地位，社会发展规律的性质、特点及其实现形式，历史过程论和历史动力论，历史决定论和主体选择论，历史进步论和历史代价论，普遍交往论和世界历史论，历史认识论和历史方法论，人类社会的时空结构，人的本质和人类解放等重大问题进行了深入研究。我国学术界对《资本论》及其手稿中的历史唯物主义理论、马克思恩格斯的东方社会发展道路理论以及《古代社会史笔记》《历史学笔记》对历史唯物主义的贡献作了深入研究，大大丰富了历史唯物主义体系。此外，一些学者还将眼界从国内扩展到国外，注重借鉴、吸收国外马克思主义研究的有益成果。

深化和拓展对历史发展动力的认识

历史发展动力理论是历史唯物主义体系的重要内容。20世纪五六十年代，我们主要讲历史发展的三大动力，即社会基本矛盾是历史发展的基本动力，阶级斗争是阶级社会发展的直接动力，人民群众是推动历史发展的决定性力量。

改革开放以来，我国学者极大地深化和拓展了对历史发展动力的研究，认为历史发展的动力是多方面的，这些动力紧密联系、互相制约，构成一个历史发展的动力系统。截至目前，学者们概括的历史发展动力主要有：地理环境和人口在历史发展中的作用，社会基本矛盾在历史发展中的作用，阶级斗争在阶级社会发展中的作用，个人和人民群众在历史发展中的作用，社会意识在历史发展中的作用，分工在历史发展中的作用，需要和利益在历史发展中的作用，交往在历史发展中的作用，革命和改革在历史发展中的作用，科学技术在历史发展中的作用等。伴随世界新科技革命的兴起和深入发展，我国学术界加强了对科学技术在历史发展中作用的研究。

深化和拓展对实践观点
在马克思主义理论体系中地位的认识

习近平总书记指出："实践的观点、生活的观点是马克思主义认识论的基本观点，实践性是马克思主义理论区别于其他理论的显著特征。"[1]这科学概括了实践观点在马克思主义理论体系中的地位，深化了对马克思主义实践性的认识。

我国学术界对实践观点在马克思主义理论体系中地位的认识，有一个不断深化的过程。一些学者首先认识到，实践观点是马克思主义认识论的基本观点，这是由于列宁说过"生活、实践的观点，应该是认识论的首要的和基本的观点"。此后认识到，实践观点不仅是马克思主义认识论的基本观点，而且是马克思主义历史观的基本观点，因为马克思说过"全部社会生活在本质上是实践的"。再后来认识到，实践观点不仅是马克思主义认识论和历史观的基本观点，而且是整个马克思主义哲学的基本观点。经过真理标准问题大讨论，学术界进一步认识到，实践观点不仅是马克思主义哲学的基本观点，而且是包括马克思主义哲学、马

---

[1]　习近平：《在纪念马克思诞辰200周年大会上的讲话》，《人民日报》2018年5月5日第2版。

克思主义政治经济学和科学社会主义在内的整个马克思主义理论体系的基本观点。

马克思主义是科学的理论、人民的理论、实践的理论、不断发展的开放的理论，这四个特点是有机统一的。马克思主义的实践性与科学性是统一的，它在实践的基础上创造性地揭示了人类社会发展规律；马克思主义的实践性与人民性是统一的，它是通过革命实践实现人民自身解放的思想体系；马克思主义的实践性与开放性是统一的，它在实践基础上不断探索和回答时代发展提出的新课题，回应人类社会面临的新挑战。

深化和拓展对人类社会发展规律的认识

历史唯物主义揭示了人类社会发展的一般规律。新中国成立以来，我国学者从多个层面和角度深化和拓展了对人类社会发展规律的认识。

人类社会发展规律建立在实践基础上。正如恩格斯所说，社会发展规律就是"人们自己的社会行动的规律"。[①]人类社会发展规律不是人类之外某种超自然的神秘力量创造的，它就产生于、存在于人的社会实践活动中，并且通过人的社会实践活动来实现。

人类社会发展规律具有客观性。人类的活动是有意识、有目的的，而且正是人类有意识、有目的的实践活动创造了人类历史，形成了人类历史发展规律。但不能因此就否定历史发展规律

---

① 《马克思恩格斯文集》第9卷，人民出版社2009年版，第300页。

的客观性,人类创造历史的活动是受客观条件制约的,任何人都不能随心所欲地创造历史。

人类社会发展规律具有抽象性和非直接现实性。它隐藏在各种社会现象的背后,是看不见摸不着的,需要通过抽象思维来把握。马克思指出:"分析经济形式,既不能用显微镜,也不能用化学试剂。二者都必须用抽象力来代替。"①分析经济形式是如此,分析人类社会及其发展规律也是如此,必须通过对纷繁复杂的社会现象进行深入分析才能揭示人类社会的本质和发展规律,并用以指导人类的实践活动。

历史决定论和主体选择是统一的。历史唯物主义决定论是一种承认社会发展具有客观规律性、必然性和因果制约性的理论,它不仅不否认和排斥主体选择的作用,而且认为它是历史决定论得以实现的前提。在历史唯物主义决定论看来,对历史发展的客观规律性的认识和揭示,为人们创造历史的能动活动开辟了广阔天地,使人的主体能动性得以更自由、更充分的发挥,从而能够以日益合乎规律的活动更加自觉地创造自己的历史。

深化和拓展对社会形态划分理论的认识

社会形态及其划分理论,是历史唯物主义最基本的理论之一。人类社会是一个结构极其复杂的系统,在各种要素相互联系、相互作用下,社会往往呈现出不同发展阶段和发展类型。人

---

① 《马克思恩格斯文集》第5卷,人民出版社2009年版,第8页。

们可以根据实践需要，从不同角度、根据不同标准、运用不同方法划分社会形态。

以生产关系的不同性质为标准，可以把人类历史划分为依次更替的五种社会形态，即原始社会、奴隶社会、封建社会、资本主义社会、共产主义社会（社会主义社会是共产主义社会的第一阶段），这是历史唯物主义划分社会形态的基本方法。随着理论研究的不断深入，学者们发现，在马克思、恩格斯的著作中，除了五种社会形态划分法，还有三种社会形态划分法。三种社会形态划分法以人的发展状况为标准，把人类历史划分为依次更替的三大社会形态：人的依赖性社会、物的依赖性社会、个人全面发展的社会。三种社会形态划分法和五种社会形态划分法，在本质上是一致的。人的依赖性社会包括原始社会、奴隶社会、封建社会三种社会形态，物的依赖性社会是资本主义社会，个人全面发展的社会是共产主义社会。我们既不能用三种社会形态划分法否定五种社会形态划分法，也不能用五种社会形态划分法否定三种社会形态划分法，二者都是直接或间接以生产关系性质为标准划分的，均属于经济的社会形态范畴。此外，还可以用生产力和技术发展水平以及与此相适应的产业结构为标准来划分社会形态。这样划分出来的社会形态，可以称之为技术社会形态。人类历史发展至今，经历了渔猎社会、农业社会、工业社会、信息社会这一技术社会形态序列。

关于无产阶级夺取政权以后的社会发展分期，马克思在《哥达纲领批判》中将其分为三个大的阶段：从资本主义社会到社会主义社会的过渡时期，共产主义社会的第一阶段即社会主义社会，共产主义社会高级阶段。党的十三大报告系统阐述了社会主义初级阶段理论，认为"我国从五十年代生产资料私有制的社会主义改造基本完成，到社会主义现代化的基本实现，至少需要上百年时间，都属于社会主义初级阶段"。这是对无产阶级夺取政权以后社会发展阶段划分理论的重大贡献，也是对整个社会形态划分理论的贡献。习近平总书记指出："经过长期努力，中国特色社会主义进入了新时代，这是我国发展新的历史方位。"[①]进入新时代，我国社会主要矛盾已经转化为人民日益增长的美好生活需要和不平衡不充分的发展之间的矛盾。但必须认识到，我国社会主要矛盾的变化，没有改变对我国社会主义所处历史阶段的判断，我国仍处于并将长期处于社会主义初级阶段的基本国情没有变，我国是世界最大发展中国家的国际地位没有变。习近平总书记强调，"我们推进改革发展、制定方针政策，都要牢牢立足社会主义初级阶段这个最大实际，都要充分体现这个基本国情的必然要求，坚持一切从这个基本国情出发。任何超越现实、超越阶段而急于求成的倾向都要努力避免，任何落后于实际、无视深刻变化着的客观事实而因循守旧、固步自封的观念和做法都要坚决纠正"[②]。所有这些，都是对历史唯物主义社会形态划分理论具体而重大的贡献。

拓展历史唯物主义的研究 /

① 《习近平著作选读》第二卷，人民出版社2023年版，第8—9页。
② 《习近平谈治国理政》，人民出版社2014年版，第26页。

资本逻辑是资本主义社会的"普照的光"

马克思在 1857 年写的《〈政治经济学批判〉导言》中说："在一切社会形式中都有一种一定的生产决定其他一切生产的地位和影响，因而它的关系也决定其他一切关系的地位和影响。这是一种普照的光，它掩盖了一切其他色彩，改变着它们的特点。这是一种特殊的以太，它决定着它里面显露出来的一切存在的比重。"① 马克思这段话的意思是说，在每一种社会形态中，都有一种生产部门占主导地位和起决定作用，从而这个生产部门的生产关系也占主导地位和起决定作用。这个占主导地位和起决定作用的生产部门及其生产关系，制约和决定着其他生产部门及其生产关系的地位和影响。它好像一种"普照的光"，掩盖了一切其他生产部门及其生产关系的色彩，改变了它们的特点，使它们从属于这种占主导地位的生产部门及其生产关系，并且带有这种占主导地位的生产部门及其生产关系的

---

① 《马克思恩格斯全集》第 30 卷，人民出版社 1995 年版，第 48 页。

特点。

马克思举了很多具体的例子说明这个观点。他首先以游牧民族为例，说明在游牧民族中偶尔出现了某种形式的耕作，这样就有了土地所有制关系。无论是对土地的耕作和经营及其生产关系，都从属于游牧民族的经营方式和生产关系，带有游牧民族的经营方式和生产关系的特点。与游牧民族相比从事定居耕作的民族是一大进步。在古希腊罗马的奴隶社会和欧洲封建社会中，耕作处于支配地位，这时连工业、工业的组织以及与工业相适应的所有制形式都不同程度地带有土地所有制的性质；古代罗马人中工业完全附属于耕作；中世纪工业在城市中和在城市的各种关系上都模仿着乡村的组织。在中世纪，甚至资本（当时还不是纯粹的货币资本）作为传统的手工工具等等，也具有这种土地所有制的性质。在资本主义社会中，情况则完全相反。工业是资本主义社会占主导地位的生产部门，农业越来越变成仅仅是一个工业部门，完全受资本支配。地租也是如此，资本主义的地租与前资本主义社会的地租有着本质的区别。在以前的土地所有制处于支配地位的一切社会形式中，自然经济还占优势。在资本主义处于支配地位的社会形式中，社会、历史所创造的因素占优势，一切生产都成了商品生产。在资本主义社会，无论是农业、商业、生息资本等，都必须从属于资本主义大工业，它们的经营方式和生产关系都从属于资本主义的生产关系，带有资本主义大工业的特点。资本主义大工业就是资本主义社会的"普照的光"，资本主义社会的一切生产部门及其生产关系，都必须从属于资本主义大工业，这就是资本逻辑。所以说，资本逻辑就是资本主义社会的

"普照的光"。如果我们撇开生产部门不谈，那么，资本逻辑就是资本主义生产关系及其在资本主义社会的支配作用。简要地说，资本主义生产关系及其在资本主义社会的支配作用，就是资本逻辑即资本主义社会的"普照的光"。

商业资本、生息资本、
土地所有权从属于产业资本

产业资本是资本主义社会占主导地位的生产形式，是资本主义社会的"普照的光"。资本的其他形式，包括商业资本、生息资本、土地所有权等等，无论在经营形式和生产关系上都从属于产业资本，带有产业资本的性质和特点。产业资本家雇用的雇佣工人所创造的剩余价值，是各种资本所有者收入的唯一源泉，无论是商业资本家的利润，生息资本家的利息，还是土地所有者的地租，都是产业工人所创造的剩余价值的一部分。利润是剩余价值的转化形式，在量上与剩余价值是相等的。价值规律是调节简单商品生产的规律，平均利润率规律是价值规律的转化形式，它是调节发达的资本主义生产的规律。关于商业资本和生息资本从属于产业资本的情况，马克思指出："商业形式和利息形式比资本主义生产的形式即产业资本更古老。产业资本是在资产阶级占统治地位的资本关系的基本形式，其他一切形式都不过是从这个基本形式派生的或次要的，——派生的，如生息资本；次要的，也就是执行某种特殊职能（属于资本主义的流通过程）的资本，如商业资本。所以，产业资本在它的产生过程中还必须首先使这些形式从属于自己，并把它们转化为它自己的派生的或特殊的职能。""一旦资本主义生产在它的诸多形式上发展起来，成了占统治地位的生产方式，生息资本就受到产业资本的支配，商业资本就会仅仅成为产业资本本身的一种从流通过程派生的形式。但是作为独立形式存在的生息资本和商业资本必须先被摧毁并从属于产业资本。"①马克思具体论述了商业资本和生息资本如何从属于产业资本。商业资本以各种不同的形式从属于产业资本，或者也可以说，商业资本成了产业资本的职能，成了执行某种特殊职能的产业资本。商人不再像中世纪那样购买商品，而是购买雇佣劳动，用于生产供他进行商业销售的商品。但是，这样一来，商业资本本身就失去了它和生产相比所具有的固定形式。中世纪的行会因此而受到工场手工业的抵制，手工业被限制在比较狭小的范围内。在中世纪，商人不过是城市行会和农民所生产的商品的包买商。商人向产业资本家的这种转化，同时也是商业资本向单纯的产业资本形式的转化。另一方面，生产者成了商人。例如，呢绒生产者不再是一小批一小批地逐次从商人那里获得自己所需要的材料，然后为商人劳动，而是自己按照自己资本的大小去购买材料，等等。各种生产条件，都作为他自己买来的商品进入生产过程。呢绒生产者现在不是为个别商人或某些顾客生产，而是为商业界生产了。

---

① 《马克思恩格斯全集》第35卷，人民出版社2013年版，第319页。

马克思考察了商业资本在形成产业资本的过程中的积极作用以及它沦为产业资本的奴仆的过程。起初，因为产业资本只是在商品流通并且是发展为商业的商品流通的前提下形成的，所以商业是行会的、农村家庭的和封建的农业生产转化为资本主义生产的前提。它使产品发展成为商品，这有时是因为它为产品创造了市场，有时是因为它提供了新的商品等价物，有时是因为它为生产提供了新的材料，并由此开创了一些一开始就以商业为基础的生产部门，它们既以替市场生产为基础，也以世界市场造成的生产要素为基础。在16世纪，各种发现和商业冒险引起了工场手工业。"一旦工场手工业相当巩固了，尤其是大工业相当巩固了，它就又为自己创造市场，夺取市场，一部分是采用暴力手段来开辟市场，但市场是它用自己的商品本身来夺取的。以后，商业就只不过是工业生产的奴仆，而对工业生产来说，市场的不断扩大则是它的生活条件，因为不断扩大的大量生产不受现有的商业界限（就它仅仅反映现有需求而言）的限制，而是仅仅受现有的资本量和劳动生产力发展水平的限制，它不断地使现有市场商品充斥，从而不断地促使市场界限扩大和延展。在这里商业是产业资本的奴仆，它执行从产业资本的生产条件中产生的一项职能。"① 这项职能就是商品的流通职能。

生息资本在资本主义生产方式以前很早就已经产生，并且存在于极不相同的社会形态中。资本主义生产方式以前的生息资本称为高利贷资本。高利贷资本的发展和商人资本的发展（特别是和货币经营资本的发展）是联结在一起的。商人借货币，是为了

---

① 《马克思恩格斯全集》第35卷，人民出版社2013年版，第321页。

用这个货币谋取利润。在奴隶制经济作为致富手段的一切社会形式中，在货币通过购买奴隶、土地等等而成为占有别人劳动的手段的一切社会形式中，货币正是因为可以这样使用，所以作为资本可以增殖，生出利息。但上述两种情况并不是高利贷资本的主要特征。在资本主义生产方式以前的各个时期，高利贷资本的主要特征表现在以下两个方面：其一是对那些大肆挥霍的显贵，主要是对地主放的高利贷；其二是对那些自己拥有劳动条件的小生产者放的高利贷。这种小生产者包括手工业者，但主要是农民，在资本主义以前的状态中，只要这种状态允许单个的小生产者存在，农民必定是这种小生产者的大多数。富裕地主因为高利贷而遭到破产，小生产者被敲骨吸髓，这两种情况造成了大货币资本家的形成和集中，这是在欧洲导致资本主义生产方式产生的一个重要因素。

资本主义生产方式下的生息资本与前资本主义生产方式下的高利贷资本有着根本性质的不同。首先，如上所述，前资本主义生产方式下的高利贷资本主要是把货币贷给富裕地主和独立的个体生产者，资本主义生产方式下的生息资本主要是把货币贷给职能资本家（包括产业资本家和商业资本家）。其次，前资本主义社会的高利贷者的利息占有直接生产者的全部剩余价值，资本主义生产方式下的生息资本的利息只是产业资本家剥削雇佣工人创造的剩余价值（利润）的一部分。再次，在前资本主义生产方式下，高利贷资本与劳动者直接对立，盘剥劳动者的剩余价值；在资本主义生产方式下的生息资本，不与劳动者直接对立，而与提供利润的职能资本家直接对立，货币资本家和职能资本家形成两个特殊的阶级，是因为利润分为企业主的纯利润和利息两种收入部门。

最后，资本主义以前的生产方式下的高利贷资本的利息非常高，所以它能造成富裕地主和个体劳动者的破产。在资本主义生产方式下，由于借款的人是职能资本家，他们付给货币资本家的利息只是利润的一部分，而且职能资本家极力压低利息，以便自己保留更多的利润。职能资本家在国家的支持下在与高利贷者的斗争中取得越来越有利的地位。特别是在信用制度建立和完善起来以后，更加有利于产业资本家，从而使生息资本家从属于产业资本家。正如马克思所说："信用制度是作为对高利贷者的反作用而发展起来的。""这一点所表示的，恰好就是生息资本从属于资本主义生产方式的条件和需要。"①一旦资本主义生产方式在它的诸多形式上发展起来，成了占统治地位的生产方式，生息资本就会受到产业资本的支配。但是，作为独立形式存在的生息资本必须先被摧毁并从属于产业资本。对生息资本实施国家暴力，强行压低利息率，使生息资本再也不能把条件强加于产业资本。但是，这是一种属于资本主义生产最不发达阶段的形式。马克思指出："产业资本使生息资本从属于自己而使用的真正方式，是创造一种产业资本所特有的形式——信用制度。强行降低利息率还是产业资本本身从以前的生产方式的方法中借用来的形式，一旦产业资本强大了，夺取了地盘，它就把这个形式当做无用的、不合目的的东西扔掉。信用制度是它自己的创造，信用制度本身是产业资本的一种形式，它开始于工场手工业，随着大工业而进一步发展起来。"②

---

① 《马克思恩格斯全集》第46卷，人民出版社2003年版，第678页。
② 《马克思恩格斯全集》第35卷，人民出版社2013年版，第319页。

　　生息资本对产业资本的从属性主要表现在以下几个方面：首先，如果我们假定，产业资本生产的总利润和其中要作为利息支付给生息资本家的部分之间的比例是固定的。在这种情况下，利息会随着总利润的变动而提高或降低，而总利润则由平均利润率和平均利润率的变动决定。如果利息等于平均利润的一个不变的部分，结果必然是：平均利润率越高，总利润和利息之间的绝对差额就越大，因而总利润中归产业资本家的部分就越大，归生息资本家的部分就越小；反过来，情况也就相反。因此，在利润率不同时，不同的利息率可以代表总利润中同一个部分，或总利润中同一个百分比部分。在利息率有这样不变的比例时，平均利润率越高，产业利润（总利润和利息之间的差额）就越大，生息资本家的利息就越小；反过来，情况也就相反。其次，利息是由平均利润率调节的。产业资本和商业资本参加平均利润率的形成，生息资本并不参加平均利润率的形成。如果假定利息和总利润之间的比例是基本不变的，产业资本家和商业资本家能够并且也愿意与利润的高低成正比例地支付较高或较低的利息。这样做对他们有利。因为我们知道，利息率的高低和资本主义生产的发展成反比，即资本主义生产的发展水平越高，从而资本的有机构成越高，利润率就越低，所以由此也可以看出，利息是由利润调节的，确切地说，是由平均利润率调节的，平均利润率是利息的有最后决定作用的最高界限。再次，利息率的高低受现代工业即产业在其中运动的周转周期的影响，即受工业的沉寂状态、逐渐活跃、繁荣、生产过剩、崩溃、停滞再到沉寂状态的周期的影响。一般说来，低利息率多数与繁荣时期和有额外利润时期相适应，利息率的提高与繁荣时期转向急转直下的阶段相适应，而达到高利贷极限程度则与危机相适应。但也不能把这种变化绝对化，有时低利息率可能和停滞结合在一起，适度提高的利息率又可能和逐渐活跃结合在一起。

不仅商业资本和生息资本从属于产业资本，土地所有权也从属于产业资本。首先，从土地的经营形式上说，在封建社会，土地所有者把土地租给直接劳动者，由劳动者直接经营；在资本主义社会，土地所有者以契约形式把土地租给租地农场主即农业资本家，农业资本家以租地农场主的身份，运用资本主义农场的形式，雇用农业工人从事经营，这就像产业资本家以大工厂的形式雇用产业工人从事经营一样。其次，从地租的性质来看，在封建社会，"地租的本质就在于，它是剩余价值和剩余劳动的唯一的占统治地位的和正常的形式。""不仅剩余价值和地租是一致的，而且剩余价值还明显地具有剩余劳动的形式，同时地租的自然条件或界限也十分清楚地表现出来，因为它们就是剩余劳动一般的自然条件和界限。"① 在资本主义社会，地租的性质发生了变化，这种变化不是偶然的，而是正常的，是在它的公认和占统治地位的形式上发生的。马克思指出："现在地租就由剩余价值和剩余劳动的正常形式，变为这个特殊生产部门即农业生产部门所特有的、超过被资本当作应优先归自己所有并且通常也归自己所有的东西而要求取得的那部分剩余劳动而形成的余额。现在，剩余价值的正常形式已经不是地租，而是利润，地租已经不是剩余价值

① 《马克思恩格斯全集》第46卷，人民出版社2003年版，第897、895页。

一般在特殊情况下独立化的形式，而只是剩余价值的一个分支即超额利润在特殊情况下独立化的形式。"①再次，从农产品变为商品的情况来看，在封建社会，土地所有者只是把他的生存资料的剩余部分转化为商品，而对租地农场主来说，绝大部分农产品都是商品，只有一个极小部分直接转化为它的生存资料。马克思指出："对资本主义租地农场主来说，土地产品作为商品来生产已经成了正常现象；以前只有超过他的生存资料的余额才转化为商品，而现在这种商品相对说来只是一个微不足道的部分直接转化为他的生存资料。"②最后，从农业劳动的生产率来看，在封建社会，农业劳动的生产率直接由农业劳动自身决定；而在资本主义社会，农业劳动的生产率是由工业资本的劳动生产率决定。马克思指出：在资本主义社会，"已经不是土地使农业劳动直接从属于自身和自身的生产率，而是资本使农业劳动直接从属于自身和自身的生产率"③。

---

① 《马克思恩格斯全集》第46卷，人民出版社2003年版，第904页。

② 同上。

③ 同上。

资本逻辑与三大社会形态的划分

　　三大社会形态划分理论是马克思在《1857—1858年经济学手稿》中提出来的。他指出："人的依赖关系（起初完全是自然发生的），是最初的社会形式，在这种形式下，人的生产能力只是在狭小的范围内和孤立的地点上发展着。以物的依赖性为基础的人的独立性，是第二大形式，在这种形式下，才形成普遍的社会物质交换、全面的关系、多方面的需要以及全面的能力的体系。建立在个人全面发展和他们共同的、社会的生产能力成为从属于他们的社会财富这一基础上的自由个性，是第三个阶段。第二个阶段为第三个阶段创造条件。"[①] 三大社会形态是以人的发展状况为依据划分的，而人的发展状况在很大程度上又是由劳动者与劳动的客观条件之间的关系决定的，所以也可以说三大社会形态是以劳动者与劳动的客观条件之间的关系为依据划分的。三大社会形态划分理论中的第一大社会形态是人的依赖性社会即前资本主义社会，第二大社会形态

---

① 《马克思恩格斯全集》第30卷，人民出版社1995年版，第107—108页。

是物的依赖性社会即资本主义社会，第三大社会形态是个人全面发展的社会即未来的社会主义社会和共产主义社会。

马克思讲三大社会形态理论的划分，重点是为了讲物的依赖性社会即资本主义社会，揭示资本主义生产方式的发展规律。劳动者和劳动的客观条件相分离，既是资本主义生产方式产生的前提，又是资本主义生产方式区别于其他生产方式的主要特点。在人的依赖性社会，劳动者与劳动的客观条件是结合在一起的；在物的依赖性社会，劳动者与劳动的客观条件是相分离的，在个人全面发展的社会，劳动者与劳动的客观条件又在更高的形式上结合在一起。

马克思在《1857—1858年经济学手稿》中的"资本主义生产以前的各种形式"一章中，论述了劳动者与劳动的客观条件相分离是资本主义生产方式产生的前提之一。他指出："雇佣劳动的前提和资本的历史条件之一，是自由劳动以及这种自由劳动同货币相交换，以便再生产货币并增殖其价值，也就是说，以便这种自由劳动不是作为用于享受的使用价值，而是作为用于获取货币的使用价值，被货币所消耗；而另一个前提就是自由劳动同实现自由劳动的客观条件相分离，即同劳动资料和劳动材料相分离。可见，首要的是，劳动者同他的天然的试验场即土地相脱离，从而自由的小土地所有制解体，以及以东方公社为基础的公共土地所有制解体。"[1]马克思在《资本论》第一卷第二十四章"所谓的原始积累"中总结了资本主义形成的前史。他指出：劳动者和他的生产资料的私有权是小生产的基础，"它的消灭，个人的分散的生产

---

① 《马克思恩格斯全集》第30卷，人民出版社1995年版，第465页。

资料转化为社会的积聚的生产资料，从而多数人的小财产转化为少数人的大财产，广大人民群众被剥夺土地、生活资料、劳动工具，——人民群众遭受的这种可怕的残酷的剥夺，形成资本的前史。"[①]这就是说，马克思把西欧资本主义起源的具体形式和道路概括为三个方面：其一，生产者同生产资料相分离，广大人民群众被剥夺一切生产资料，成为无产者；其二，变个人的分散的生产资料为社会集中的生产资料，变多数人的小财产为少数人的大财产，即生产资料集中在少数资本家手中；其三，其结果是，以个人劳动为基础的私有制被资本主义私有制所代替。在这一章的最后，马克思以唯物辩证法的否定之否定规律的表述方式，总结了从劳动者与生产资料相结合到劳动者与生产资料相分离、再到劳动者与生产资料在更高形式的结合的全过程。马克思指出："从资本主义生产方式产生的资本主义占有方式，从而资本主义的私有制，是对个人的、以自己劳动为基础的私有制的第一个否定。但资本主义生产由于自然过程的必然性，造成了对自身的否定。这是否定的否定。这种否定不是重新建立私有制，而是在资本主义时代的成就的基础上，也就是说，在协作和对土地及靠劳动本身生产的生产资料的共同占有的基础上，重新建立个人所有制。"[②]这里讲的"重新建立个人所有制"，指的就是劳动者对"生产资料的共同占有"，即劳动者与生产资料在更高的形式上的结合。

在物的依赖性社会即资本主义社会，由于劳动者与劳动的客

① 《马克思恩格斯全集》第44卷，人民出版社2001年版，第873页。
② 《马克思恩格斯全集》第44卷，人民出版社2001年版，第874页。

观条件相分离，造成了人与物之间如下的关系，即不是人支配物，而是物支配人，物与物的关系成为在人之外、与人相对立、并且支配人的异己力量。物的依赖性社会的实质在于，以物与物之间的关系掩盖了人与人之间的社会关系，掩盖了资本家对雇佣工人的剥削关系和剥削程度。马克思指出："资本不是物，而是一定的、社会的、属于一定历史社会形态的生产关系，后者体现在一个物上，并赋予这个物以独特的社会性质。资本不是物质的和生产出来的生产资料的总和。资本是已经转化为资本的生产资料，这种生产资料本身不是资本，就像金或银本身不是货币一样。社会某一部分人所垄断的生产资料，同活劳动力相对立而独立化的这种劳动力的产品和活动条件，通过这种对立在资本上人格化了。"① 在物的依赖性社会即资本主义社会中，资本主义社会的"普照之光"即资本逻辑，就在于它把资本主义生产关系这种人与人之间的社会关系，变成物与物之间的关系，把已经转化为资本的生产资料仍然看作物，而不是看作生产关系；把资本家与雇佣工人之间的剥削与被剥削的关系，看作物与物之间的关系，把资本家对雇佣工人的统治看作物对人的统治，就是把商品、货币、资本等体现社会关系的范畴看作物，把它们神秘化，对它们加以崇拜，简言之，就是形成拜物教。马克思的《资本论》就是揭露和批判这种资本逻辑，揭示它的神秘性质。马克思在《资本论》中，依次批判了商品的拜物教性质、货币的拜物教性质、资本的拜物教性质和社会总资本的拜物教性质，以及社会关系的异

① 《马克思恩格斯全集》第46卷，人民出版社2003年版，第922页。

化和物对人的统治。

第一，关于商品的拜物教性质。马克思通过对商品生产中私人劳动与社会劳动的关系或矛盾，揭露了商品的拜物教性质，认为商品的拜物教性质"来源于生产商品的劳动所特有的社会性质"[①]。在商品经济中，具有使用价值的物品成为商品。它们是彼此独立进行的私人劳动的产品，这种私人劳动的总和构成社会总劳动。因为商品生产者只有通过交换他们的劳动产品才发生社会接触，所以他们的私人劳动的独特的社会性质只有在这种交换中才表现出来。或者换句话说，私人劳动在事实上成为社会总劳动的一部分，是由于交换才使劳动产品之间、从而使商品生产者之间发生关系。因此，在商品生产者面前，他们的私人劳动的社会关系，不是表现为人们在自己劳动中直接的社会关系，而是表现为人们之间的物的关系和物与物之间的关系。这种物的关系和物与物之间的关系掩盖了人与人之间的社会关系。马克思把这种物与物之间的关系和人与人之间的关系的颠倒称之为"商品拜物教"。他指出："商品形式和它借以得到表现的劳动产品的价值关系，是同劳动产品的物理性质以及由此产生的物的关系完全无关的。这只是人们自己的一定的社会关系，但它在人们面前采取了物与物的关系的虚幻形式。因此，要找一个比喻，我们就得逃到宗教世界的幻想中去。在那里，人脑的产物表现为赋有生命的、彼此发生关系并同人发生关系的独立存在的东西。在商品世界里，人手的产物也是这样。我把这叫作拜物教。劳动产品一旦作

---

① 《马克思恩格斯全集》第44卷，人民出版社2001年版，第90页。

为商品来生产，就带上拜物教性质，因此拜物教是同商品生产分不开的。"①

第二，关于货币的拜物教性质。马克思通过对商品使用价值和交换价值的关系或矛盾的分析，揭露了货币的拜物教性质。商品具有使用价值和交换价值二重属性，使用价值虽然是社会需要的对象，因而处在社会关系之中，但它并不反映任何社会关系。交换价值首先表现为各种使用价值可以互相交换的量的关系。劳动的量的存在是劳动时间，交换价值是由社会必要劳动时间计算的。与生产使用价值的劳动不反映社会关系不同，生产交换价值的劳动是劳动的社会规定性，交换价值反映了商品生产者之间的社会生产关系。随着生产资料私有制的发展和社会分工的扩大，商品生产和商品交换也不断扩大。于是表现为交换价值的等价物就从个别等价物发展为特殊等价物，从特殊等价物发展为一般等价物，最后从一般等价物发展为货币。货币的出现，使商品的交换过程解除了一切形式规定性，使直接的物质形态彼此发生关系，这就进一步用物与物之间的关系掩盖了人与人之间的社会生产关系，强化了商品的拜物教性质，形成了货币拜物教。

货币拜物教是商品拜物教的发展形态。金和银是最适合于作为货币材料的商品。所以马克思说：货币，即金和银，"一从地底下出来，就是一切人类劳动的直接化身。货币的魔术就是由此而来的。人们在自己的社会生产过程中的单纯原子般的关系，从

---

① 《马克思恩格斯全集》第44卷，人民出版社2001年版，第89—90页。

而，人们自己的生产关系的不受他们控制和不以他们有意识的个人活动为转移的物的形式，首先就是通过他们的劳动产品普遍采取商品形式这一点而表现出来。因此，货币拜物教的谜就是商品拜物教的谜，只不过变得明显了，耀眼了。"①

第三，关于资本的拜物教性质。在资本主义生产方式中，商品拜物教和货币拜物教发展为资本拜物教。资本拜物教以更高级、更隐蔽的形式用物与物的关系掩盖了资本主义生产方式的人与人之间的剥削与被剥削关系。马克思指出："在论述资本主义生产方式甚至商品生产的最简单的范畴时，在论述商品和货币时，我们已经指出了一种神秘性质，它把在生产中由财富的各种物质要素充当承担者的社会关系，变为这些物本身的属性（商品），并且更直截了当地把生产关系本身变成物（货币）。一切已经有商品生产和货币流通的社会形式，都有这种颠倒。但是，在资本主义生产方式下和在构成其占统治地位的范畴，构成其起决定作用的生产关系的资本那里，这种着了魔的颠倒的世界就会更加厉害得多地发展起来。"②这就是说，资本已经变成一种非常神秘的东西，社会劳动的一切社会生产力，好像都不为劳动本身所有，而为资本所有，都好像是从资本自身生长起来的力量。

第四，关于社会总资本的拜物教性质。资本是增殖价值的价值，它反映了资本主义生产方式中资本家和雇佣工人之间的剥削和被剥削的关系。资本家通过购买工人的劳动力，在生产过程中

---

① 《马克思恩格斯全集》第44卷，人民出版社2001年版，第112—113页。
② 《马克思恩格斯全集》第46卷，人民出版社2003年版，第936页。

剥削雇佣工人的剩余劳动，获得剩余价值。工人生产的剩余价值是各种资本家的利润的唯一源泉。它不是在流通中产生的，但却又必须通过流通过程才能实现。在资本运动的过程中，它采取商品、货币、劳动工具、劳动材料以及劳动场所等物质形态，于是人们就在观念上形成一种错觉，似乎这些物本身天然就是资本，它们本身就具有自行增殖的魔力。资本主义生产的社会总资本的运动过程加强了这种错觉。在资本主义生产中，每个单个资本都是独立的实体，它们似乎是互不相干的。但在实际上，所有的个别资本都不可能孤立地存在和运行，而是彼此互相依存、互相联系的。由互相依存、互相联系的个别资本所组成的总和就是社会总资本。个别资本在不断循环和周转运动中所形成的互为条件、互相交错的资本运动的总体，就是社会资本运动，亦即社会总资本的运动。社会总资本的运动强化了商品拜物教和货币拜物教的错觉，进一步掩盖了资本主义生产方式中资本家对雇佣工人的剥削。为什么这样说呢？因为在社会总资本的运动过程中，利润分割为产业利润、商业利润、利息和地租，由产业利润和商业利润形成的产业资本家和商业资本家的收入，似乎不是来自雇佣工人创造的剩余价值，而是来自资本家自身的资本及其经营活动；而生息资本家的利息不仅和资本主义生产过程无关，而且也和资本主义的流通过程无关，似乎是资本自身就具有这种增殖能力，所以它好像更不是来源于雇佣工人创造的剩余价值。

马克思指出："在生息资本上，这个自动的物神，自行增殖的价值，会生出货币的货币，纯粹地表现出来了，并且在这个形式上再也看不到它的起源的任何痕迹了。社会关系最终表现为一种物即货币同它自身的关系。"①这样，"在生息资本的形式上，资本拜物教的观念完成了"②。此外，由于土地所有者凭借土地所有权，在分割利润时能获得地租，又进一步神秘化了资本关系，作为地租占有的那部分工人创造的剩余价值，更好像不是和社会关系联系在一起，而是直接和一个自然要素（土地）联系在一起的，是由于占有土地获得的。从利润和剩余价值的分割和分配这种现象来看，利润确实是来源于资本，地租确实是来源于土地和土地所有权，工资确实是来源于雇佣工人的劳动。但是从资本主义生产方式的实质来看，利润、利息、地租、工资都来源于雇佣工人在生产过程中所创造的价值和剩余价值，都是雇佣工人的对象化的社会劳动。"但在生产当事人面前，在生产过程的不同职能的承担者面前，事情却不是以这种形式表现出来的，而是相反地以一种颠倒的形式表现出来的。……对那些生产当事人来说，资本、土地所有权和劳动，表现为三个不同的、独立的源泉。"③在资本—利润（或者，更恰当地说是资本—利息）、土地—地租、劳动—工资，在这个表示价值和财富一般的各个组成部分同其各种源泉的联系的庸俗经济学家所提出的"三位一体的公式"中，"资本主义生产方式的神秘化，社会关系的物化，物质的生产关系和它们的历史社会规定性的直接融合已经完成：这是一个着了魔的、颠倒的、倒立着的世界。在这个世界里，资本先生和土地太太，作为社会的人物，同时又直接作为单纯的物，在兴妖作

---

① 《马克思恩格斯全集》第46卷，人民出版社2003年版，第441页。
② 《马克思恩格斯全集》第46卷，人民出版社2003年版，第449页。
③ 《马克思恩格斯全集》第46卷，人民出版社2003年版，第931页。

怪"①。马克思创立的政治经济学，把产业利润、商业利润、利息和地租的唯一的直接来源归结为雇佣工人在生产过程中创造的剩余价值，"这样，它就把上面那些虚伪的假象和错觉，把财富的不同社会要素互相间的这种独立化和硬化，把这种物的人格化和生产关系的物化，把日常生活中的这个宗教揭穿了"②。

第五，关于社会关系的异化和物对人的统治。这种情况表现在很多方面。首先，在物的依赖性社会劳动的客观条件同劳动者相异化，亦即工人所创造的物化劳动同自己的活劳动相异化。这是因为工人创造的产品（物化劳动）不归工人所有，而归资本家所有，并且成为资本家剥削和统治工人的手段。正如马克思所说：在物的依赖性社会，"劳动的客观条件对活劳动具有越来越巨大的独立性"，工人创造的社会财富"越来越巨大的部分作为异己的和统治的权力同劳动相对立。关键不在于对象化，而在于异化，外化，外在化，在于不归工人所有，而归人格化的生产条件即资本所有，归巨大的对象［化］的权力所有，这种对象［化］的权力把社会劳动本身当作自己的一个要素而置于同自己相对立的地位"③。其次，在物的依赖性社会，由于分工和交换的发展所造成的社会关系的物化，商品、货币等等社会关系成为在生产者之外、与生产者相对立、并不依赖于生产者反而控制生产者的权力。马克思指出："随着生产的社会性的增长，货币的权力也按同一程度增长，也就是说，交换关系固定为一种对生产者

---

① 《马克思恩格斯全集》第46卷，人民出版社2003年版，第940页。
② 同上。
③ 《马克思恩格斯全集》第31卷，人民出版社1998年版，第243—244页。

来说是外在的、不依赖于生产者的权力。最初作为促进生产的手段出现的东西，成了一种对生产者来说是异己的关系。生产者在什么程度上依赖于交换，看来，交换也在什么程度上不依赖于生产者，作为产品的产品和作为交换价值的产品之间的鸿沟也在什么程度上加深。货币没有造成这些对立和矛盾；而是这些矛盾和对立的发展造成了货币的似乎先验的权力。"①再次，在物的依赖性社会，由于上述两种对立，因而虽然各个个人的生产和交换都是自觉地、有目的地进行的，但对于社会总体来说，生产和交换却呈现为无政府状态。马克思以流通为例指出："流通是这样一种运动，在这种运动中，普遍转让表现为普遍占有，普遍占有表现为普遍转让。这一运动的整体虽然表现为社会过程，这一运动的各个因素虽然产生于个人的自觉意志和特殊目的，然而过程的总体表现为一种自发形成的客观联系；这种联系尽管来自自觉的个人的相互作用，但既不存在于他们的意识之中，作为总体也不受他们支配。他们本身的相互冲突为他们创造了一种凌驾于他们之上的异己的社会权力；他们的相互作用表现为不以他们为转移的过程和强制力。"②最后，在物的依赖性社会，由于人们之间的社会关系的物化，使物质生产活动和社会生产关系成为统治人的异己力量，所以在这种物质的生产活动和社会关系的基础上所形成的观念，也成了统治人的异己的精神力量。而观念总是一种抽象。所以观念的统治就表现为"抽象的统治"。正如马克思所说：

---

① 《马克思恩格斯全集》第30卷，人民出版社1995年版，第95—96页。
② 《马克思恩格斯全集》第30卷，人民出版社1995年版，第147—148页。

与人的依赖关系相对立的物的依赖关系表现为这样的情形，"个人现在受抽象统治，而他们以前是互相依赖的。但是，抽象或观念，无非是那些统治个人的物质关系的理论表现"。因为这种抽象或观念的统治，有利于维护和巩固统治阶级的权力，所以"关于这种观念的永恒性及上述物的依赖关系的永恒性的信念，统治阶级自然会千方百计地来加强、扶植和灌输"①。

---

① 《马克思恩格斯全集》第30卷，人民出版社1995年版，第114页。

资本逻辑与生产劳动和非生产劳动的划分

在资本主义社会，如何区分生产劳动和非生产劳动，这是政治经济学研究中的一个十分重要的问题，也是分歧极大的问题。古典经济学家虽然在这个问题上提出一些合理思想，但同时又存在许多模糊不清、自相矛盾的看法。马克思认为，在资本主义社会，只有为资本家生产剩余价值的雇佣劳动才是生产劳动，不能为资本家生产剩余价值的劳动则属于非生产劳动。这就是说，生产劳动和非生产劳动的区分必须以资本主义生产关系为依据，即必须服从资本逻辑。在资本主义社会，是否是为资本家生产剩余价值的雇佣劳动这个资本逻辑，就成为区分生产劳动和非生产劳动的"普照的光"。马克思的这个思想，是在《1861—1863年经济学手稿》中考察和分析亚当·斯密对生产劳动和非生产劳动区分的思想的是非得失的过程中论述的。

马克思首先考察了亚当·斯密的观点与重农学派和重商学派的观点之间的联系。马克思认为，尽管重农学派错误地认为只有农业劳动才是生产的，但是他们坚持了正确的见解，即认为从资本主义的观点来看，只有创造剩余价值的劳动，并且不是为自己而是为土地所有者创造剩余价值的劳动，才是生产的。虽然他们对剩余价值本身的理解是错误的，因为他们对价值有不正确的看法，他们把价值归结为劳动的使用价值，而不是归结为劳动时间，不是归结为没有质的差别的社会劳动。但"他们还有一个正确的定义：雇佣劳动只有当它所创造的价值大于它本身所花费的价值的时候才是生产的"①。马克思又从重农学派回溯到重商学派。在重商学派那里对生产劳动也有与重农学派同样见解的一面，尽管他们没有自觉地意识到这一点。重商学派的基本观点是："劳动只有在产品出口带回的货币多于这些产品所值的货币（或多于为换得这些产品而必须出口的货币）的那些生产部门，因而只有在使国家有可能在更大的程度上分沾当时新开采的金矿的产品的那些生产部门，才是生产的。"②亚当·斯密对一切问题的见解也像重农学派和重商学派一样，都具有二重性，即正确性和非正确性。在对生产劳动和非生产劳动的区分问题上也是这样。马克思指出："他在区分生产劳动和非生产劳动时给生产劳动下的定义也是如此。我们发现在他的著作中，他称为生产劳动的东西总有两种定义混杂在一起。"③

马克思把亚当·斯密给生产劳动下的第一个定义即正确的定义归结为："从资本主义生产的意义上说，生产劳动是雇佣劳动，它同资本的可变部分（花在工资上的那部分资本）相交换，不仅

① 《马克思恩格斯全集》第33卷，人民出版社2004年版，第138页。
② 同上。
③ 《马克思恩格斯全集》第33卷，人民出版社2004年版，第136页。

把这部分资本（也就是自己劳动能力的价值）再生产出来，而且，除此之外，还为资本家生产剩余价值。仅仅由于这一点，商品和货币才转化为资本，才作为资本生产出来。只有生产资本的雇佣劳动才是生产劳动。（这就是说，雇佣劳动把花在它身上的价值额以增大了的数额再生产出来，换句话说，它归还的劳动大于它以工资形式取得的劳动。因而，只有创造的价值大于本身价值的劳动能力才是生产的。）"①马克思当时所说的"劳动能力"指的就是劳动力。从马克思归纳的亚当·斯密给生产劳动下的第一个定义可以看出，他认为在资本主义生产的意义上，必须具备以下几个条件才能称为生产劳动：其一，生产劳动是雇佣劳动；其二，生产劳动是与可变资本相交换的劳动；其三，生产劳动是生产资本的劳动；其四，生产劳动是为资本家生产剩余价值的劳动。简单地说就是"只有生产资本的雇佣劳动才是生产劳动"。

马克思高度评价了亚当·斯密给生产劳动下的这个定义。他说："亚当·斯密在这里触及了问题的本质，抓住了要领。它的巨大功绩之一……就在于，他下了生产劳动是直接同资本交换的劳动这样一个定义，也就是说，他根据这样一种交换来给生产劳动下定义，只有通过这种交换，劳动的生产条件和一般价值即货币或商品，才转化为资本（而劳动则转化为科学意义上的雇佣劳动）。"②同时，马克思肯定了马尔萨斯对亚当·斯密的评价。马尔

---

① 《马克思恩格斯全集》第33卷，人民出版社2004年版，第136页。
② 《马克思恩格斯全集》第33卷，人民出版社2004年版，第141页。

萨斯在1836年出版的《政治经济学原理》中说："对生产劳动和非生产劳动的区分是亚当·斯密著作的基石，是他的论述的主要思路的基础。"①

与生产劳动这个定义相适应，什么是非生产劳动，因此也绝对地确定下来了。马克思把亚当·斯密给非生产劳动下的定义归结为："那就是不同资本交换，而直接同收入即工资和利润交换的劳动（当然也包括同参与分享资本家利润者的各个项目，如利息和地租相交换的劳动）。凡是在劳动一部分还是自己支付自己（例如徭役农民的农业劳动），一部分直接同收入交换（例如亚洲城市中的制造业劳动）的地方，不存在资产阶级经济学意义上的资本和雇佣劳动。"②

马克思认为，亚当·斯密对生产劳动和非生产劳动所下的这些定义之所以是正确的，是因为这些定义不是从劳动的物质规定性、不是从劳动产品的性质、不是从劳动作为具体劳动得出来的，而是从一定的社会形式，从这个劳动借以实现的社会关系得出来的。这就是说，劳动的物质规定性，从而劳动产品的物质规定性本身，同生产劳动和非生产劳动之间的区分毫无关系。马克思举了很多生动的例子说明这个道理。例如，一个演员，哪怕是丑角，只要他被资本家即剧院老板雇用，他偿还给资本家的劳动多于他以工资形式从资本家那里取得的劳动，那么，他就是生产劳动者；而一个缝纫工，他来到资本家那里，给资本家缝补裤

---

① 《马克思恩格斯文集》第8卷，人民出版社2009年版，第445页。
② 《马克思恩格斯全集》第33卷，人民出版社2004年版，第141—142页。

子，只为资本家创造使用价值，他就是非生产劳动者。前者的劳动同资本相交换，后者的劳动同收入相交换；前一种劳动创造剩余价值，在后一种劳动中收入被消费了。又如，一个作家，他所以是生产劳动者，不是因为他生产了观念，而是因为他使出版他的著作的书商发财，或者说因为他是一个资本家的雇佣劳动者。这就是说，被资本家雇用的演员和作家等，虽然是精神生产者，从事的是精神生产活动，生产的是精神产品，但他们和从事其他生产的雇佣工人一样，受资本家的支配，他们的劳动是为资本家生产剩余价值，所以他们也是生产劳动者。再如，钢琴制造厂主的工人是生产劳动者。他的劳动不仅补偿他所消费的工资，而且在他的产品钢琴中，在厂主出售的商品中，除了工资的价值之外，还包含剩余价值。相反，假定我买到制造钢琴所必需的全部材料或者甚至假定工人自己就有这种材料，我不是到商店去买钢琴，而是请工人到我家里来制造钢琴。在这种情况下，钢琴匠就是非生产劳动者，因为他的劳动直接同我的收入相交换。马克思还举了一个人们在日常生活中很熟悉的例子，饭店里的厨师和侍者是生产劳动者，因为他们的劳动转化为饭店老板的资本。这些人作为家仆，就是非生产劳动者，因为主人没有从他们的服务中创造出资本，而是把自己的收入花在这些服务上。

亚当·斯密给生产劳动下的第二个定义是与第一个定义混杂在一起的，马克思从中把第二个定义的含义抽取出来。亚当·斯密的著作中多处谈到生产劳动的第二个定义，这里主要谈马克思对亚当·斯密的第二个定义的含义所归纳的两种情况。

一种情况是：生产劳动是"生产价值"的劳动，非生产劳动是"不生产任何价值"的劳动。马克思把他的这个观点归纳如下："'〈非生产劳动者的劳动〉不生产任何价值','不能使价值有任何增加','〈非生产劳动者〉的生活费永远得不到偿还','它不固定或不实现在一个特定的对象或可以出卖的商品中'。相反,'他的服务通常一经提供随即消失,很少留下某种痕迹或某种以后能够用来取得同量服务的价值'。最后,'它不固定或不实现在任何耐久的对象或可以出卖的商品中'"。①

马克思认为,亚当·斯密这个关于生产劳动和非生产劳动的看法是错误的。首先,因为在这种看法中,"生产价值"和"不生产价值"这些术语是在与第一个定义不同的意义上说的。这里说的已经不是本身就已包含着为已消费的价值再生产出一个等价的剩余价值。而谈的是一个劳动者,只要他用自己的劳动把他的工资所包含的那样多的价值量加到某种材料上,提供一个等价来代替已消费的价值,他的劳动就是生产劳动。我们知道,资本主义生产不仅生产价值,而且生产剩余价值;只生产价值,而不生产剩余价值的生产,不是资本主义生产,当然也就不能算是资本主义生产意义上的生产劳动。亚当·斯密关于生产劳动和非生产劳动的这个定义离开了资本主义生产的特点,离开了资本主义生产关系的本质,离开了资本主义生产的社会形式。所以马克思说:"这里就越出了形式规定的范围,越出了用劳动者对资本主义生产的关系来给生产劳动者和非生产劳动者下定义的范围。"②马克

---

① 《马克思恩格斯全集》第33卷,人民出版社2004年版,第147页。
② 同上。

思认为，只生产价值，不生产剩余价值的劳动，和占有生产资料的劳动者为自己生产价值的劳动没有区别。他指出："如果工人在一年内只补偿自己工资的等价，那么，他对资本家来说就不是生产劳动者。固然，他会给资本家补偿自己的工资即自己劳动的购买价格。但是这笔交易就好比资本家购买这个劳动所生产的商品一样。资本家支付了商品的不变资本和工资所包含的劳动。他现在以商品形式占有的劳动和以前以货币形式占有的劳动是同一个量。他的货币没有因此而转化为资本。这种情况，就好比工人本人是自己的生产条件的占有者一样。他每年必须从自己年产品的价值中留出生产条件的价值，以便补偿它们。""因此，在这种情况下，也就不会有资本主义生产了。"① 其次，认为生产劳动在生产中留下某种痕迹，非生产劳动很少留下痕迹，这种看法是片面的。如果我们说商品在它的交换价值意义上是劳动的化身，那仅仅是指商品的一个想象的即纯粹货币的存在形式，这种存在形式和商品的物体实在性毫无关系；商品代表一定量的社会劳动或货币。使商品产生出来的那种具体劳动，在商品上可能留下某种痕迹，也可能不留任何痕迹。从制造业商品来说，这个痕迹保留在原料所取得的外形上。而在农业等等部门，例如小麦、公牛等等商品所取得的形式，虽然也是人类劳动的产品，而且是一代一代传下来、一代一代补充的劳动的产品，但这一点在产品上是看不出来的。还有些产业劳动部门，在那里，劳动的目的决不是改变物的形式，而仅仅是改变物的位置。例如，把商品从中国运到

---

① 《马克思恩格斯全集》第33卷，人民出版社2004年版，第147—148页。

英国等，这时在物本身上谁也看不出运输时花费的劳动所留下的痕迹。

另一种情况是，亚当·斯密认为，"生产劳动就是生产商品的劳动，非生产劳动就是不生产'任何商品'的劳动"①。这个定义也是不正确的。首先，这个定义对商品的看法是模糊不清的。商品可以分为两大类，一类是劳动能力（劳动力），另一类是商品本身。劳动是劳动能力（劳动力）的使用，它不是商品，只有劳动能力（劳动力）才是商品。马克思指出："商品的概念意味着劳动体现、物化和实现在自己的商品中。劳动本身，在它的直接存在上，在它的活生生的存在上，不能直接看做商品，只有劳动能力才能被看做商品，劳动本身是劳动能力的暂时表现。只有用这种方式才能阐明真正的雇佣劳动以及'非生产劳动'，而亚当·斯密到处都是用生产'非生产劳动者'所必需的生产费用来给非生产劳动下定义。于是，商品必须被看做一种和劳动本身不同的存在。"②亚当·斯密的这个定义，实际上不是把劳动能力（劳动力）看作商品，而是把"劳动本身""直接看做商品"了。其次，以是否生产商品来区分生产劳动和非生产劳动也是片面的。即使在发达的资本主义社会，资本掌握了物质生产，因而家庭工业基本上消失了，直接到消费者家里为他创造使用价值的小手工业者的劳动也消失了，即使在这种情况下，消费者叫到家里来缝制衬衣的女裁缝，或修理家具的工人，或清扫、收拾房子等

---

① 《马克思恩格斯全集》第33卷，人民出版社2004年版，第157页。
② 同上。

等的仆人，或烹调肉食等等的女厨师，他们也完全和在工厂做工的女裁缝、修理机器的机械师、洗刷机器的工人以及作为资本家的雇佣工人在饭店干活的女厨师一样，把自己的劳动固定在某物上，并且确实使这些物的价值提高了。这些使用价值，从可能性来讲，也是商品：衬衣可能拿到当铺去当掉，房子可能卖掉，家具可能拍卖，等等。因此，上述人员从可能性来讲，也生产了商品，把价值加到了自己的劳动对象上去。但他们只是非生产劳动者中极少的一部分人，对绝大多数非生产劳动者是不适用的。针对上述情况，马克思指出："使劳动成为'生产的'或'非生产的'劳动的，既不一定是劳动的特殊形式，也不一定是劳动产品的表现形式。同一劳动可以是生产的，只要我作为资本家、作为生产者来购买它，为的是使它增殖；它也可以是非生产的，只要我作为消费者，作为收入的花费者来购买它，为的是消费它的使用价值，而不管这个使用价值是随着劳动能力本身活动的停止而消失，还是物化、固定在某物中。"①

---

① 《马克思恩格斯全集》第33卷，人民出版社2004年版，第150—151页。

马克思主义是在自我革命过程中发展的

　　马克思、恩格斯并不是天生的马克思主义者。他们敏而好学，知识渊博，广泛涉猎各种门类的学问。他们研究过古希腊罗马哲学，特别是亚里士多德、德谟克利特、伊壁鸠鲁以及斯多葛主义、怀疑论的著作；研究过启蒙学者的政治学说，特别是孟德斯鸠和卢梭的国家学说；研究过17世纪英国唯物主义、18世纪法国唯物主义和法国复辟时代的历史学家的著作；研究过威廉·配第、亚当·斯密、大卫·李嘉图等人的古典政治经济学；研究过康德、费希特、谢林、黑格尔、费尔巴哈等人的德国古典哲学；研究过空想社会主义学说，特别是19世纪圣西门、傅立叶、欧文三大空想社会主义者的学说。马克思、恩格斯与同时代的青年黑格尔派主要成员，如施特劳斯、布鲁诺·鲍威尔、契切考夫斯基、赫斯等人交往密切，一定程度上受到他们思想的影响。马克思主义从其理论来源上说，正是在马克思、恩格斯吸收这些学者的积极思想成果，同时又批判他们思想观点中的错误的过程中形成的。同时也要看到，马克思、恩格斯在早年时期，由于在理论建构上尚不完全成熟，也曾在一些方面受到这些学者的消极影响，甚至接受了他们一些不正确的理论观点，进而使用了一些他们使用过的旧概念以及旧表达形式。马克思主义的形成和发展过程，也是克服这些旧观点、旧概念、旧表达形式的过程。马克思在1859年著的《〈政治经济学批判〉序言》中曾说，他和恩格斯合写的标志马克思主义基本形成的著作《德意志意识形态》一书，在于"共同阐明我们的见解与德国意识形态的见解的对立，实际上是把我们从前的哲学信仰清算一下"①。这说明马克思、恩格斯是彻底的革命者，他们不仅无情地批判资产阶级意识形态和各种机会主义观点，而且具有自我革命、自我批判之精神，他们随着时代的变化、科学的进步、实践的发展克服自己理论的时代局限性和历史局限性，不断开拓自己理论发展的新境界，把自己的理论提到新的高度。

1844年《导言》中全人类解放的思想

马克思1844年发表在《德法年鉴》上的《〈黑格尔法哲学批判〉导言》（以下简称《导言》）中，认为德国可以不经过资产阶级民主革命直接进行社会主义革命。他在对法国革命和德国革命进行比较时说："在法国，部分解放是普遍解放的基础。在德国，普遍解放是任何部分解放的必要条件（con-dition sine qua non）。在法国，全部自由必须由部分解放的现实性产生；而在德

① 《马克思恩格斯文集》第2卷，人民出版社2009年版，第593页。

国，却必须由这种逐步解放的不可能性产生。"①这里说的"部分解放"，指的是"政治解放"，即资产阶级的解放；这里说的"普遍解放"，指的是"人的解放"，即一切阶级的解放，或称全人类的解放。马克思认为，在法国，必须经过"政治解放"才能达到"人的解放"，即全人类的解放，这就是"全部自由必须由逐步解放的现实性产生"的意思；而在德国，不实现"人的解放"，即不实现全人类的解放，就无法实现"政治解放"，即资产阶级的解放，这就是全部自由"必须由这种逐步解放的不可能性产生"的意思。在法国，"政治解放"即资产阶级取得政权、得到解放，成为统治阶级，是全人类解放的基础；在德国，全人类的解放是包括资产阶级在内的各个阶级得到解放的条件。马克思在《导言》的结尾处对这个思想作了总括性的说明："在德国，只有同时从对中世纪的部分胜利解放出来，才能从中世纪得到解放。在德国，不摧毁一切奴役制，任何一种奴役制都不可能被摧毁。彻底的德国不从根本上进行革命，就不可能完成革命。德国人的解放就是人的解放。"②意思是说，在德国，不同时摧毁包括资本主义奴役制在内的一切奴役制，就不可能摧毁中世纪的封建奴役制；在德国，不实行全人类的解放，就不可能从中世纪得到解放，即不可能实现"政治解放"（资产阶级的解放）；在德国，不直接进行彻底的推翻一切奴役制的革命，就不可能完成任何革命，当然也包括不能完成资产阶级革命；德国人的解放不可能是部分人的

---

① 《马克思恩格斯文集》第 1 卷，人民出版社 2009 年版，第 16 页。
② 《马克思恩格斯文集》第 1 卷，人民出版社 2009 年版，第 18 页。

解放，只能是直接实现全人类的解放。为什么呢？这是由德国社会的状况和阶级斗争的特点决定的。在当时，德国与英、法两国相比，是一个落后国家。德国的资本主义和资产阶级都远远落后于英、法两国。早在17世纪和18世纪，富有的、强大的资产阶级就已经在英、法两国先后形成，而德国则从19世纪才开始有所谓的资产阶级。英、法两国在资产阶级进行反对各自国家封建贵族和君主专制的斗争中，无产阶级是它的同盟军，是无产阶级帮助资产阶级推翻了封建制度，建立了资产阶级的统治。而德国则相反，在资产阶级刚刚开始反对封建贵族和君主专制的斗争时，德国无产阶级已经发展起来，并开始了反对资产阶级的斗争。正如马克思所说，在德国，"当诸侯同君王斗争、官僚同贵族斗争、资产者同所有这些人斗争的时候，无产者已经开始了反对资产者的斗争"[1]。由于资产阶级腹背受敌，不可能成为整个社会利益的代表，不可能担当解放各个社会阶级的任务。所以在德国，只有无产阶级才能担当起进行彻底革命、实现"政治解放"和"人的解放"，即全人类解放、毕其功于一役的重任。

从以上可以看出，《导言》中关于"人的解放"即全人类解放的思想，存在两个局限性或者说缺陷：一是没有提出无产阶级夺取政权、建立无产阶级专政、实现无产阶级的阶级统治的思想；二是没有提出无产阶级首先解放自己以及受剥削、受压迫的劳动群众，然后解放全人类从而最终使自己得到彻底解放的思想。

---

[1] 《马克思恩格斯文集》第1卷，人民出版社2009年版，第16页。

克服第一个局限性：提出无产阶级专政思想

我们先说《导言》中关于"人的解放"即全人类解放思想的第一个局限性和缺陷。不仅马克思在《导言》中没有提出无产阶级夺取政权、建立无产阶级专政、实现无产阶级的阶级统治的思想，而且在时过两年多以后马克思、恩格斯的一些著作中，也仍然没有提出这个思想。例如，恩格斯在1847年6月初写的《保护关税制度还是自由贸易制度》一文中，还一度认为无产阶级打倒资产阶级以后不需要建立自己的阶级统治。他说："资产阶级的统治建立以后，由于自己的处境而觉醒起来的工人，也会取得具有极端重要意义的进步；从这时起，起来反对现存制度的就不是单个工人，或者顶多几百几千个工人，而是他们全体，一个有着自己特殊利益和原则的统一的阶级，他们团结一致地按照总的计划行动，同自己最后一个最凶恶的敌人——资产阶级进行战斗。""这次战斗的结局是十分清楚的。像贵族阶级和君主制度受到了中等阶级的致命打击一样，资产阶级一定要被无产阶级打倒。""私有制也要和资产阶级一道被消灭，工人阶级的胜利将使一切阶级统治和等级统治一去不复返。"①再如，马克思在1847年上半年写作、1847年7月出版的《哲学的贫困》一书中也还没有提出这个思想。马克思在这部著作的结尾处提出一个问题：资产阶级"旧社会崩溃以后"是不是会"出现一个表现为新政权的新的阶级统治呢？"马克思回答说："不是。"他指出："劳动阶级解

---

① 《马克思恩格斯全集》第4卷，人民出版社1958年版，第69页。

放的条件就是要消灭一切阶级；正如第三等级即市民等级解放的条件就是消灭一切等级一样。""劳动阶级在发展进程中将会创造一个消除阶级和阶级对抗的联合体来代替旧的市民社会；从此再不会有原来意义的政权了。因为政权正是市民社会内部阶级对抗的正式表现。"①

那么，马克思、恩格斯是在什么时候、在什么著作中首先提出无产阶级专政思想的呢？据笔者考证，是恩格斯在1847年9月写的《共产主义者和卡尔·海因岑》和马克思在1847年10月写的《道德化的批评和批评化的道德》两篇文章中首先提出这个思想的。在前一篇文章中恩格斯说："在各个文明国家，民主主义的必然结果就是无产阶级的政治统治，而无产阶级的政治统治是实行一切共产主义措施的首要前提。因此在民主主义还未实现以前，共产主义者和民主主义者就要并肩战斗，民主主义者的利益也就是共产主义者的利益。"②在后一篇文章中马克思指出："现代的资产阶级财产关系靠国家权力来'维持'，资产阶级建立国家权力就是为了保卫自己的财产关系。因此，哪里的政权落到资产阶级手里，哪里的无产者就必须将它推翻。无产者本身必须成为权力，而且首先是革命的权力。"又说："工人们在英国以宪章派为名、在北美以民族改良派为名分别形成政党，其战斗口号根本不是以共和制代替君主制，而是以工人阶级的统治代替资产阶级的统治。"③马克思、恩格斯在1847年年底完成写作、1848年2

---

① 《马克思恩格斯文集》第1卷，人民出版社2009年版，第655页。
② 《马克思恩格斯全集》第4卷，人民出版社1958年版，第306页。
③ 《马克思恩格斯全集》第4卷，人民出版社1958年版，第336—337页。

月发表的《共产党宣言》中讲到,"工人革命的第一步就是使无产阶级上升为统治阶级,争得民主",然后"无产阶级将利用自己的政治统治,一步一步地夺取资产阶级的全部资本,把一切生产工具集中在国家即组织成为统治阶级的无产阶级手里,并且尽可能地增加生产力的总量"。列宁在《国家与革命》中高度评价了马克思、恩格斯的这个思想。他指出:"在这里我们看到马克思主义在国家问题上一个最卓越最重要的思想即'无产阶级专政'……这个思想的表述。"①马克思、恩格斯的这些论述虽然体现了无产阶级专政思想,但尚未使用"无产阶级专政"这个概念。马克思在1849年至1850年作的《1848年至1850年的法兰西阶级斗争》这篇长文中,首次明确使用"无产阶级的阶级专政"这一概念。他说:"这种社会主义就是宣布不断革命,就是无产阶级的阶级专政,这种专政是达到消灭一切阶级差别,达到消灭这些差别所产生的一切生产关系,达到消灭和这些生产关系相适应的一切社会关系,达到改变由这些社会关系产生出来的一切观念的必然的过渡阶段。"②时过一年多,马克思在1852年致约瑟夫·魏德迈的信中更加精确地使用了"无产阶级专政"这个概念。他说:"无论是发现现代社会中有阶级存在或发现各阶级间的斗争,都不是我的功劳。在我以前很久,资产阶级历史编纂学家就已经叙述过阶级斗争的历史发展,资产阶级经济学家也已经对各个阶级作过经济上的分析。我所加上的新内容就是证明了

---

① 《列宁全集》第31卷,人民出版社1985年版,第22页。
② 《马克思恩格斯文集》第2卷,人民出版社2009年版,第166页。

下列各点：（1）阶级的存在仅仅同生产发展的一定历史阶段相联系，（2）阶级斗争必然导致无产阶级专政，（3）这个专政不过是达到消灭一切阶级和进入无阶级社会的过渡。"①

马克思、恩格斯在《德意志意识形态》（以下简称《形态》）中，是否提出了无产阶级在推翻资产阶级的统治以后要建立自己的阶级统治的思想呢？这是需要认真考察和研究的一个极其重要的问题。要正确回答和说明这个问题，需要对《形态》中下面一段话进行认真地分析和研究。这段话是："每一个力图取得统治的阶级，即使它的统治要求消灭整个旧的社会形式和一切统治，就像无产阶级那样，都必须首先夺取政权，以便把自己的利益说成是普遍的利益，而这是在它的初期不得不如此做的。"②我认为这段话中的"无产阶级"是笔误，即把"资产阶级"误写成"无产阶级"了。因为如果这句话中的"无产阶级"不是"资产阶级"的笔误，就会发生两个矛盾。一个是《形态》中的思想与《哲学的贫困》中的思想相矛盾：我们知道，《形态》写于1845年10月—1847年4、5月间，虽然与《哲学的贫困》在写作时间上有些交叉或重叠，但总的说来，它是在《哲学的贫困》以前写的。如果在《形态》中已经主张无产阶级要建立自己的阶级统治，而在《哲学的贫困》中又放弃了这个思想，主张无产阶级不需要建立自己的阶级统治，这不是前后矛盾吗？另一个是《形态》自身的思想互相矛盾：因为在《形态》的其他地方，都是讲

---

① 《马克思恩格斯文集》第10卷，人民出版社2009年版，第106页。
② 《马克思恩格斯文集》第1卷，人民出版社2009年版，第536—537页。

马克思主义是在自我革命过程中发展的 ∕

资产阶级"把自己的利益说成是普遍的利益",并没有讲过无产阶级"把自己的利益说成是普遍的利益"。这段话如果不是笔误,就等于说在《形态》中认为无产阶级也和资产阶级一样,"把自己的利益说成是普遍的利益"了,这不是自相矛盾吗?下面我们考察《形态》中的有关论述。

在《形态》中,关于资产阶级"把自己的利益说成是普遍的利益"是这样论述的:"所有的历史编纂学家,主要是18世纪以来的历史编纂学家所有共同的这种历史观,必然会碰到这样一种现象:占统治地位的将是越来越抽象的思想,即越来越具有普遍性形式的思想。因为每一个企图取代旧统治阶级的新阶级,为了达到自己的目的不得不把自己的利益说成是社会全体成员的共同利益,就是说,这在观念上的表达就是:赋予自己的思想以普遍性的形式,把它们描绘成唯一合乎理性的、有普遍意义的思想。进行革命的阶级,仅就它对抗另一个阶级而言,从一开始就不是作为一个阶级,而是作为全社会的代表出现的;它以社会全体群众的姿态反对唯一的统治阶级。它之所以能这样做,是因为它的利益在开始时的确同一切非统治阶级的共同利益还有更多的联系,在当时存在的那些关系的压力下还不能够发展为特殊阶级的特殊利益。因此,这一阶级的胜利对于其他未能争得统治地位的阶级中的许多个人来说也是有利的,但这只是就这种胜利使这些个人现在有可能升入统治阶级而言。当法国资产阶级推翻了贵族的统治之后,它使许多无产者有可能升到无产阶级之上,但是只有当他们变成资产者的时候才达到这一点。由此可见,每一个新阶级赖以实现自己统治的基础,总比它以前的统治阶级所依赖的基础要宽广一些；可是后来，非统治阶级和正在进行统治的阶级之间的对立也发展得更尖锐和更深刻。这两种情况使得非统治阶级反对新统治阶级的斗争在否定旧社会制度方面，又要比过去一切争得统治的阶级所作的斗争更加坚决、更加彻底。"①这里的"统治阶级"显然指的是资产阶级而不是无产阶级。

在《形态》中，关于无产阶级并没有"把自己的特殊利益说成是普遍利益"，共产主义革命将消灭任何阶级统治，是这样论述的："只要阶级的统治完全不再是社会制度的形式，也就是说，只要不再有必要把特殊利益说成是普遍利益，或者把'普遍的东西'说成是占统治地位的东西，那么，一定阶级的统治似乎只是某种思想的统治这整个假象当然就会自行消失。""迄今为止的一切革命始终没有触动活动的性质，始终不过是按另外的方式分配这种活动，不过是在另一些人中间重新分配劳动，而共产主义革命则针对活动迄今具有的性质，消灭劳动，并消灭任何阶级的统治以及这些阶级本身，因为完成这个革命的是这样一个阶级，它在社会上已经不算是一个阶级，它已经不被承认是一个阶级，它已经成为现今社会的一切阶级、民族等等的解体的表现。"②这两段话清楚地说明，马克思、恩格斯当时认为，无产阶级"不再有必要把特殊利益说成是普遍利益"，共产主义革命将"消灭任何阶级统治以及这些阶级本身"，这就是说，无产阶级自身没有必要，而且也不可能再建立自己的阶级统治，即建立自己的政权。

---

① 《马克思恩格斯文集》第1卷，人民出版社2009年版，第552—553页。
② 《马克思恩格斯文集》第1卷，人民出版社2009年版，第542—543页。

这个观点与《哲学的贫困》中的观点是一致的，其间并不存在矛盾。从《形态》中的这几段论述可以清楚地看出，上面那段话中的"无产阶级"是马克思、恩格斯的笔误，是把"资产阶级"误写为"无产阶级"了。

克服第二个局限性：
提出无产阶级首先解放自己然后解放全人类

我们再说《导言》中关于"人的解放"即全人类解放的思想的第二个局限性和缺陷。恩格斯在1844年9月—1845年3月写成的《英国工人阶级状况》的最后一节"资产阶级对无产阶级的态度"中，论述了他对无产阶级所进行的共产主义革命所持的态度。他认为，在当时，英国的无产阶级反对资产阶级的革命必然到来，虽然要找到一个和平解决问题的方法已经太晚了，但他希望革命可以进行得比较温和些。是否能够做到这一点，"与其说将取决于资产阶级的发展，倒不如说将取决于无产阶级的发展。无产阶级所接受的社会主义思想和共产主义思想越多，革命中的流血、报复和残酷性就越少。在原则上，社会主义和共产主义是超越资产阶级和无产阶级之间的敌对的；共产主义只承认这种敌对在目前的历史意义，而不承认它在将来还有存在的必要；共产主义正是要消除这种敌对。所以，只要这种敌对还存在，共产主义就认为，无产阶级对他们的压迫者的愤怒是必然的，是正在开始的工人运动的最重要的杠杆；但是共产主义比这种愤怒更进了一步，因为它不仅仅是工人的事业，而且是全人类的事业。没有一个共产主义者想到要向个别人复仇，或者认为某个资产者在现存的关系中能够有不同于现在的行动"。"英国工人所接受的社会主义和共产主义思想越多，……他们在反对资产阶级的措施中野蛮和粗暴行为也就越少。假如能够在革命爆发以前使全体无产阶级成为共产主义者，那么斗争就会很和平地进行"。"因为共产主义超越无产阶级和资产阶级之间的对立"①。恩格斯的这些论述显然是没有提出无产阶级首先解放自己以及受剥削、受压迫的劳动群众，然后解放全人类从而最终使自己得到彻底解放的思想，而是把无产阶级的解放和全人类的解放毕其功于一役。

当恩格斯的历史唯物主义和科学社会主义思想成熟以后，他认识到：认为社会主义和共产主义"超越无产阶级和资产阶级之间的对立"、无产阶级不是首先解放自己而是同时解放全人类的思想是不正确的。他在1892年为《英国工人阶级状况》一书所撰写的导言中对这个思想作了说明。他指出："几乎用不着指出，本书在哲学、经济学和政治方面的总的理论观点，和我现在的观点决不是完全一致的。1844年还没有现代的国际社会主义，从那时起，首先是并且几乎完全是由于马克思的功绩，社会主义才发展成为科学。我这本书只是体现了它的胚胎发展的一个阶段。正如人的胚胎在其发展的最初阶段还要再现出我们的祖先鱼类的鳃弧一样，在本书中到处可以发现现代社会主义从它的祖先之一即德国古典哲学起源的痕迹。例如本书，特别是在末尾，很强调这样一个论点：共产主义不是一种单纯的工人阶级的党派性学

---

① 《马克思恩格斯文集》第1卷，人民出版社2009年版，第497—498页。

说，而是一种最终目的在于把连同资本家在内的整个社会从现存关系的狭小范围中解放出来的理论。这在抽象意义上是正确的，然而在实践中在大多数情况下是无益的，甚至是有害的。只要有产阶级不但自己不感到有任何解放的需要，而且还全力反对工人阶级的自我解放，工人阶级就应当单独地准备和实现社会变革。1789年的法国资产者也曾宣称资产阶级的解放就是全人类的解放；但是贵族和僧侣不肯同意，这一论断——虽然当时它对封建主义来说是一个无可辩驳的抽象的历史真理——很快就变成了一句纯粹是自作多情的空话而在革命斗争的火焰中烟消云散了。现在也还有不少人，站在不偏不倚的高高在上的立场向工人鼓吹一种凌驾于一切阶级对立和阶级斗争之上的社会主义，这些人如果不是需要多多学习的新手，就是工人的最凶恶的敌人，是披着羊皮的豺狼。"[1]

另外，恩格斯当时在思考共产主义革命能否和平地发展时曾认为，这一问题"与其说将取决于资产阶级的发展，倒不如说将取决于无产阶级的发展"。但在恩格斯发表《英国工人阶级状况》一书以后不久，于1847年10月底至11月作的《共产主义原理》中就纠正了这种不正确的看法。恩格斯在回答"能不能用和平的办法废除私有制"的问题时说："但愿如此，共产主义者当然是最不反对这种办法的人。共产主义者很清楚，任何密谋都不但无益，甚至有害。他们很清楚，革命不能故意地、随心所欲地制造，革命在任何地方和任何时候都是完全不以单个政党和整个阶

---

[1] 《马克思恩格斯文集》第1卷，人民出版社2009年版，第370—371页。

级的意志和领导为转移的各种情况的必然结果。但他们也看到，几乎所有文明国家的无产阶级的发展都受到暴力压制，因而是共产主义者的敌人用尽一切力量引起革命。如果被压迫的无产阶级因此最终被推向革命，那时，共产主义者将用行动来捍卫无产阶级的事业，正像现在用语言来捍卫它一样。"①这就是说，共产主义革命能不能和平地发展，并不取决于无产阶级，而是取决于资产阶级是否用暴力镇压无产阶级的反抗。如果资产阶级用暴力镇压无产阶级的反抗，"共产主义者将用行动来捍卫无产阶级的事业"，就是必须用革命的暴力反对反革命的暴力。

---

① 《马克思恩格斯文集》第 1 卷，人民出版社 2009 年版，第 684—685 页。

从劳动的价值到劳动力的价值

　　恩格斯晚年针对当时一些人对马克思主义的教条主义理解，反复强调他和马克思的理论是发展着的理论，而不是一经形成就永不改变的僵死不变的教条。在致美国社会主义者弗·凯利－威士涅威茨基夫人的信中，恩格斯指出："我们的理论不是教条，而是对包含着一连串互相衔接的阶段的发展过程的阐明。""我们的理论是发展着的理论，而不是必须背得烂熟并机械地加以重复的教条。"①马克思主义既然不是教条，而是在特定的历史条件下，针对当时需要回答的特定问题讲的，因而都具有相对性，都只在一定条件下和一定范围内适用，不能把它们看作在一切条件下和一切范围内都普遍适用的绝对真理，看作是一经形成就永远不变的僵死教条。恩格斯在评论法国社会主义者加布里埃尔·杰维尔作的《卡尔·马克思的〈资本论〉》一书时精辟地说明了这个道理。他指出："杰维尔在许多地方把马克思的个别论点绝对化了，

---

① 《马克思恩格斯选集》第4卷，人民出版社1995年版，第681—682页。

而马克思提出这些论点时，只是把它们看作相对的，只是在一定条件下和一定的范围内才是正确。"①我们知道，《资本论》是马克思用毕生精力、呕心沥血写成的一部最为成熟的理论著作。就是对这部理论著作中的理论观点，恩格斯也认为不能把它绝对化，而应该把它看作相对的。这充分说明，在恩格斯看来，任何理论都是时代的产物，都具有时代的特点，因而也具有时代的局限性。马克思、恩格斯的可贵之处，不仅在于他们敢于对黑暗的现实和各种错误的理论进行无情的批判，而且还在于他们勇于自我反省、自我批判，不断克服自己理论的局限性，不断为自己的理论开辟新境界。

马克思、恩格斯对工资性质的早期论点

马克思在《雇佣劳动与资本》中曾指出工资是劳动的价值或价格。这部著作是马克思根据1847年12月在布鲁塞尔德意志工人协会发表的演说写成的，最初以社论形式于1849年4月5—8日和11日在《新莱茵报》陆续发表，后来由于《新莱茵报》被迫停刊，这部著作的连载遂告中断。1880年这部著作的单行本首次在布雷斯劳出版，1891年新单行本在柏林印行，恩格斯此时为这个新单行本做了导言。恩格斯在导言中说："在40年代，马克思还没有完成他的政治经济学批判工作。这个工作只是到50年代末才告完成。因此，他在《政治经济学批判·第一分册》出版（1859年）以前

---

① 《马克思恩格斯全集》第39卷，人民出版社1975年版，第79—80页。

发表的那些著作，有个别地方与他在1859年以后写的著作不尽一致，有些用语和整个语句如果用后来的著作中的观点来衡量，是不妥当的，甚至是不正确的。"① 恩格斯根据马克思《资本论》的基本观点对这部著作进行了适当修改和补充。主要是把工人向资本家出卖自己的"劳动"改为出卖自己的"劳动力"，也就是把工人工资的性质由劳动的价值或价格修改为劳动力的价值或价格。恩格斯说："我所作的全部修改，都归结为一点。在原稿上是，工人为取得工资向资本家出卖自己的劳动，在现在这一版本中则是出卖自己的劳动力。关于这点修改，我应当作一个解释。向工人们解释，是为了使他们知道，这里并不是单纯的咬文嚼字，而是牵涉到全部政治经济学中一个极重要的问题。"马克思当时之所以认为工人为取得工资向资本家出卖的不是自己的劳动力，而是劳动，这是因为他当时尚未完全克服古典政治经济学对自己学说的影响，所以因袭了古典政治经济学的观点。恩格斯指出："古典政治经济学从工业实践方面因袭了工厂主的流行的看法，仿佛工厂主所购买和偿付的是自己的工人的劳动。这一看法对于工厂主进行营业、记账和计算价格来说，是完全够用了。可是，把这个看法天真地搬到政治经济学中去，就在那里造成了不可思议的谬误和混乱。"② 恩格斯对马克思的《雇佣劳动与资本》中的这种修改，也是对自己的《英国工人阶级状况》一书中相关观点的修改。在《英国工人阶级状况》一书中，恩格斯也认为工人向资本家出卖的是"劳

---

① 《马克思恩格斯文集》第1卷，人民出版社2009年版，第701页。
② 《马克思恩格斯文集》第1卷，人民出版社2009年版，第702页。

动"而不是"劳动力"。他说:"厂主对工人的关系不是人和人的关系,而是纯粹的经济关系。厂主是'资本',工人是'劳动'。当工人不愿意让别人把自己当做这样一种抽象的东西的时候,当他断言自己不是'劳动'而是人(这个人的确除了其他特性,也还具有劳动的特性)的时候,当他认为自己决不能被当做'劳动'、当做商品在市场上买卖的时候,资产者就想不通了。"①

马克思1857—1858年和 1861—1863年经济学手稿对工资性质的看法

马克思的《1857—1858年经济学手稿》和根据这个手稿于1859年完成写作并发表的《政治经济学批判·第一分册》,标志着马克思政治经济学批判的基本完成。这时马克思既使用"劳动"概念,讲劳动和资本的交换;又使用"劳动能力"概念,讲"劳动能力"和资本的交换。对于资本和"劳动"的交换,马克思指出:"当我们考察资本和劳动的交换时,我们看到,这种交换分解为两个不仅在形式上而且在本质上不同的,甚至互相对立的过程:(1)工人拿自己的商品,劳动,即作为商品同其他一切商品一样也有价格的使用价值,同资本出让给他的一定数额的交换价值,即一定数额的货币相交换;(2)资本家换来劳动本身,这种劳动是创造价值的活动,是生产劳动,也就是说,资本家换来这样一种生产力,这种生产力使资本得以保存和倍增,从而变成了资本的生产力和

---

① 《马克思恩格斯文集》第1卷,人民出版社2009年版,第447页。

从劳动的价值到劳动力的价值 /

再生产力，一种属于资本本身的力。"①这里还没有把"劳动力"和劳动力的使用即"劳动"加以区分。马克思说明了这两个过程的最终目的和彼此的不同。他指出："用货币交换来的东西的使用价值表现为特殊的经济关系，用货币交换来的东西的一定用途构成两个过程的最终目的。因此，这一点已经在形式上把资本和劳动间的交换同简单交换区别开了，这是两个不同的过程。"②资本和劳动的交换中，第一个过程的交换，完全属于普通的流通范畴；第二个过程是在质上与交换不同的过程，实际上它是生产过程，是生产价值和剩余价值的过程。生产剩余价值是交换的最终目的。

对于资本和"劳动能力"的交换，马克思指出："资本家不是用资本去直接交换劳动或劳动时间，而是用包含在商品中的、耗费在商品中的时间去交换包含在活劳动能力中的、耗费在活劳动能力中的时间。他换来的活劳动时间，不是劳动能力的交换价值，而是劳动能力的使用价值。正如一架机器不是作为产生结果的原因，而是作为结果本身进行交换和支付，不是根据机器在生产过程中的使用价值，而是作为商品，作为一定量的对象化劳动进行交换和支付。包含在劳动能力中的劳动时间，即生产活劳动能力所必需的时间，同时就是再生产——假定生产力水平不变——劳动能力即保存劳动能力所必需的时间。"③包含在活劳动能力中的使用价值，不仅能把它的价值再生产出来，而且还能创造出一个高于自身价值的价值。马克思指出："资本家换来的那

---

① 《马克思恩格斯全集》第30卷，人民出版社1995年版，第232页。
② 《马克思恩格斯全集》第30卷，人民出版社1995年版，第233页。
③ 《马克思恩格斯全集》第31卷，人民出版社1998年版，第68页。

个价值的使用价值本身，是价值增殖的要素，而这种价值增殖的尺度，是活劳动和劳动时间，并且是比对象化在劳动能力中的劳动时间更多的劳动时间，即比再生产活劳动者所必需的劳动时间更多的劳动时间。""自由交换的最高阶段是劳动能力作为商品，作为价值来同商品，同价值相交换；劳动能力是作为对象化劳动购得的，而劳动能力的使用价值却在于活劳动，即在于创造交换价值。发生转变是由于：作为价值的劳动能力，它的使用价值本身是创造价值的要素，是价值的实体和增殖价值的实体。在这种交换中，工人为了取得对象化在他身上的劳动时间的等价物，就要提供他的能够创造价值和增殖价值的活劳动时间。"马克思在这里不仅把"劳动"概念和"劳动能力"概念作了区分，而且说明了劳动是劳动能力的使用。这种认识已经与《资本论》对劳动和劳动力的关系的认识基本一致了。这里说的"劳动能力"与《资本论》中说的"劳动力"是相同的概念，马克思在《资本论》中有时也还在"劳动力"意义上使用"劳动能力"概念。

在《1861—1863年经济学手稿》中，马克思进一步丰富和发展了"劳动能力"商品理论。对"劳动能力"生产的历史条件、"劳动能力"商品价值的使用价值的特殊性作了具体论述。进一步说明了在剩余价值生产过程中，工人出卖给资本家的是"劳动能力"，而不是"劳动"；工人获得的工资只是"劳动能力"的价值或价格的转化形式，资本购买的是"劳动能力"的使用价值，"劳动能力"创造的价值大于"劳动能力"本身价值的部分，就是资本家无偿占有的雇佣工人创造的剩余价值。

马克思对"工资是劳动力价值"的论证

马克思在《资本论》第一卷第十七章"劳动力的价值或价格转化为工资"这一节中，详细分析了工人出卖给资本家的是"劳动力"而不是"劳动"这个重要的理论问题。为什么说工资是劳动力的价值而不是劳动的价值呢？马克思在批判古典政治经济学的过程中对这个问题作了透彻的论证。

第一，工资是劳动的价值的说法，是同义反复和自相矛盾的。我们知道，商品的价值是由耗费在商品上的劳动量来计量的，如果工人出卖给资本家的是他的劳动，例如，他为资本家一天劳动12小时，那就等于说一个12小时工作日中包含的价值是12小时，或者一个12小时工作日的价值是由12小时劳动决定的，"这是无谓的同义反复"①。劳动要作为商品在市场上出卖，它就必须在出卖以前就已经存在。但是，"如果工人能使他的劳动离开自身而独立存在，他出卖的就是商品，而不是劳动"。②所以把劳动作为商品在市场上出卖的说法是自相矛盾的。恩格斯在《雇佣劳动与资本》1891年单行本导言中把这个问题讲得十分清楚。他指出："只要经济学家将价值由劳动来决定这个观点应用到'劳动'这个商品上去，他们马上就陷进一连串的矛盾之中。'劳动'的价值是由什么决定的呢？是由它所包含的必要劳动（时间）来决定的。但是，在一个工人一天、一星期、一个月、一年的劳动

---

① 《马克思恩格斯全集》第44卷，人民出版社2001年版，第613页。
② 《马克思恩格斯全集》第44卷，人民出版社2001年版，第614页。

里面，包含有多少劳动呢？包含有一天、一星期、一个月、一年的劳动。假如劳动是一切价值的尺度，我们只能用劳动来表现'劳动的价值'。但是假如我们只知道一小时劳动的价值等于一小时劳动，那么我们对一小时劳动的价值就绝对地毫无所知。这样，我们丝毫也没有接近我们的目的，总是在一个圈子里打转。"①

　　第二，工资是劳动的价值的说法如果成立，将会或者消灭正是在资本主义生产的基础上才自由展开的价值规律，或者消灭正是以雇佣劳动为基础的资本主义生产本身。马克思举例说，假定一个12小时工作日表现为6先令的货币价值。如果是等价物相交换，这样，工人以12小时劳动获得6先令。他的劳动的价格就会等于他的产品的价格。在这种情形下，他没有为他的劳动的购买者生产剩余价值，这6先令不转化为资本，资本主义生产的基础就会消失，然而正是在这个必须的基础上，工人才出卖他的劳动，而他的劳动才成为雇佣劳动。如果工人在12小时劳动中获得的少于6先令，就是说，少于12小时劳动。比如说12小时劳动同10小时劳动、同6小时劳动等等相交换，即不等量劳动相交换，这就消灭了价值规定和价值规律。从劳动分为对象化劳动和活劳动这一形式的区别而引出较多量劳动同较少量劳动相交换，这完全是徒劳无益的。马克思指出，"因为商品的价值不是由实际对象化在商品中的劳动量来决定，而是由生产该商品所必要的活动量来决定"，或者说，"决定商品的价值量的，是生产商品所必需的劳动量，而不是劳动的对象形式"。"实际上，在商品市场上同

---

① 《马克思恩格斯文集》第2卷，人民出版社2009年版，第704页。

货币占有者直接对立的不是劳动，而是工人。工人出卖的是他的劳动力。当工人的劳动实际上开始了的时候，它就不再属于工人了，因而也就不再能被工人出卖了。劳动是价值的实体和内在尺度，但是它本身没有价值"①。

第三，工资是劳动的价值的说法如果成立，将会得出劳动的价值小于劳动所生产的产品的价值的结论。我们假定一个普通工作日是12小时，劳动力的日价值是3先令，而这3先令是一个体现6个劳动小时的价值的货币表现。如果工人获得了3先令，他就获得了他的在12小时内执行职能的劳动力的价值。如果把劳动力这个日价值当作日劳动的价值来表现，那就会得出这样一个公式：12小时的劳动有3先令的价值。这样一来，劳动力的价值就决定劳动的价值，或者用货币来表现，就决定劳动的必要价格。可是劳动力执行职能的时间不是6小时，而是12小时；12小时的劳动创造的不是3先令的价值，而是6先令的价值。这就是说，劳动力的劳动所生产的价值产品不是由劳动力本身价值来决定的，而是由劳动力执行职能的时间的长短来决定的。由此可见，把劳动力的价值说成是劳动的价值，就必然得出荒谬的结论："劳动的价值必定总是小于劳动的价值产品。"②或者说，劳动的价值总是小于劳动所生产的产品的价值。

第四，工资是劳动的价值的说法如果成立，会消灭必要劳动和剩余劳动、有酬劳动和无酬劳动的区分，似乎工人的全部劳动

---

① 《马克思恩格斯全集》第44卷，人民出版社2001年版，第615页。
② 《马克思恩格斯全集》第44卷，人民出版社2001年版，第618页。

都表现为有酬劳动，掩盖了资本主义剥削的实质。我们知道，在奴隶制度和农奴制度下剥削是明显的。在奴隶制度下，连奴隶只是用来补偿他本身生活资料价值的工作日的部分，即他实际为自己劳动的工作日的部分，也表现为主人的劳动，因而他的全部劳动都表现为无酬劳动。在农奴制度下，农奴为自己的劳动和为农奴主的强制劳动在空间上和时间上都是明显分开的。相反地，在雇佣劳动下，由于资本家把工资说成是劳动的价值，就无法区分必要劳动和剩余劳动、有酬劳动和无酬劳动，剩余劳动也表现为有酬劳动。在奴隶制度下，所有权关系掩盖了奴隶为自己的劳动，而在雇佣劳动下，货币关系掩盖了雇佣工人为资本家所付出的无代价劳动。马克思指出："因此可以懂得，为什么劳动力的价值和价格转化为工资形式，即转化为劳动本身的价值和价格，具有决定性的重要意义。这种表现形式掩盖了现实关系，正好显示出它的反面。工人和资本家的一切法的观念，资本主义生产方式的一切神秘性，这一生产方式所产生的一切自由幻觉，庸俗经济学的一切辩护遁词，都是以这个表现形式为根据的。"①

第五，工资是劳动的价值的说法，是一种表面现象，工资是劳动力的价值是隐藏在这种表面现象背后的本质。从表面上看，工资似乎证明不是劳动力的价值，而是它的职能即劳动本身的价值。这种表面现象可以归结为两种情况。其一，工资随着劳动日长度的变化而变化。如果是这样，我们同样可以说，因为租用机器一周的费用比租用一天的费用贵，所以被支付的不是机器的价

---

① 《马克思恩格斯全集》第44卷，人民出版社2001年版，第619页。

值，而是机器运转的价值。这显然是荒谬的。其二，执行同一职能的不同工人的工资之间存在着个人的差别。这种个人的差别在奴隶制度下也可以看到，但是在那里劳动力本身是赤裸裸地、不加任何掩饰地被出卖的，这种差别没有引起任何幻觉。在奴隶制度下，劳动力因超过平均水平而获得的利益或因低于平均水平而遭到的损失，落到奴隶主身上；在雇佣劳动制度下，劳动力是由工人自己出卖的，损失直接落到工人自己身上。古典政治经济学称为劳动价值的东西，实际上是劳动力的价值；劳动力存在于工人身体内，它不同于它的职能即劳动，正如机器不同于机器运转一样。工资是劳动的价值和价格这个表现形式，是直接地、自发地、作为流行的思维形式再现出来的，而工人是劳动力的价值和价格这种观点，只有通过科学才能揭示出来。古典政治经济学几乎接触到工资是劳动力的价值和价格这种真实情况，但是没有自觉地把它表述出来。在政治经济学领域，古典经济学家出于为资本主义辩护的立场，总是用表面现象掩盖本质。把工资说成是劳动的价值而不是劳动力的价值，就是用表面现象掩盖本质的一个重要表现。马克思指出："在'劳动的价值'这个用语中，价值概念不但完全消失，而且转化为它的反面。这是一个虚幻的用语，就像土地的价值一样。但是这类虚幻的用语是从生产关系本身中产生的。它们是本质关系的表现形式的范畴。事物在其现象上往往颠倒地表现出来，这是几乎所有的科学都承认的，只是政治经济学例外。"①

①《马克思恩格斯全集》第44卷，人民出版社2001年版，第616页。